AF608591

EMMANUEL D. FOUQUET

Young Melissa

Shooting star

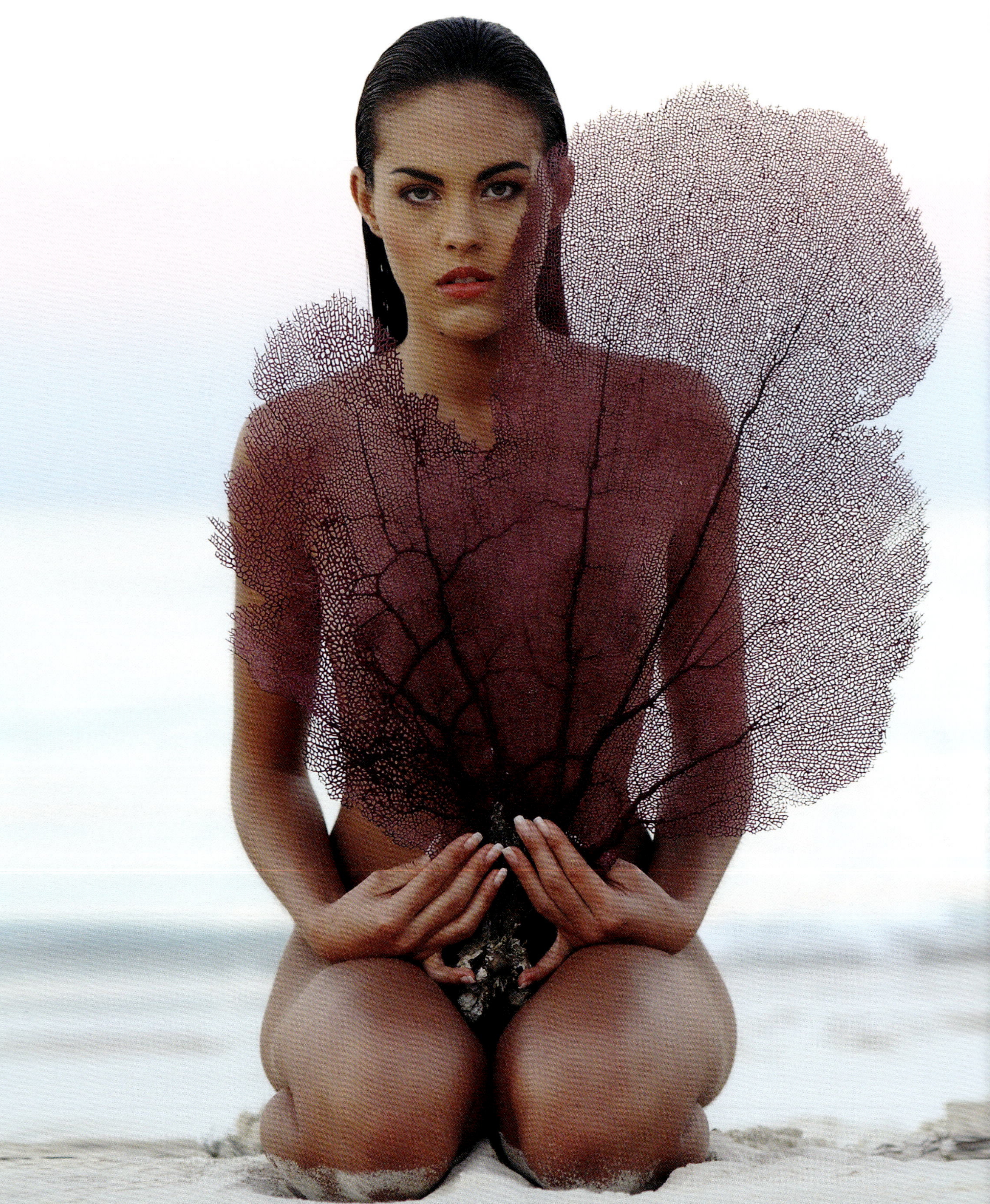

EMMANUEL D. FOUQUET

Young Melissa

Shooting star

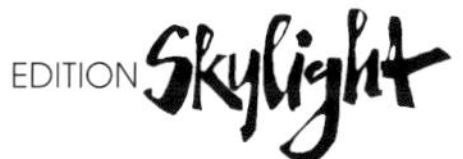

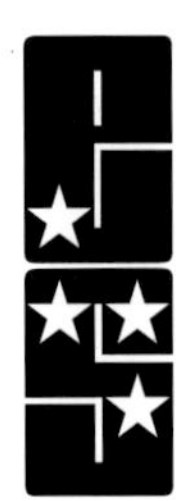

EDITION SKYLIGHT
Rosengartenstr. 13B
CH-8608 Bubikon/Zürich
Switzerland
info@edition-skylight.com
www.edition-skylight.com

ISBN 978-3-03766-710-1

Printed in Bosnia and Herzegovina

Young Melissa is breathtaking, with fresh, natural looks and an erotic charisma that fascinates the viewer with its magnetism.

Melissa is a young French lady, born in 1989 in the Haute-Savoie region of the Alps, who started her modelling career very early. Her mother is French and her father Italian, a combination which no doubt enhances Melissa's captivating natural beauty. She has two careers, one as a model and the other as a dental assistant and secretary at a beauty clinic in Geneva. Her first major campaign was for Kaporal, the nationally marketed clothing brand, where she appeared all over France on the biggest billboards. This was followed by similar engagement for the lingerie label Cotton Club in Italy, as well as numerous appearances for Guess, Coca-Cola, and then representation in Switzerland by the United Models agency.

Melissa enjoys showing off her sexy body, and has had portfolios appear in Playboy, Penthouse, Hustler's Magazine by Larry Flynt, Maxim's, Perfect 10, and many other magazines. I am her photographer, Emmanuel Fouquet, and in this book, I tell Melissa's story through my photographs. I am delighted to present you with an exclusive selection of the best shots, some quite naughty and nearly all published for the first time here. It goes without saying that all the pictures were taken after her 18th birthday. We travelled the world for eight years and returned from each trip with a vast collection of photos. We spent entire days under the sun, creating dream scenarios on beautiful beaches and exotic locations. Our favorite destinations included Isla Mujeres in the Mexican Caribbean, Great Harbour, Cay Berry Island in the Bahamas, Malibu Beach in Los Angeles, and many more ...

Melissa loves traveling and life; she is an exceptional model with a perfect body, posing with incredible energy and always in a good mood. All these qualities make her a diamond with a thousand facets, the embodiment of perfection for any good photographer. And believe me, she is breathtaking, with fresh, natural looks, and an erotic charisma that fascinates the viewer with its magnetism. Working with her was sheer joy; she always gave her best, and I will never forget her, but that's another story ...

La jeune Melissa est à couper le souffle, avec un look naturel frais et un charisme érotique qui fascine le spectateur par son magnétisme.

Melissa est une jeune Française née en 1989 dans la région de Haute-Savoie dans les Alpes, qui a commencé très tôt sa carrière de mannequin. Sa mère est française et son père italien, une combinaison qui rehausse sans doute la beauté naturelle captivante de Melissa. Elle mène deux carrières, l'une comme mannequin et l'autre comme assistante dentaire et secrétaire dans une clinique de beauté à Genève. Sa première grande campagne était pour Kaporal, la marque de vêtements commercialisée à l'échelle nationale, où elle a été affichée partout en France sur les plus grands panneaux d'affichage. Cela a été suivi par un engagement similaire pour la marque de lingerie Cotton Club en Italie, ainsi que de nombreuses apparitions pour Guess, Coca-Cola, et puis représentée en Suisse par l'agence United Models.

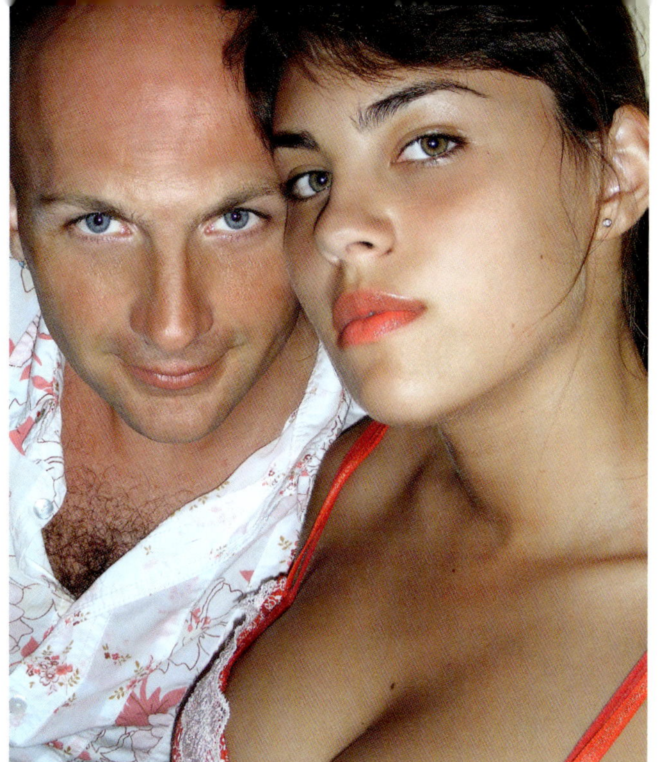

Melissa aime mettre en valeur son corps sexy, et a eu des portfolios publiés dans Playboy, Penthouse, le magazine de Larry Flynt, Hustler's Magazine, Maxim's, Perfect 10, et de nombreux autres magazines. Je suis son photographe, Emmanuel Fouquet, et dans ce livre, je raconte l'histoire de Melissa à travers mes photographies. Je suis ravi de vous présenter une sélection exclusive des meilleurs clichés, certains assez osés et presque tous publiés pour la première fois ici. Il va sans dire que toutes les photos ont été prises après son 18ème anniversaire. Nous avons voyagé dans le monde pendant huit ans et sommes revenus de chaque voyage avec une vaste collection de photos. Nous avons passé des journées entières sous le soleil, créant des scénarios de rêve sur de belles plages et dans des lieux exotiques. Nos destinations préférées incluaient Isla Mujeres dans les Caraïbes mexicaines, Great Harbour, Cay Berry Island aux Bahamas, Malibu Beach à Los Angeles, et bien d'autres ...

Melissa adore voyager et la vie; c'est un modèle exceptionnel avec un corps parfait, posant avec une énergie incroyable et toujours de bonne humeur. Toutes ces qualités font d'elle un diamant aux mille facettes, l'incarnation de la perfection pour tout bon photographe. Et croyez-moi, elle est à couper le souffle, avec un look naturel frais et un charisme érotique qui fascine le spectateur par son magnétisme. Travailler avec elle était un pur bonheur; elle a toujours donné le meilleur d'elle-même, et je ne l'oublierai jamais, mais c'est une autre histoire ...

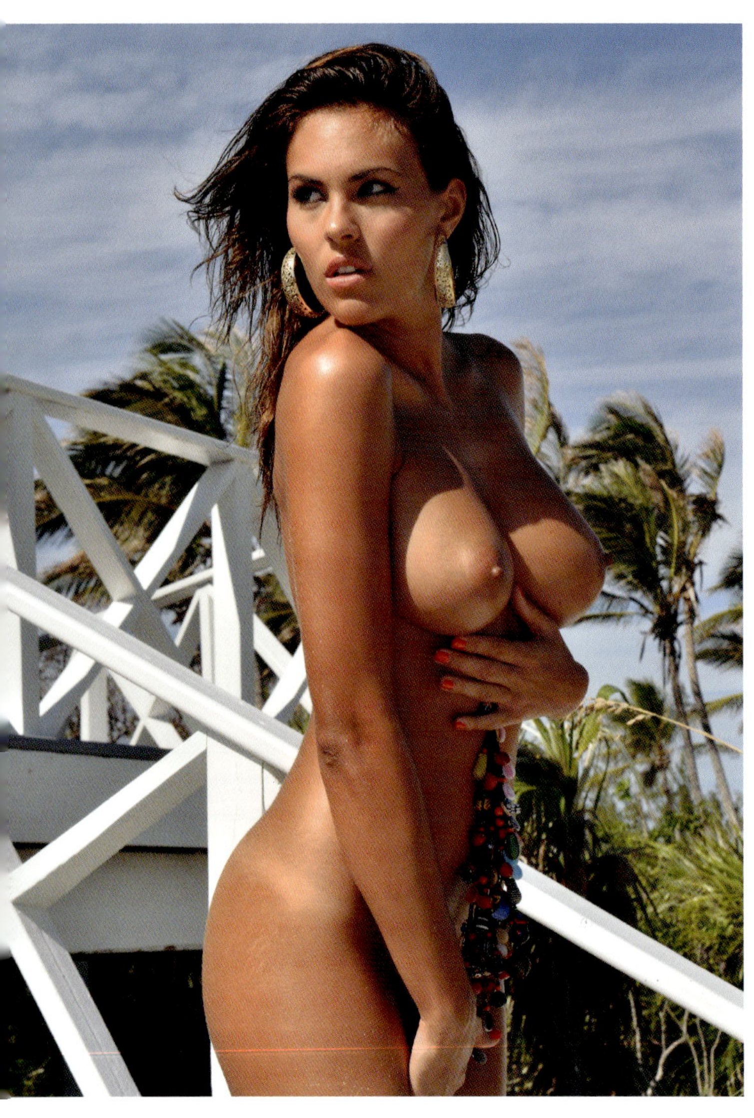

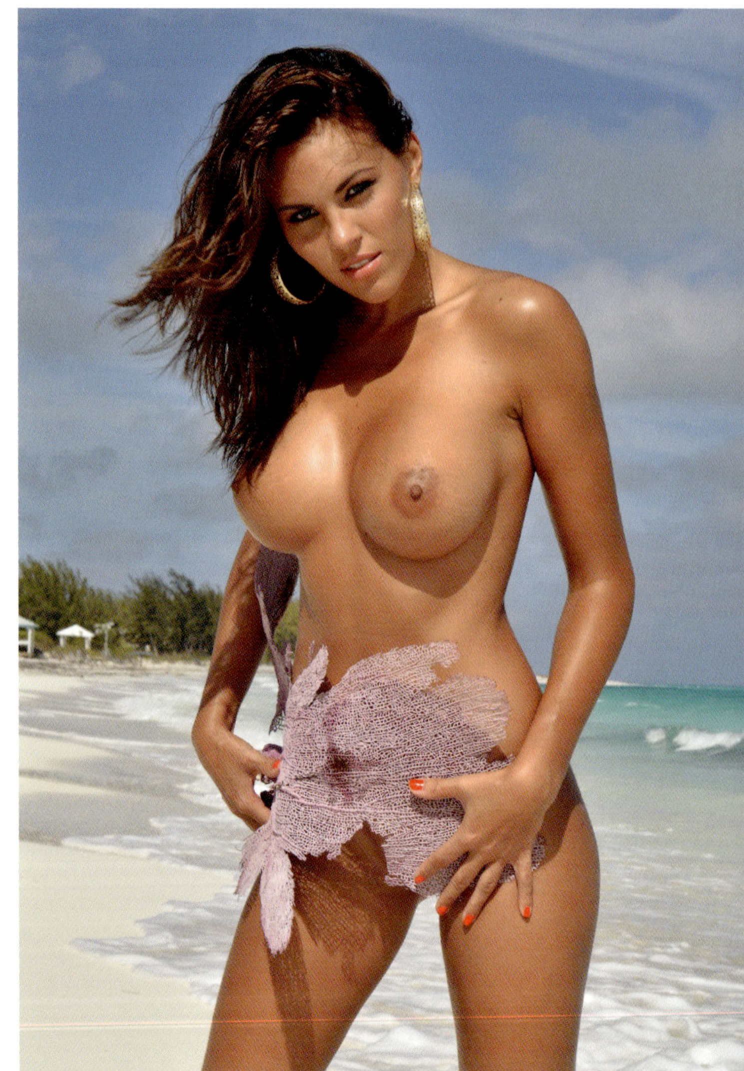

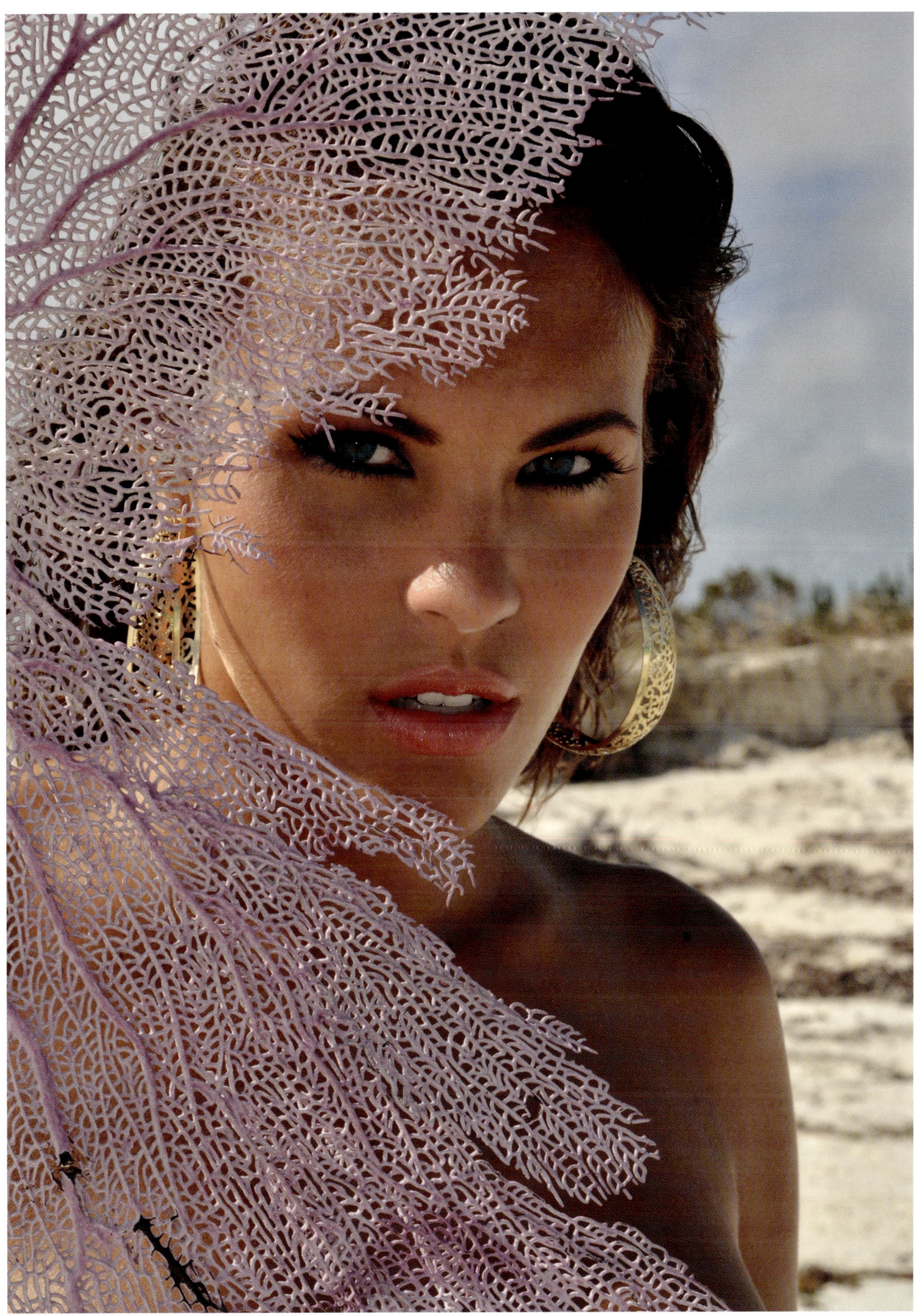

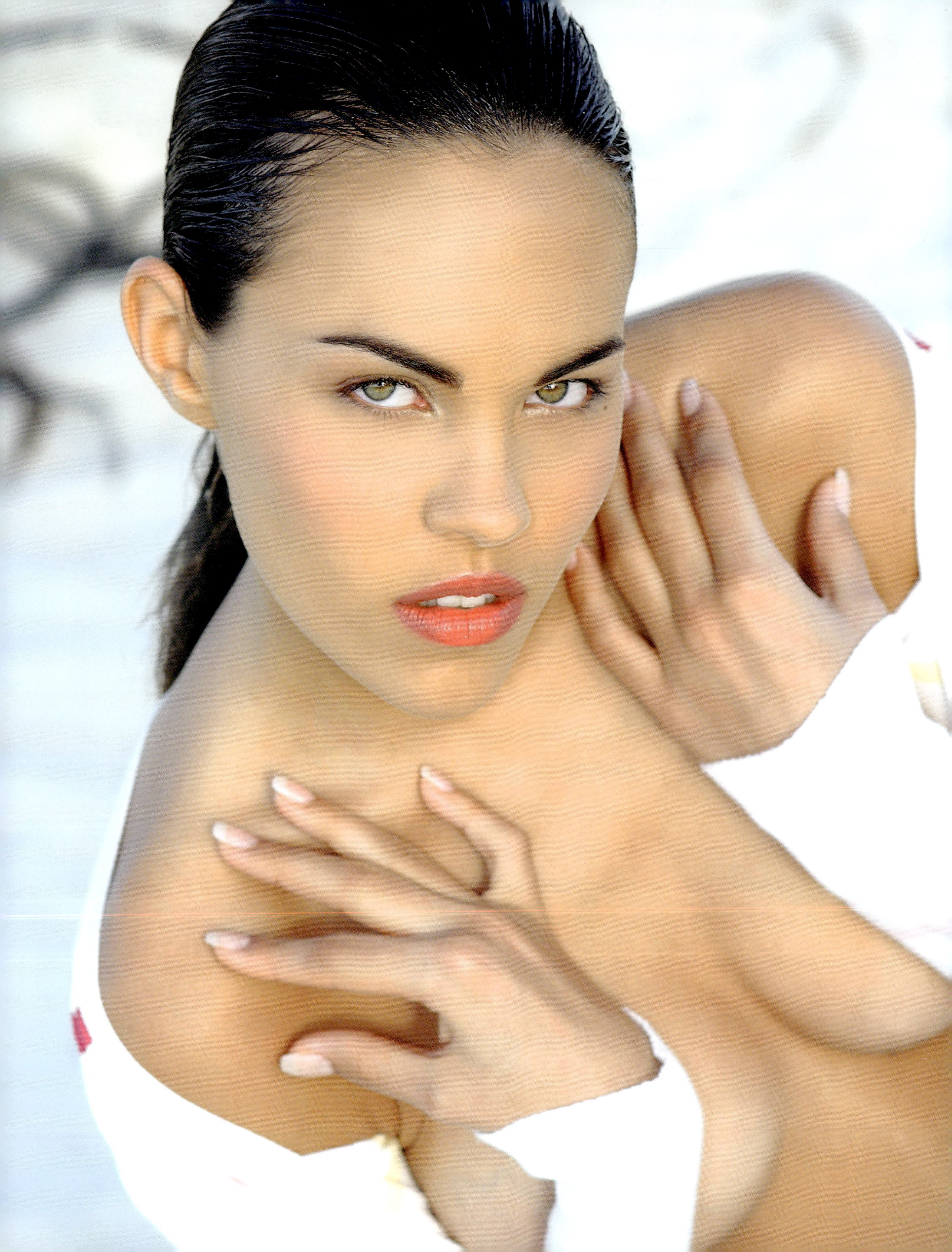

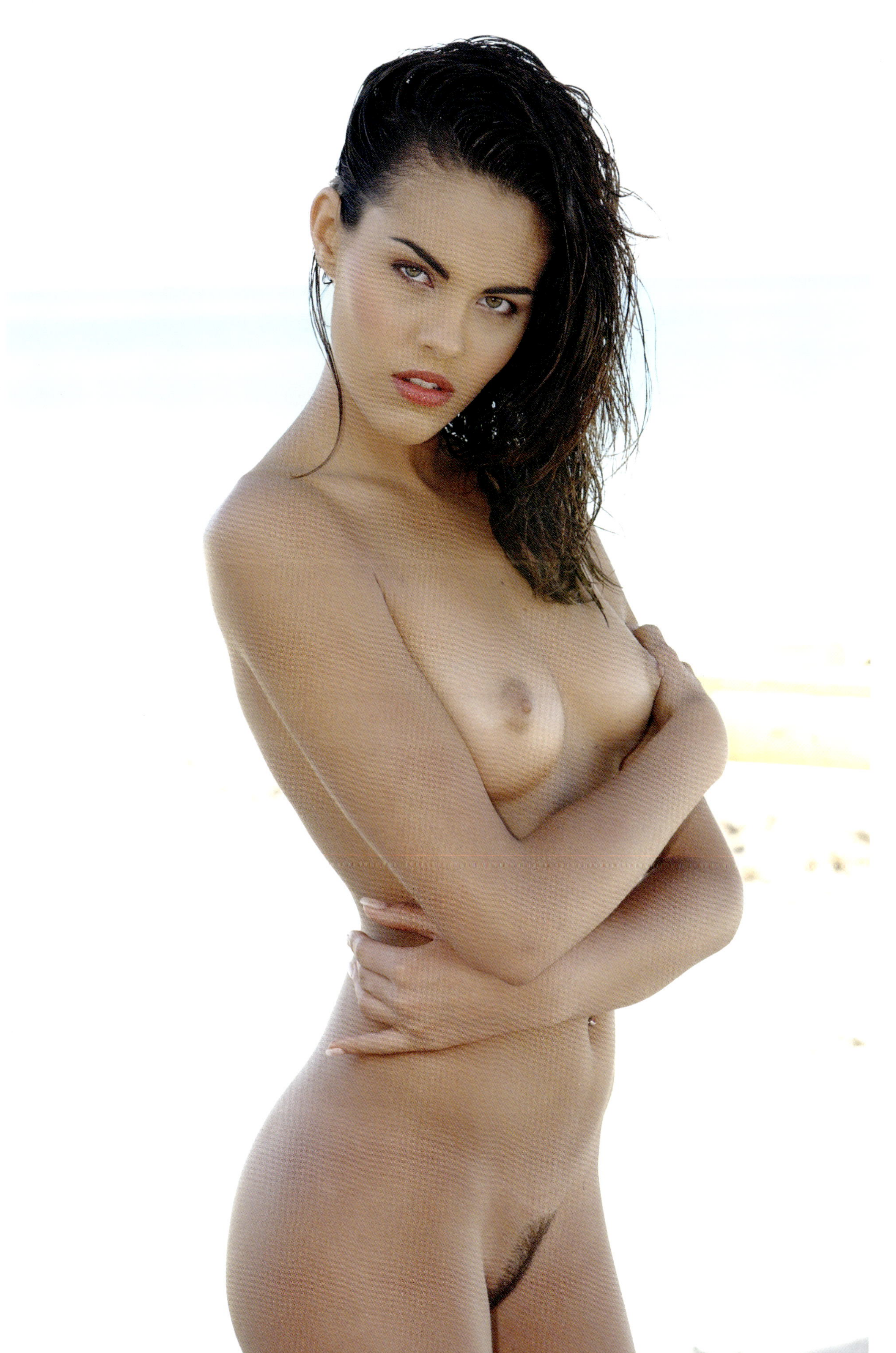

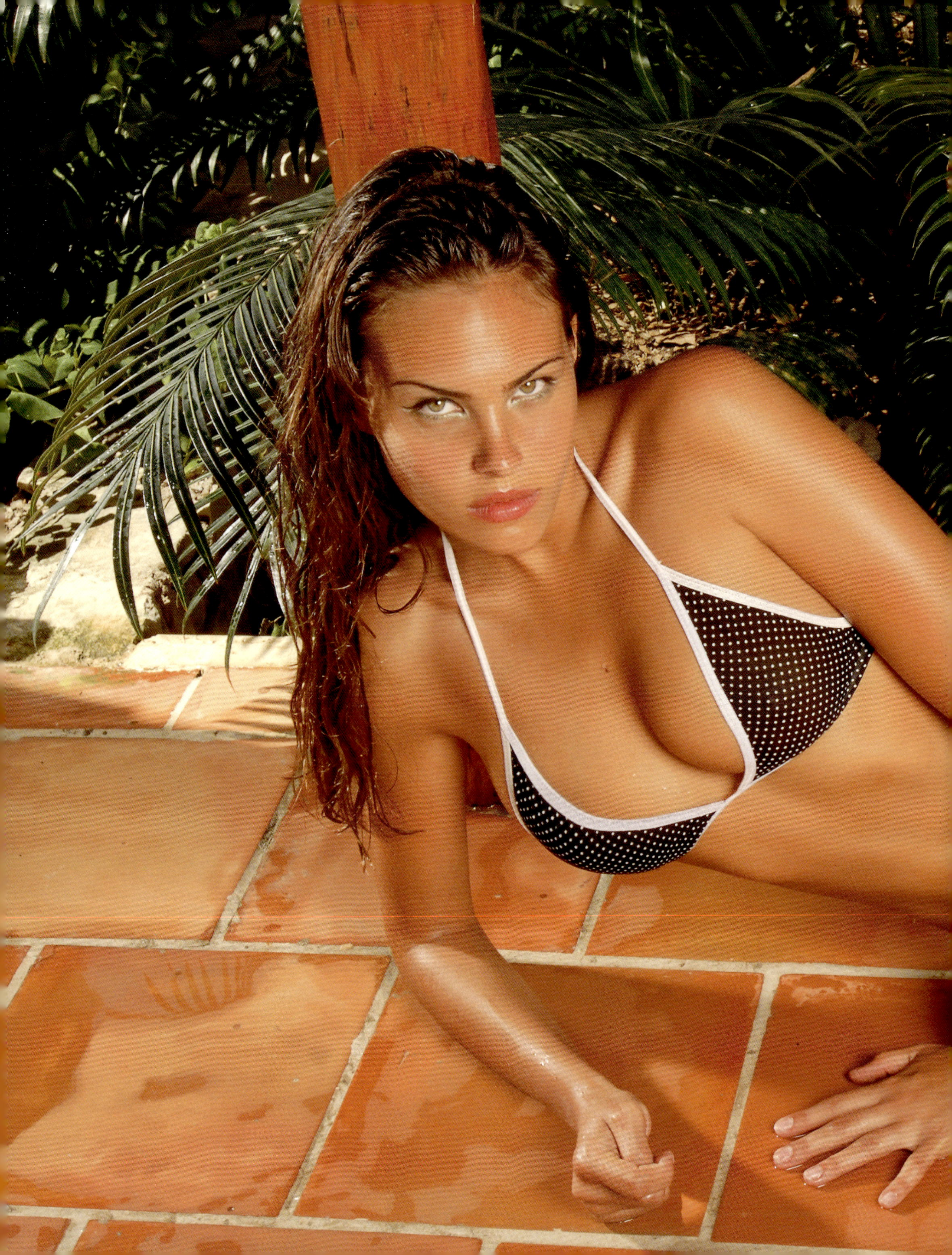

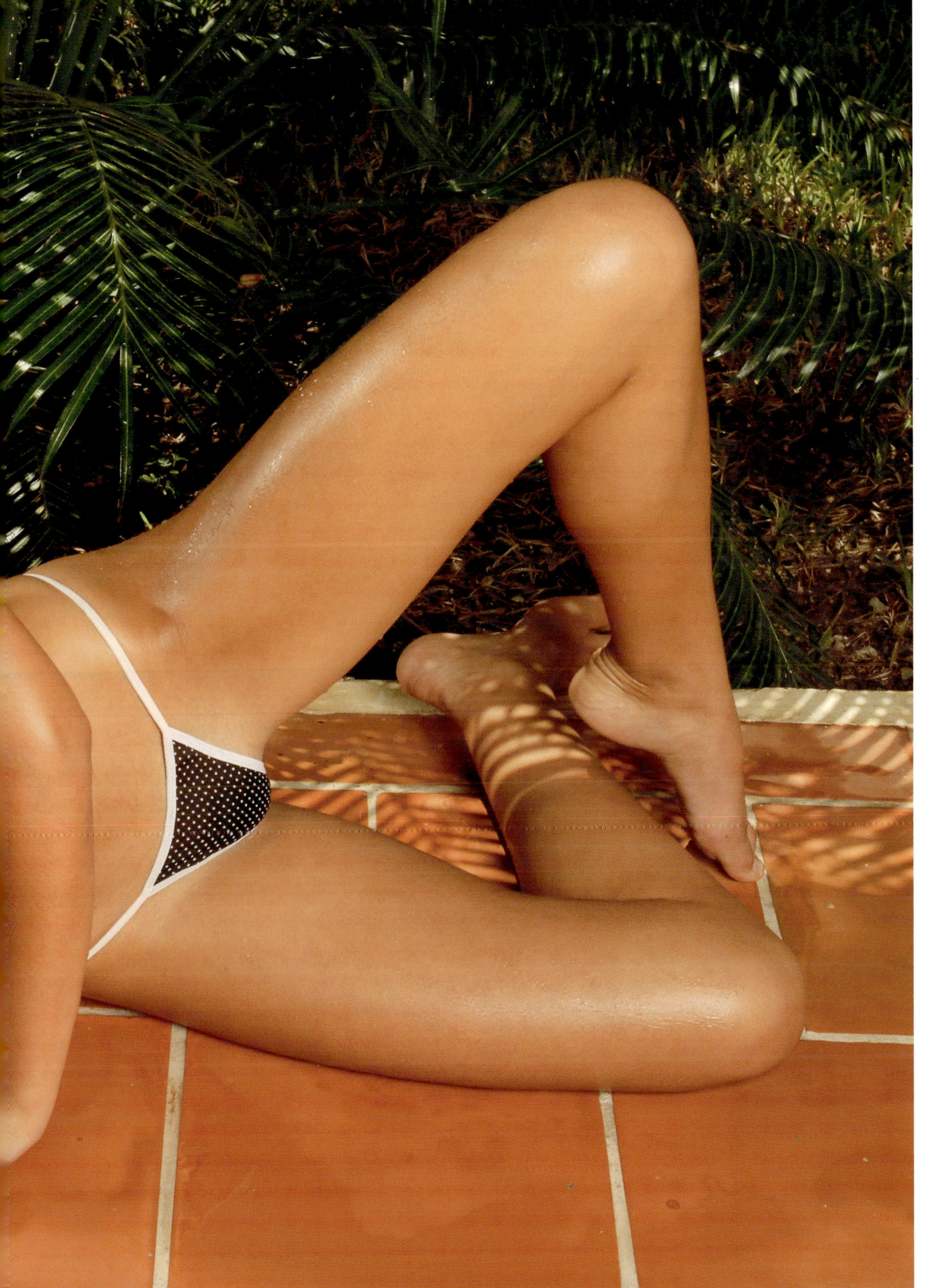

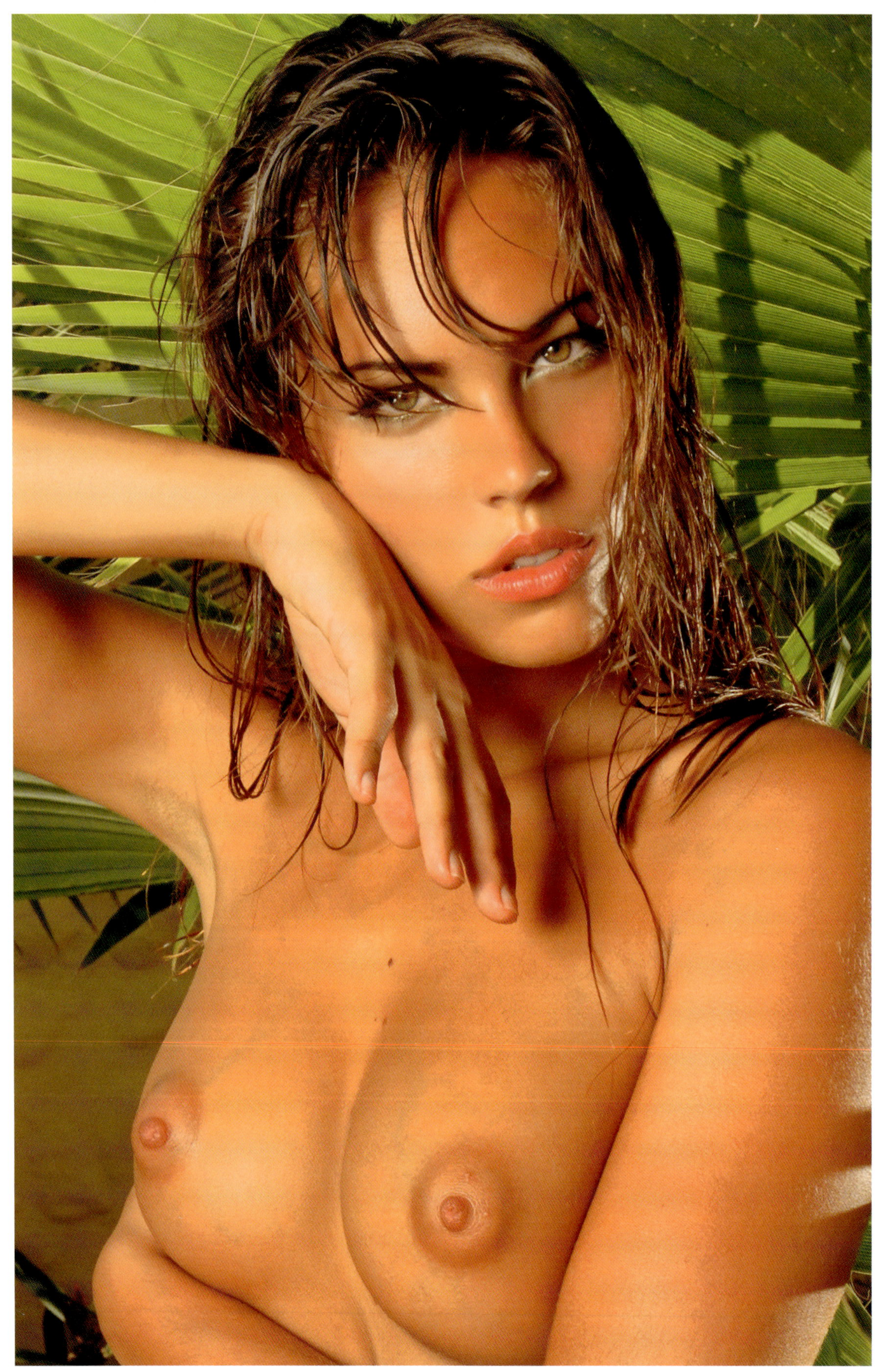

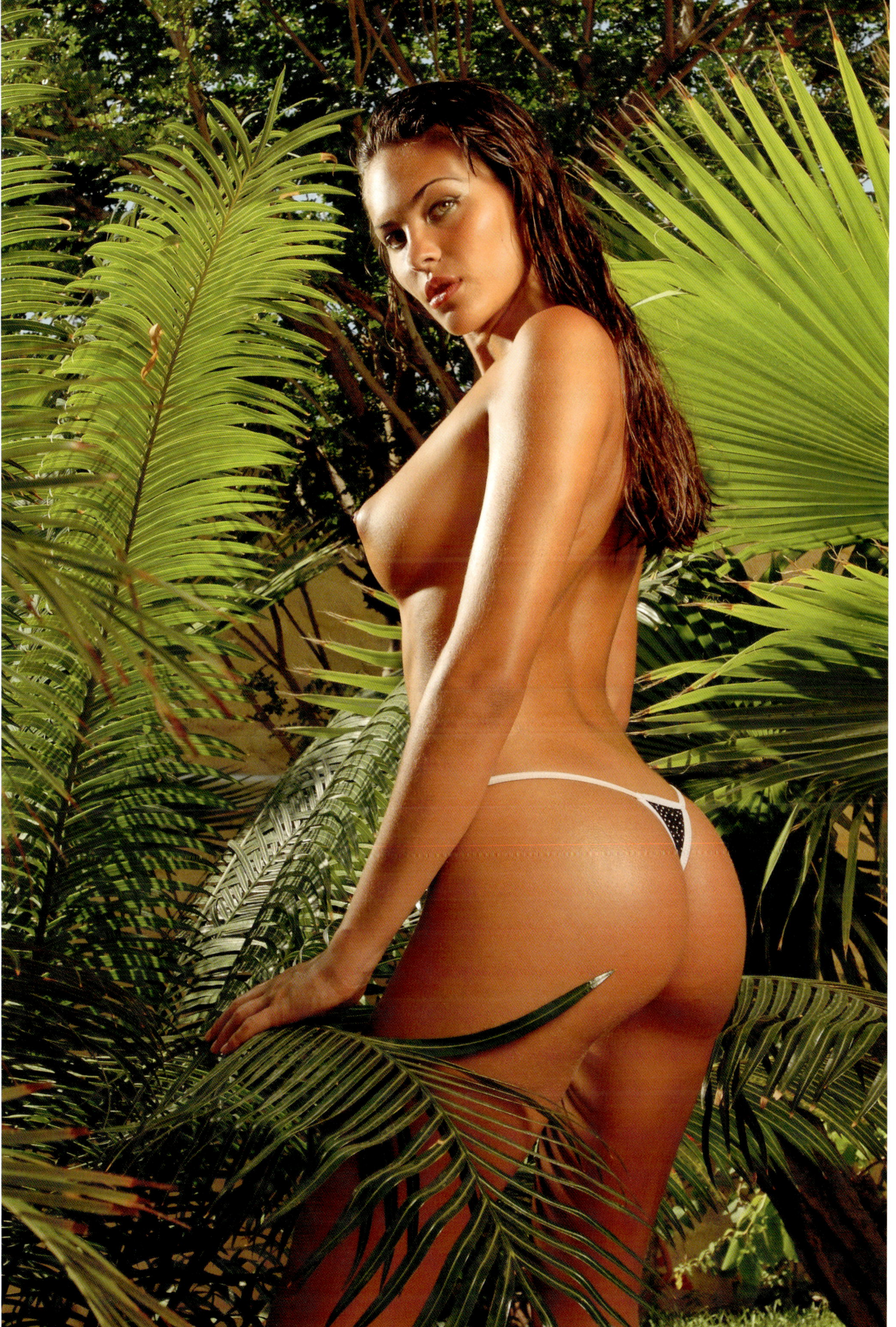

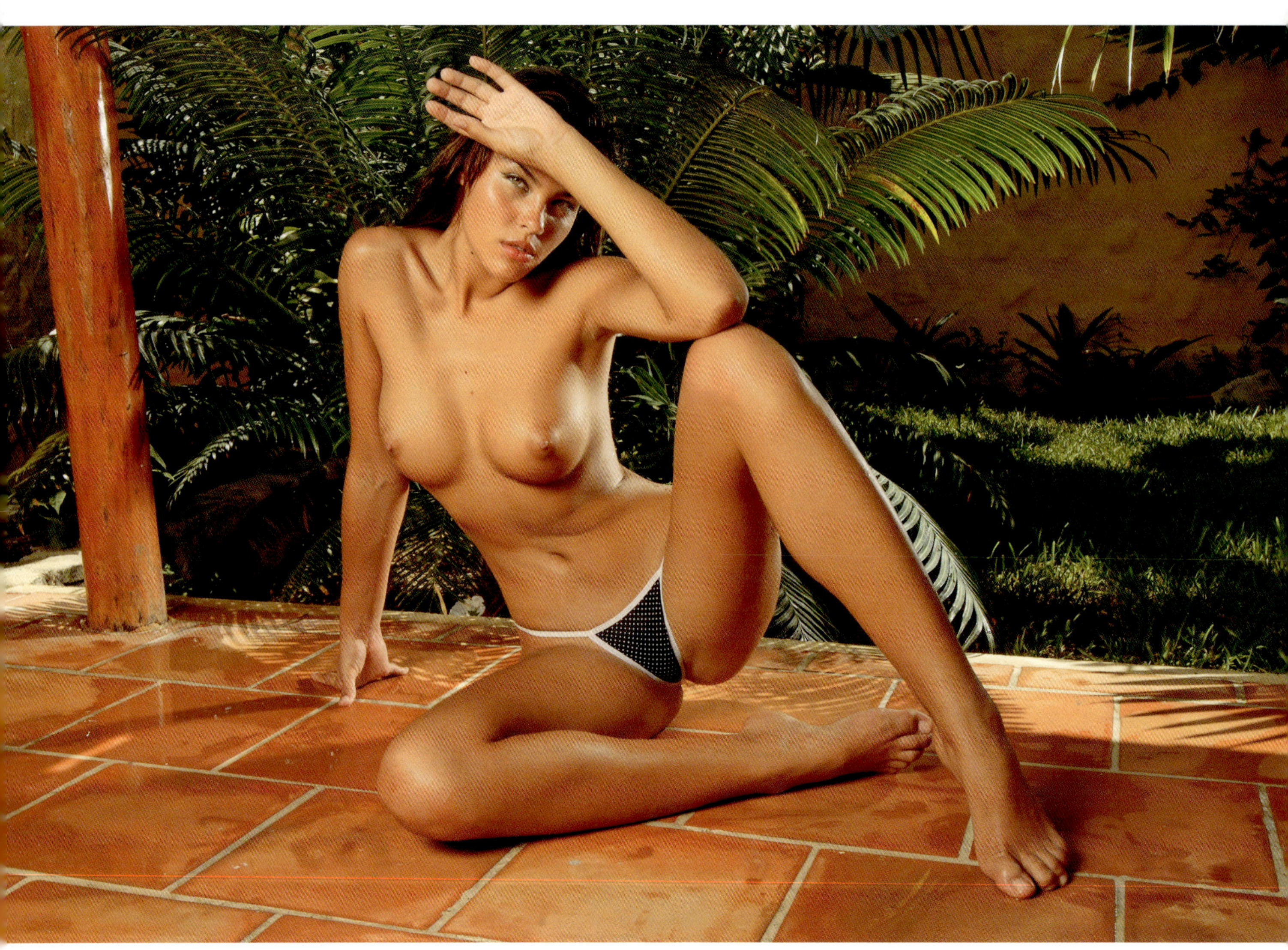

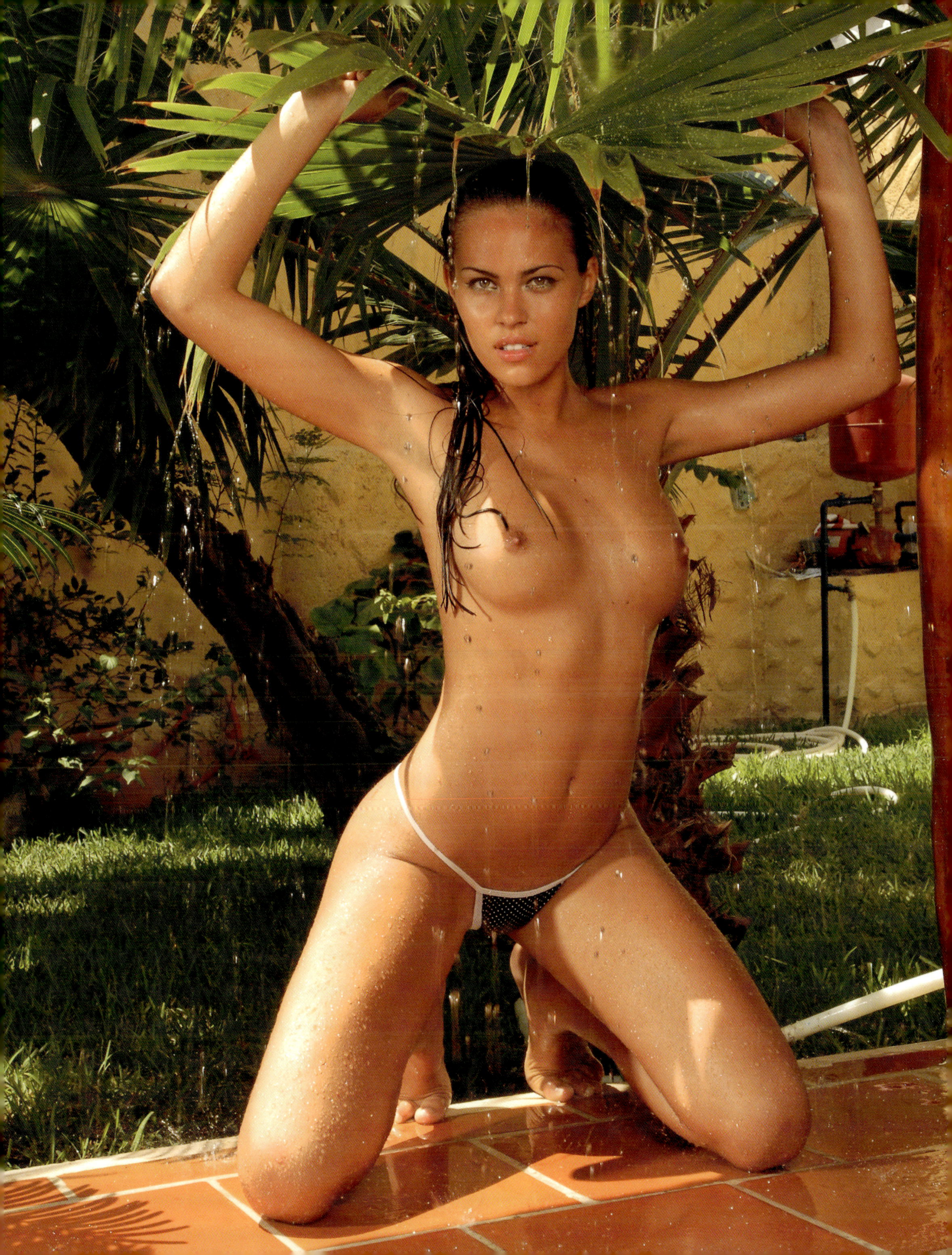

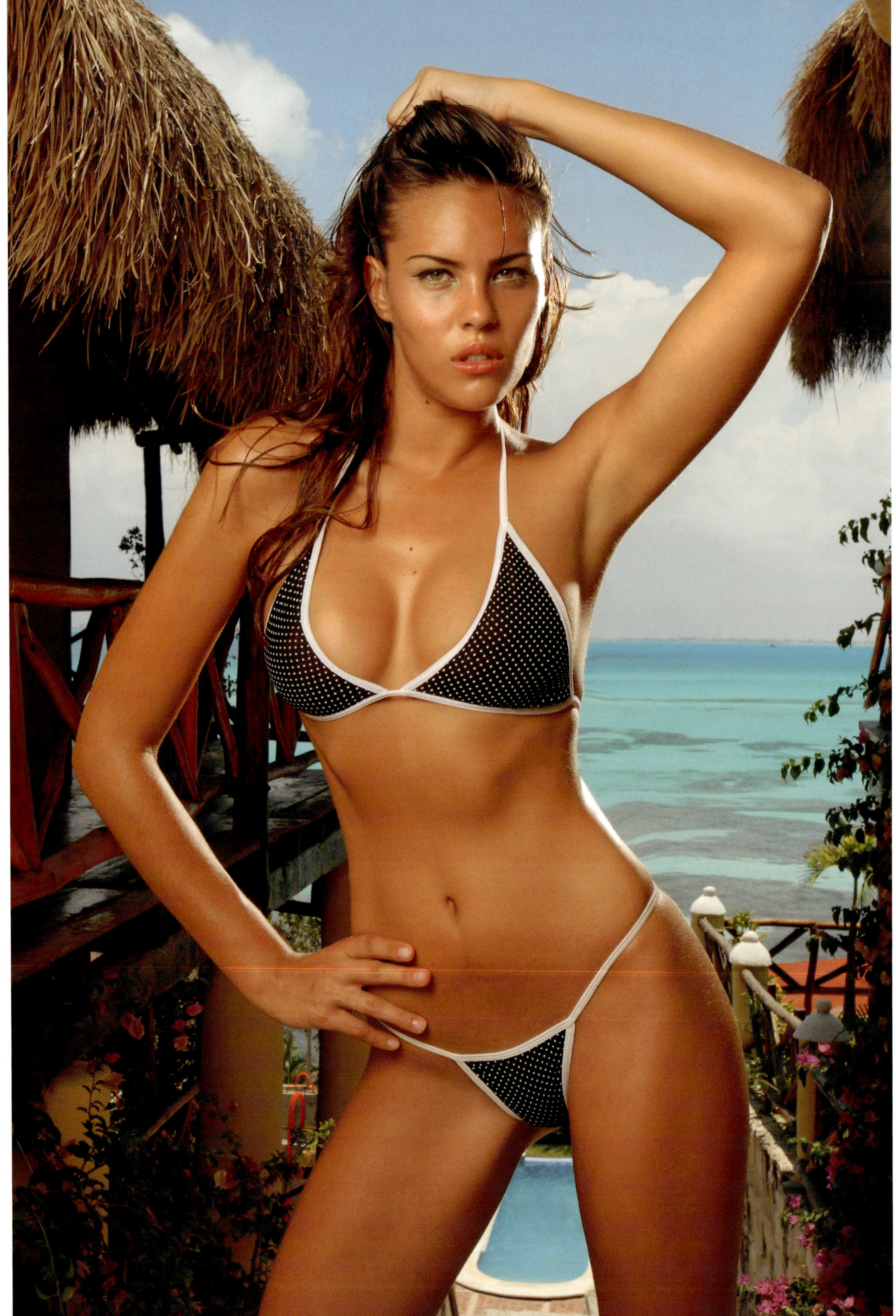

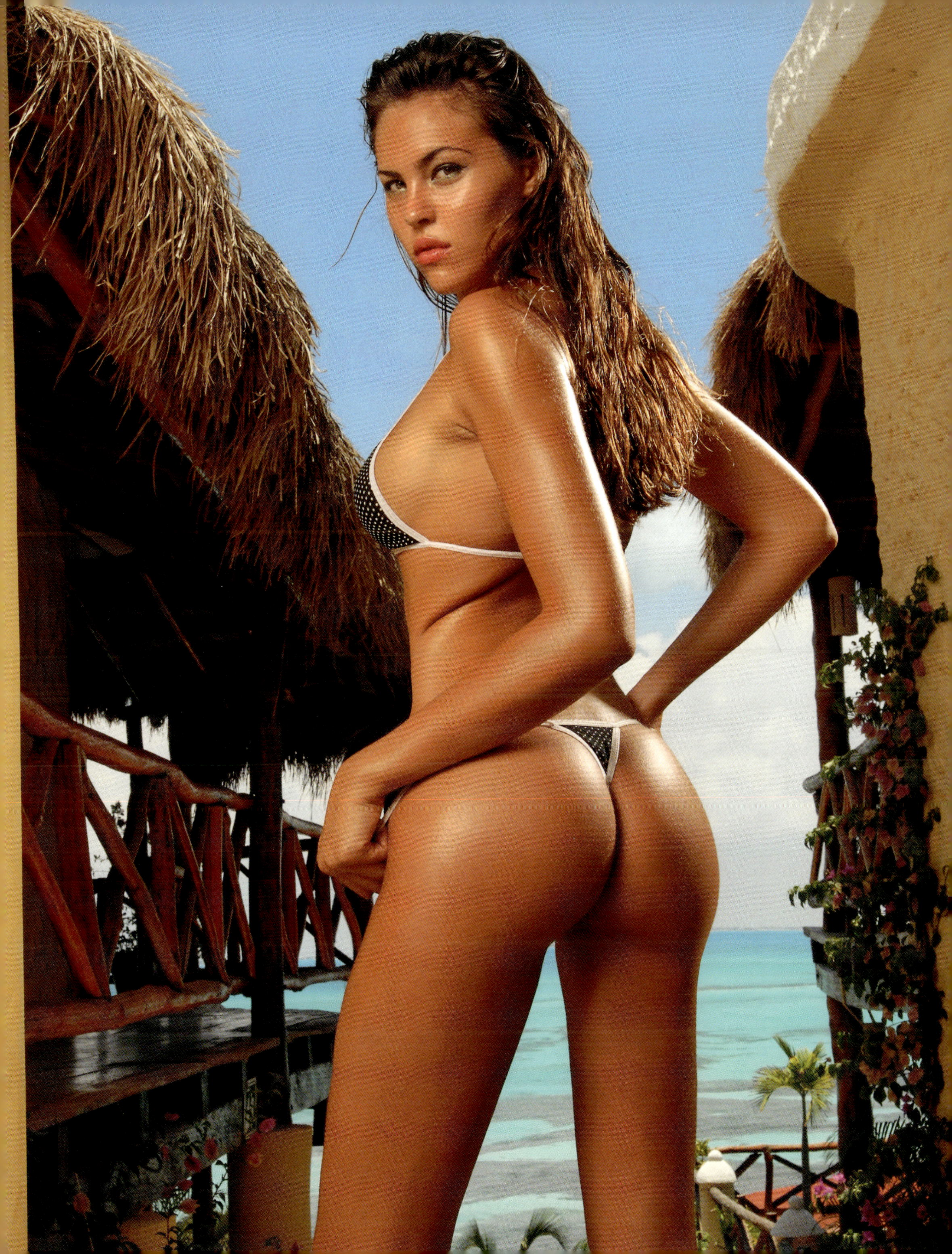

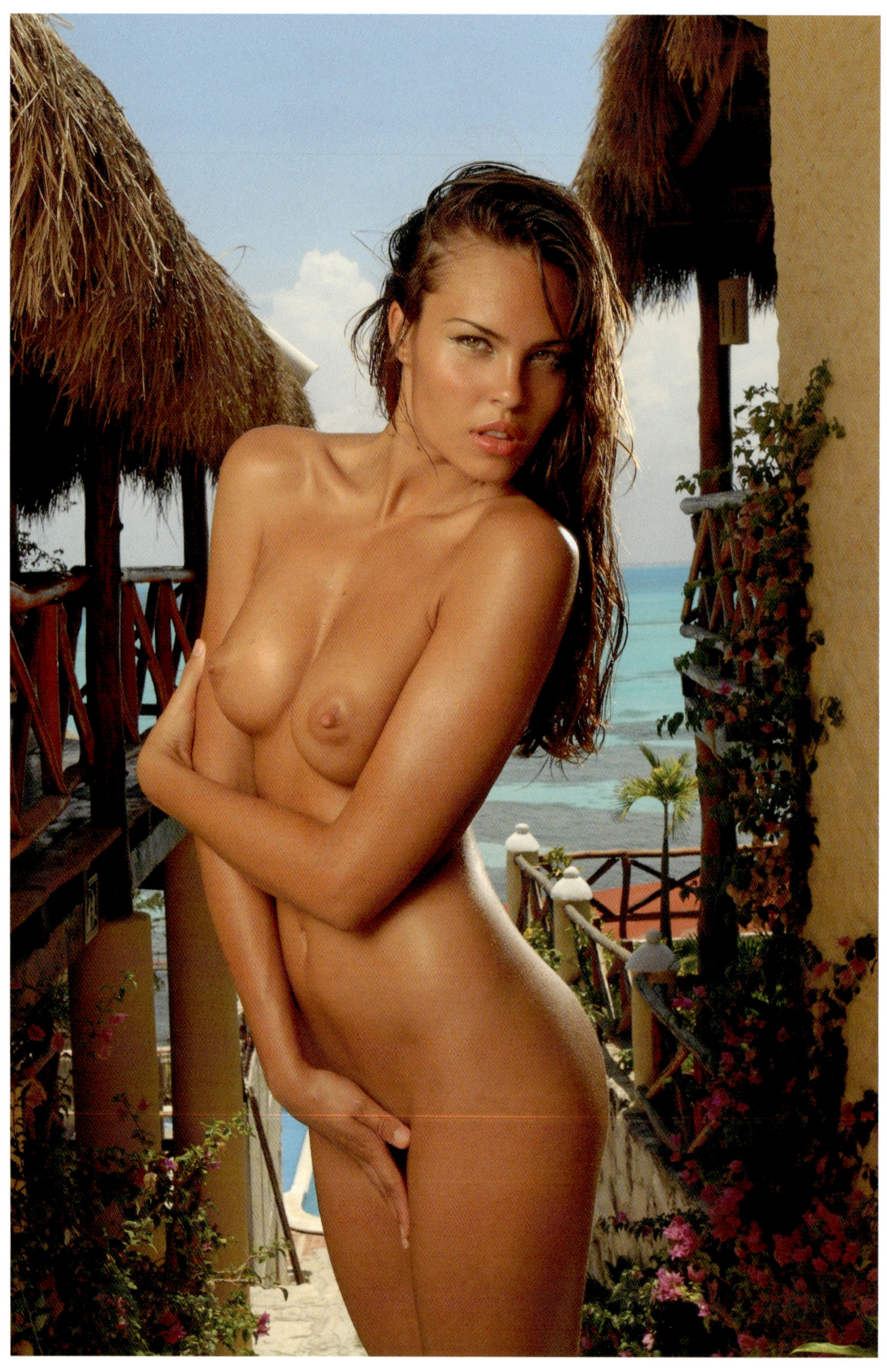

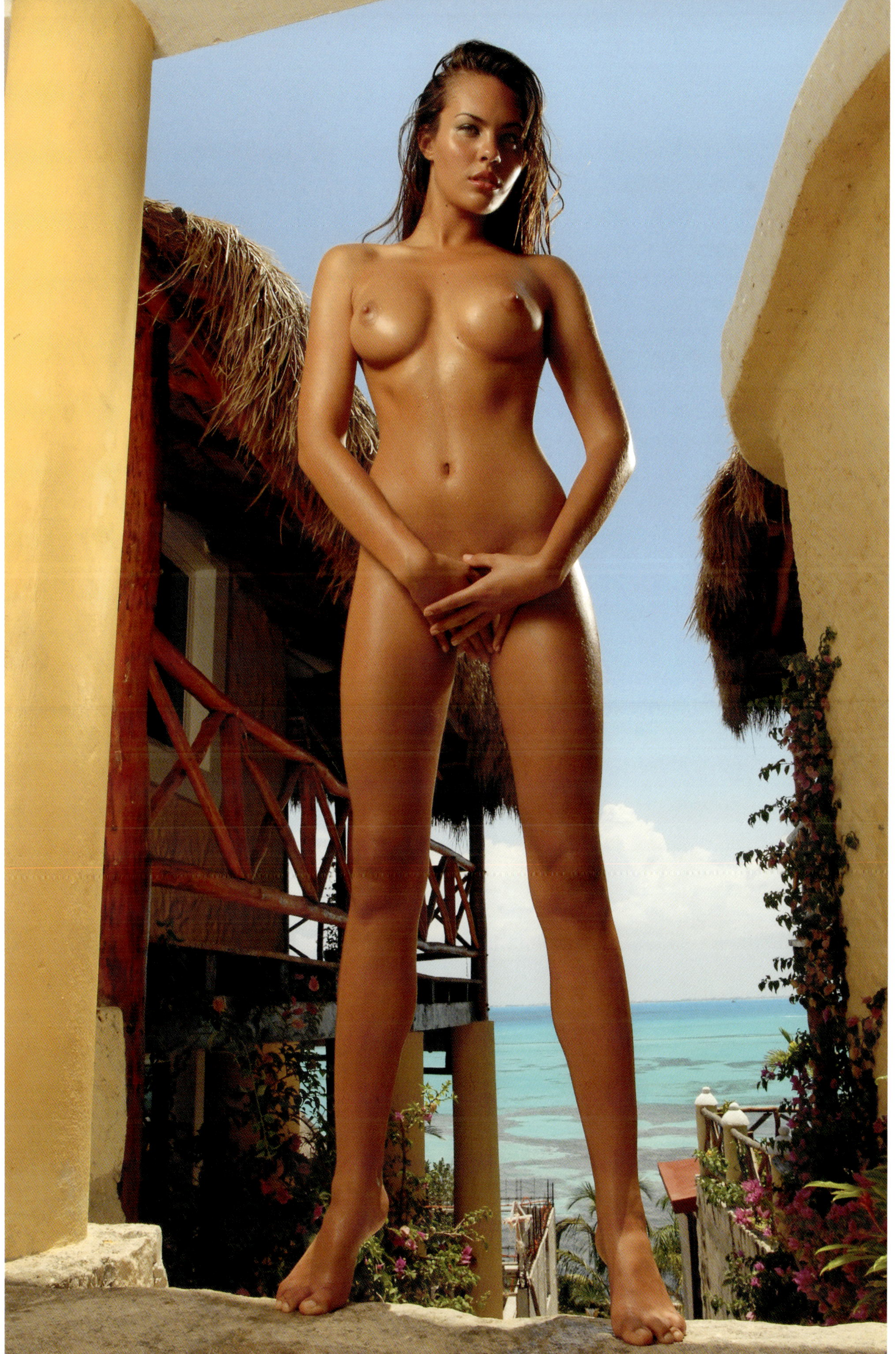

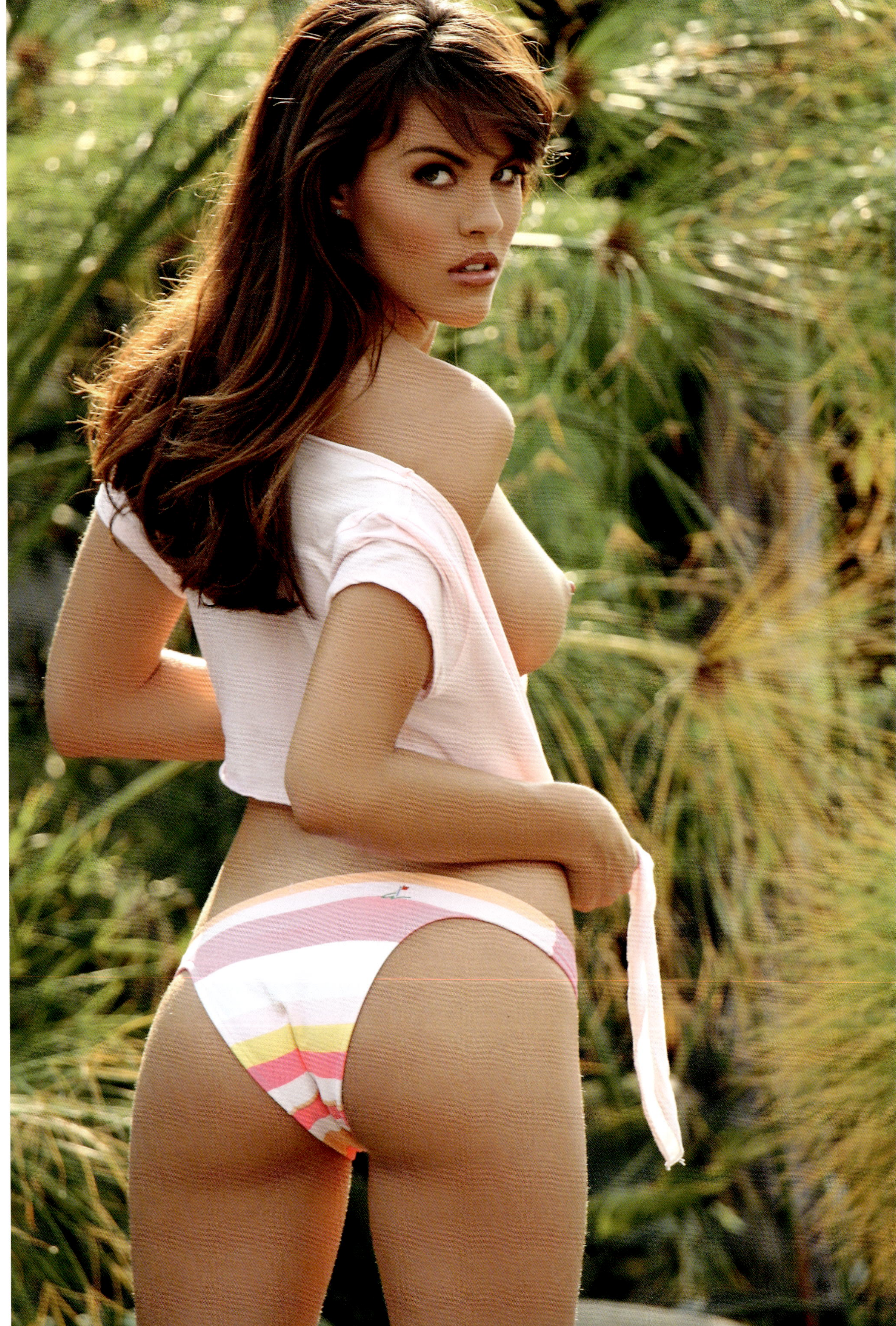

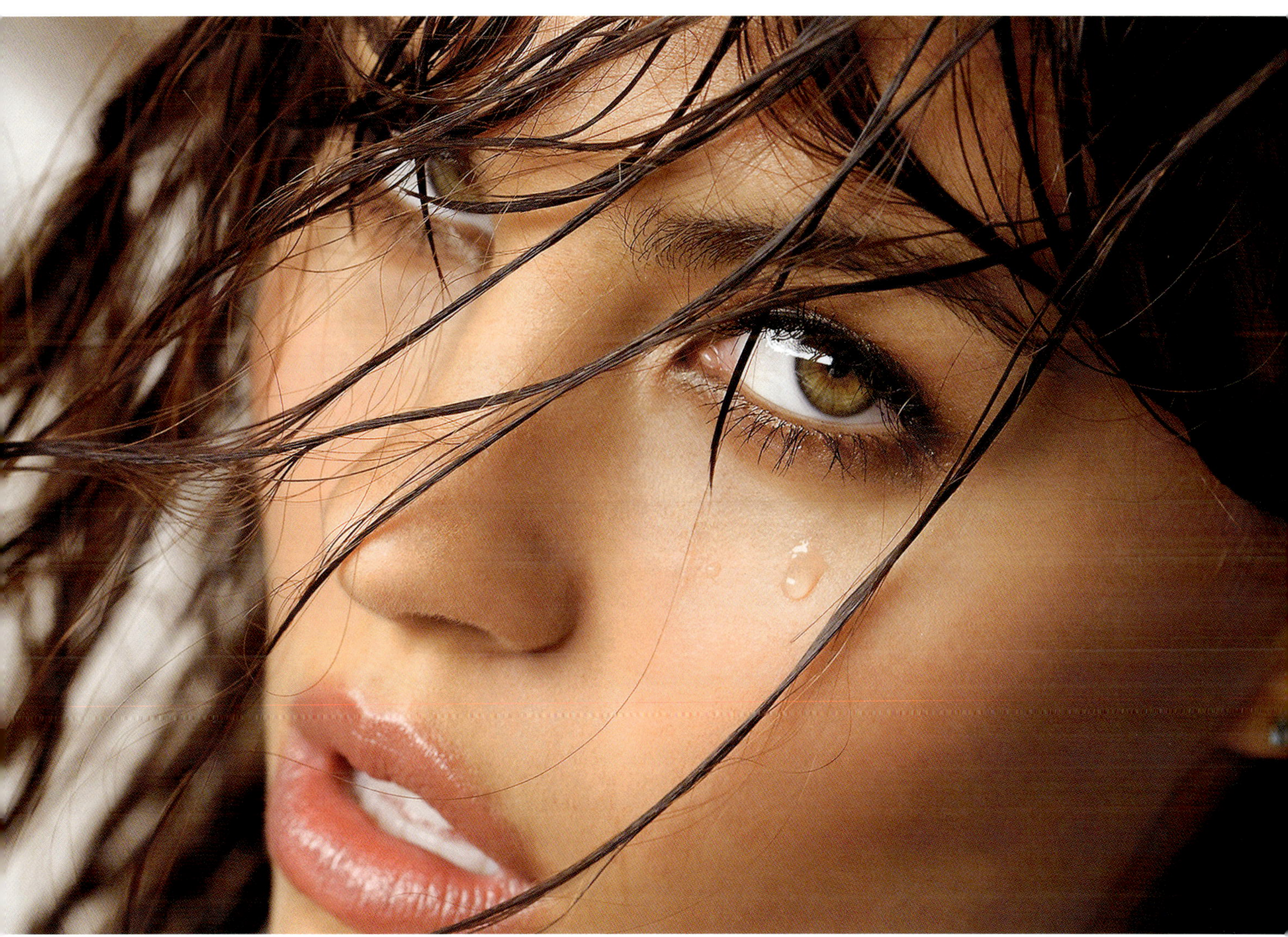

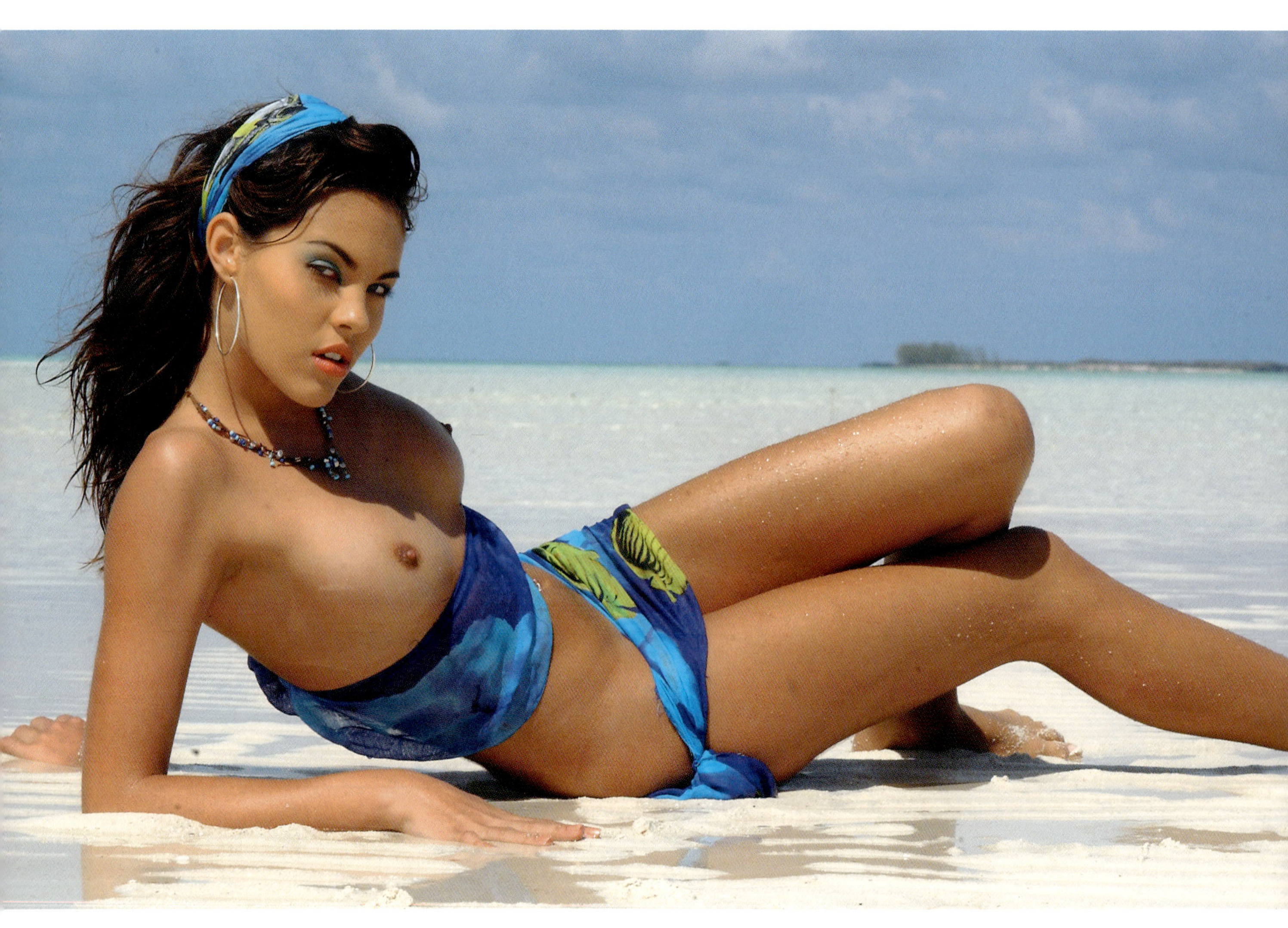

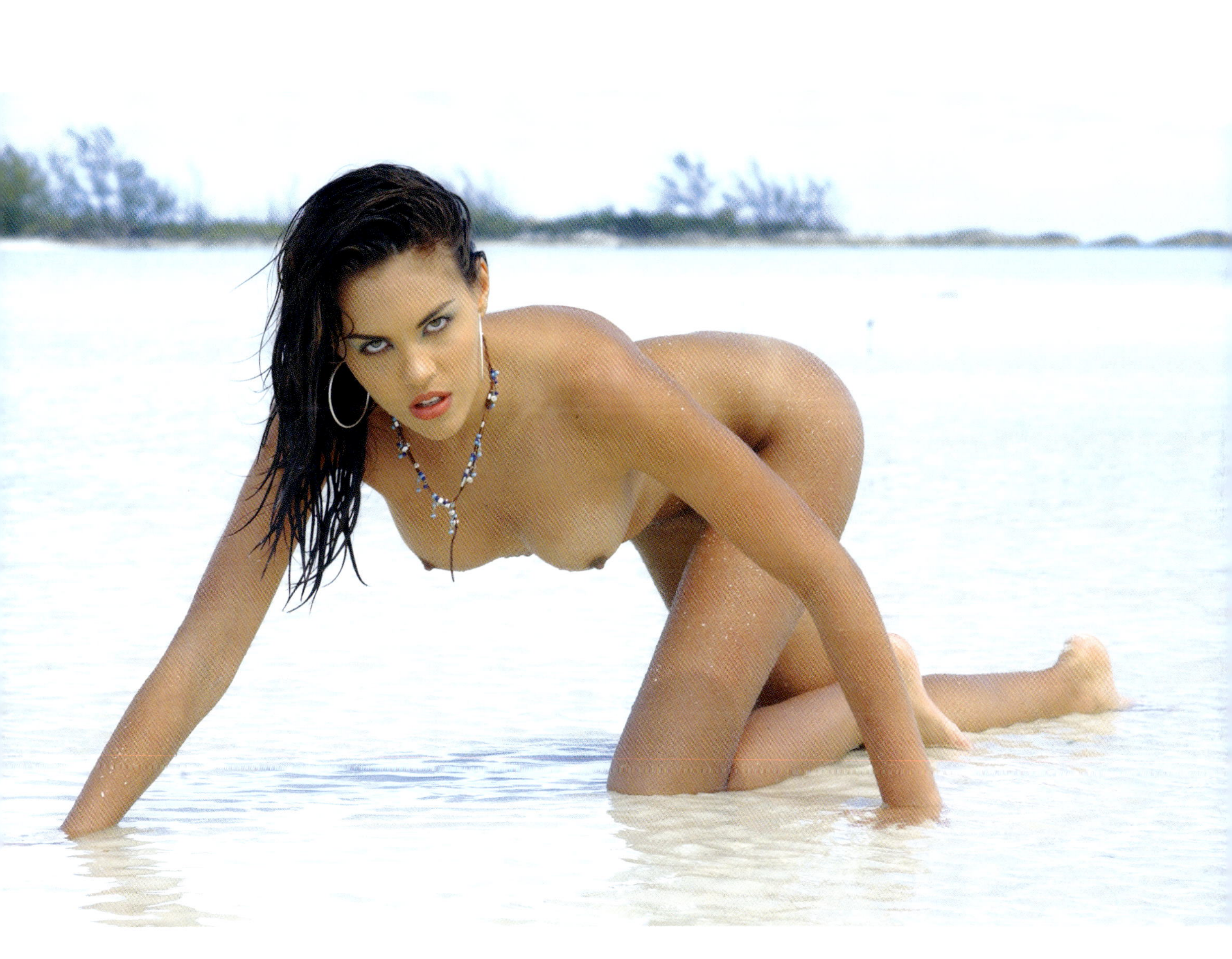

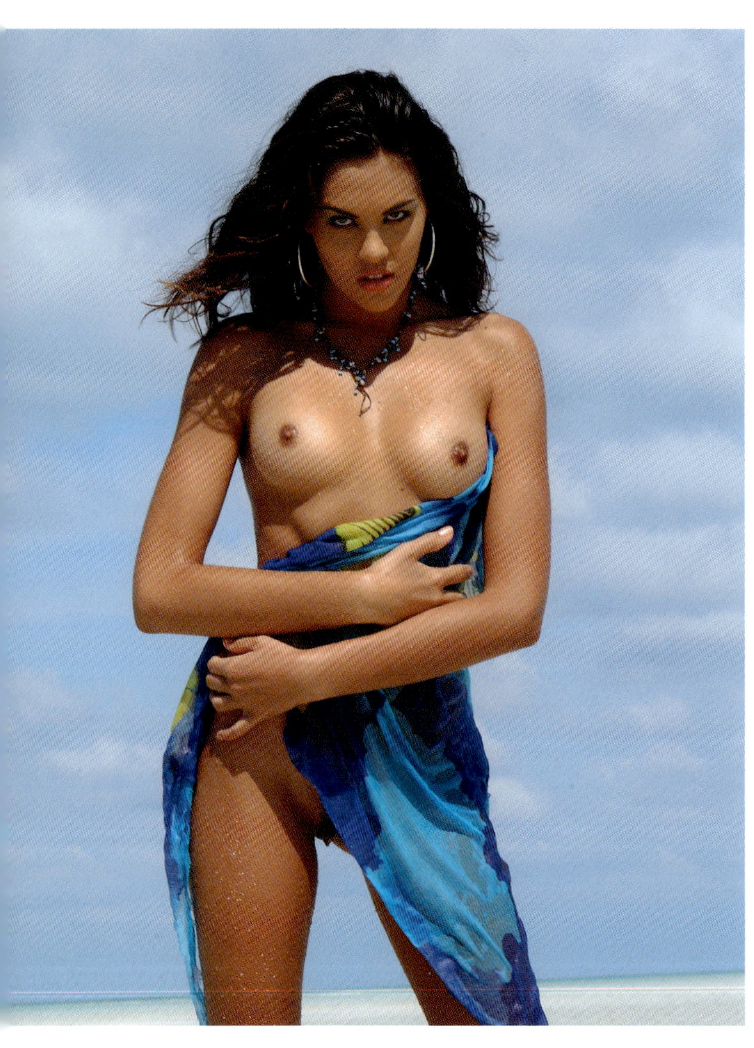
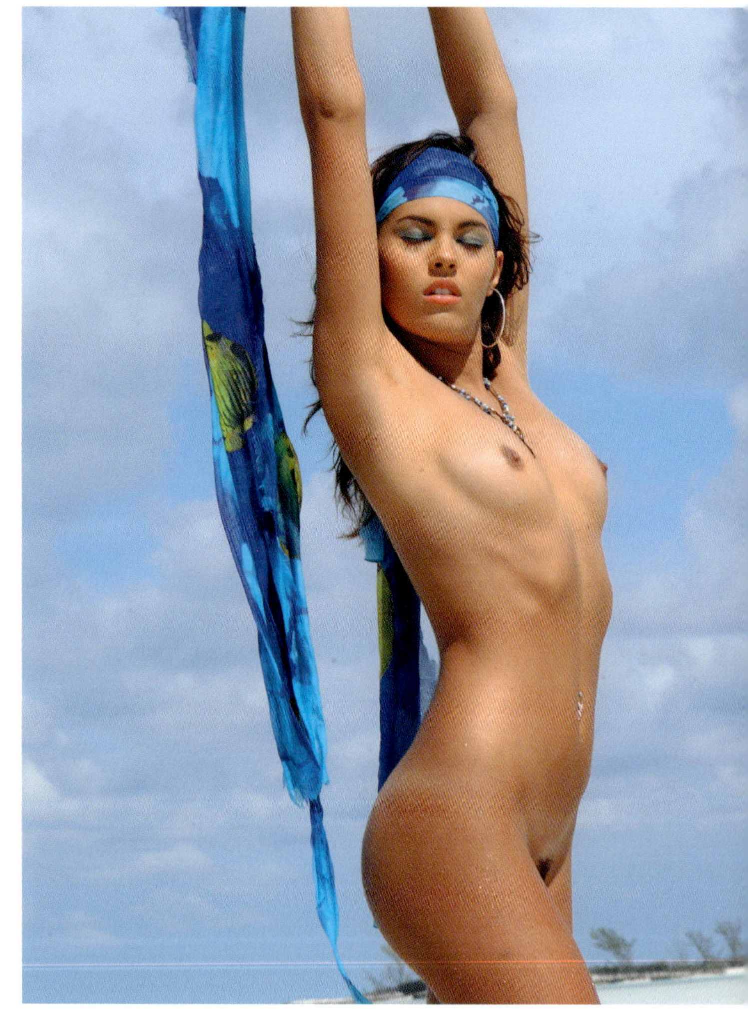

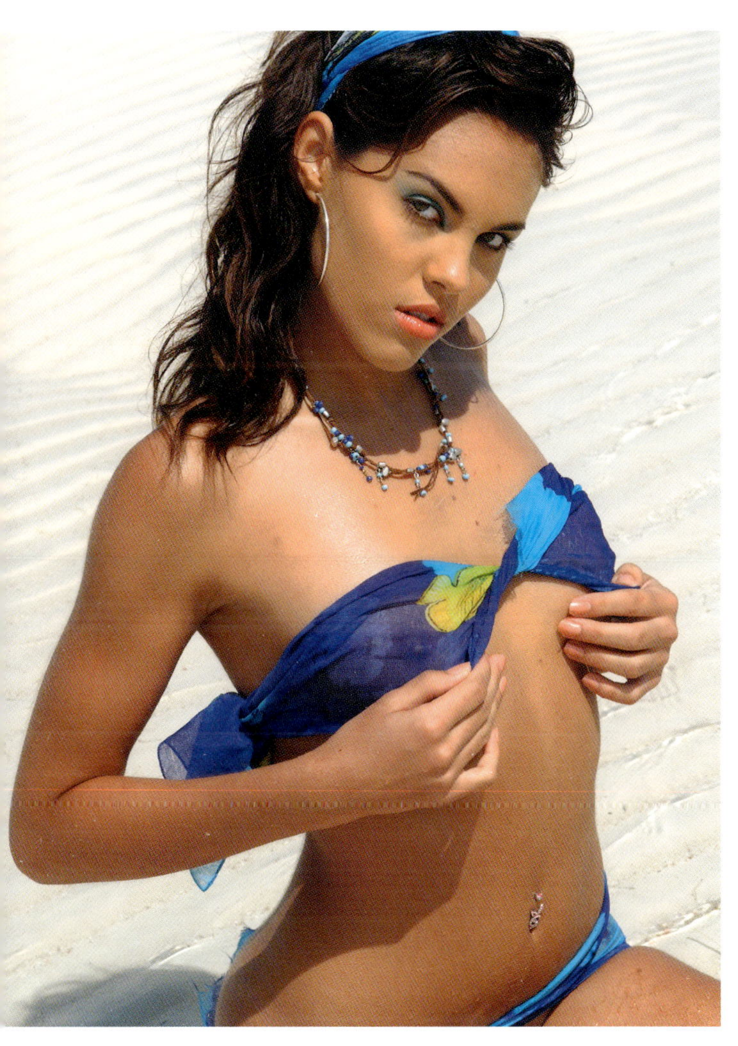

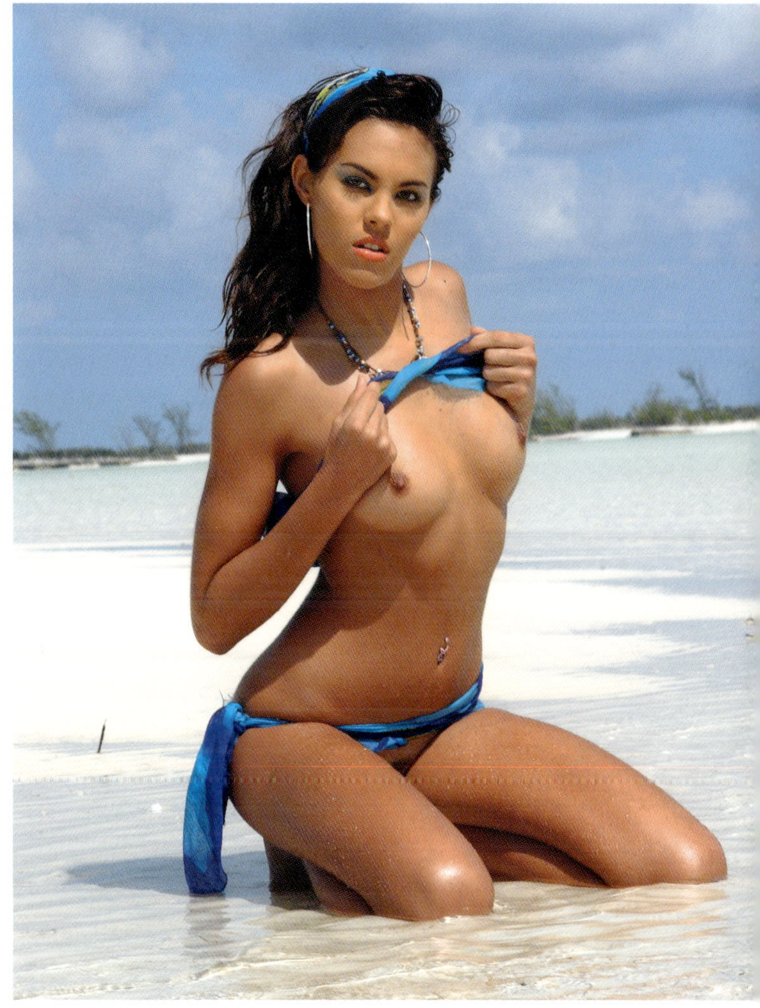

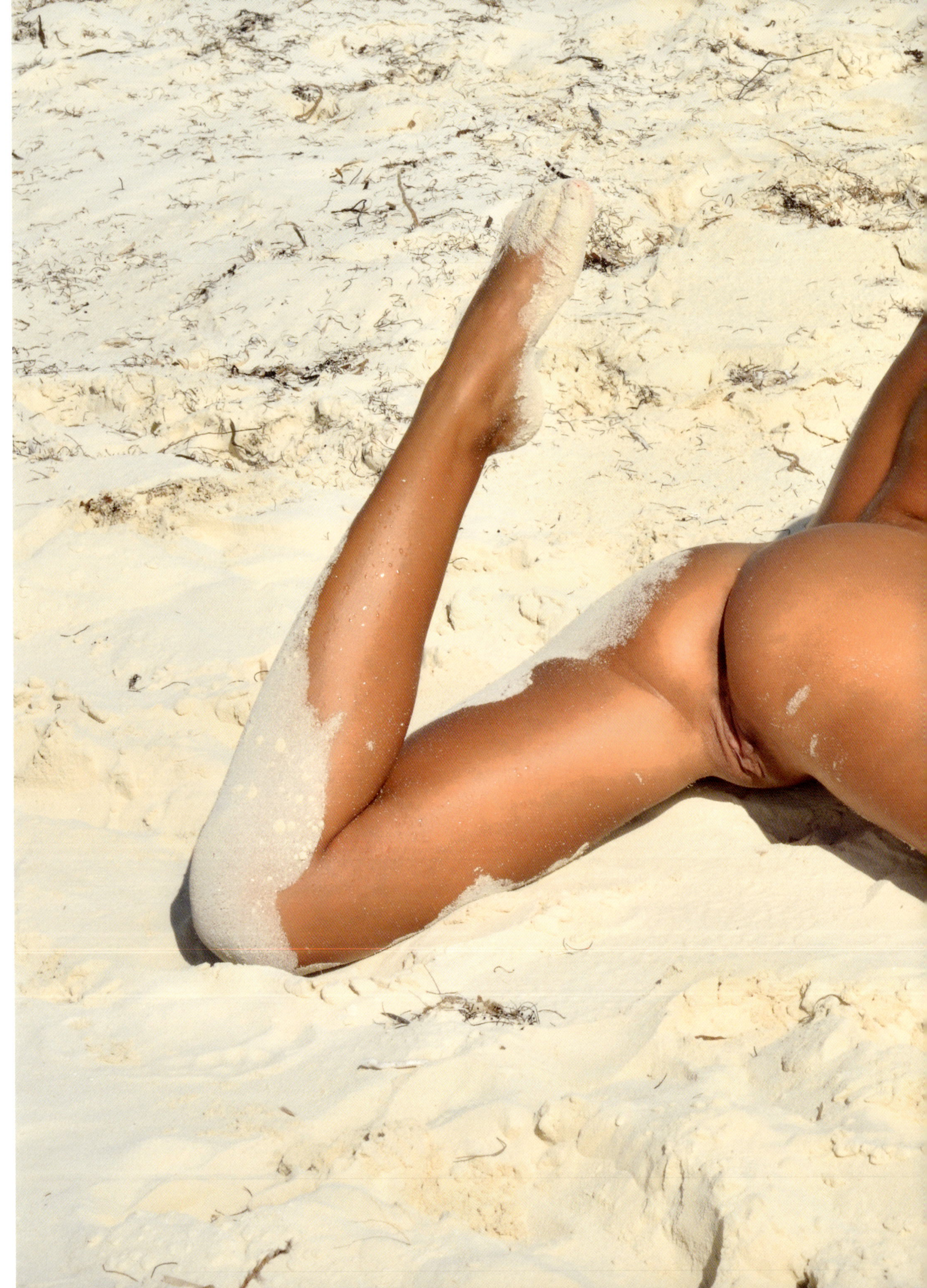

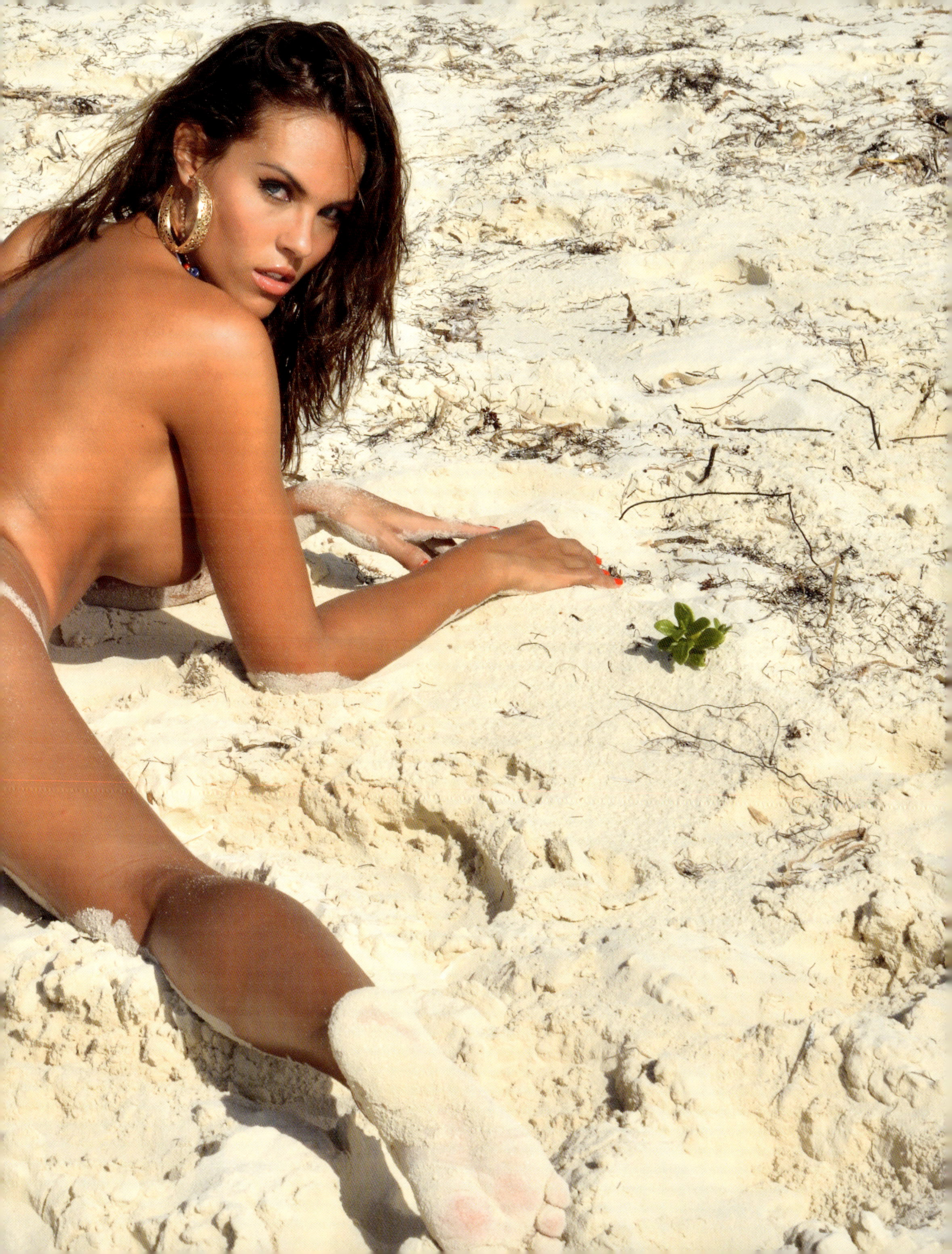

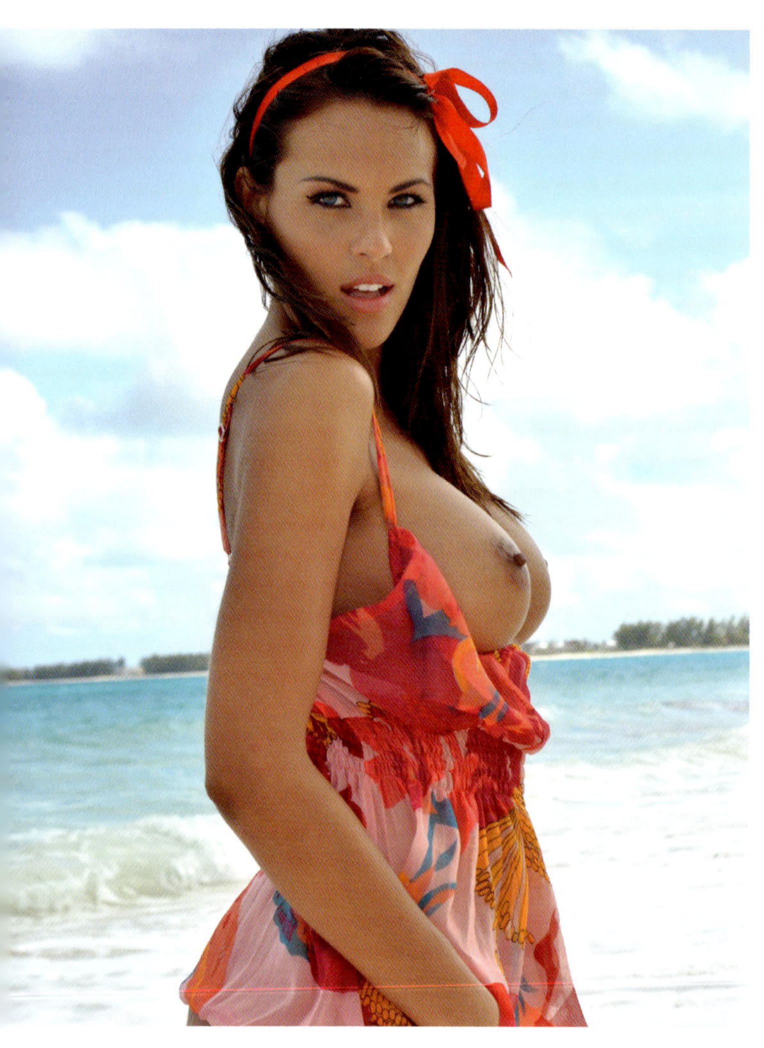

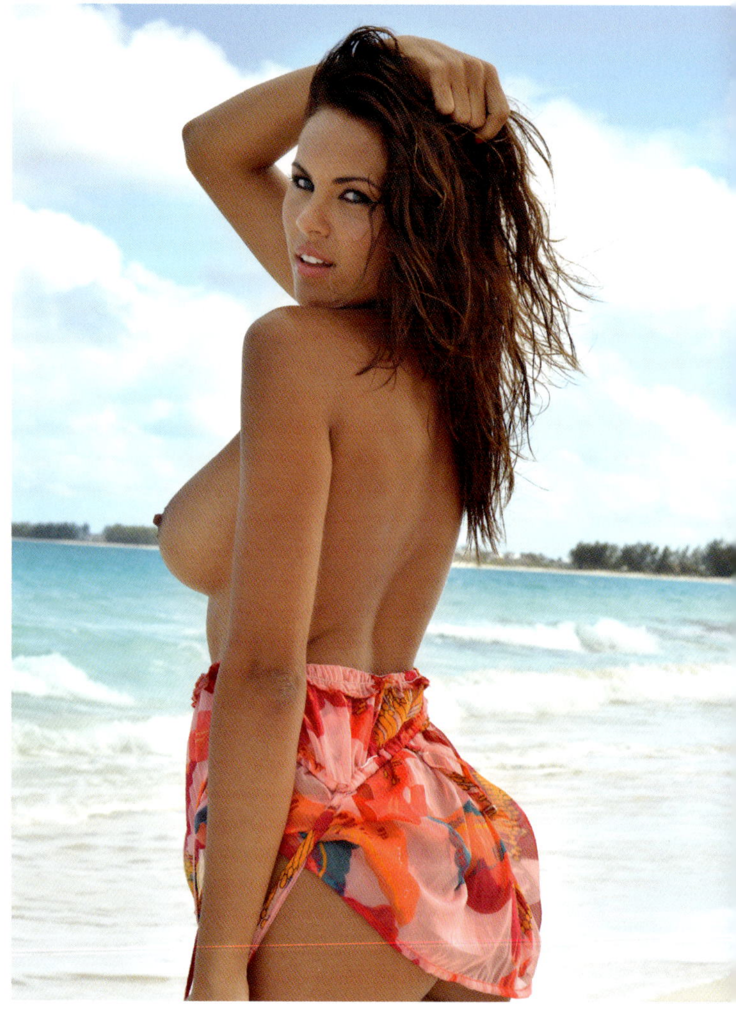

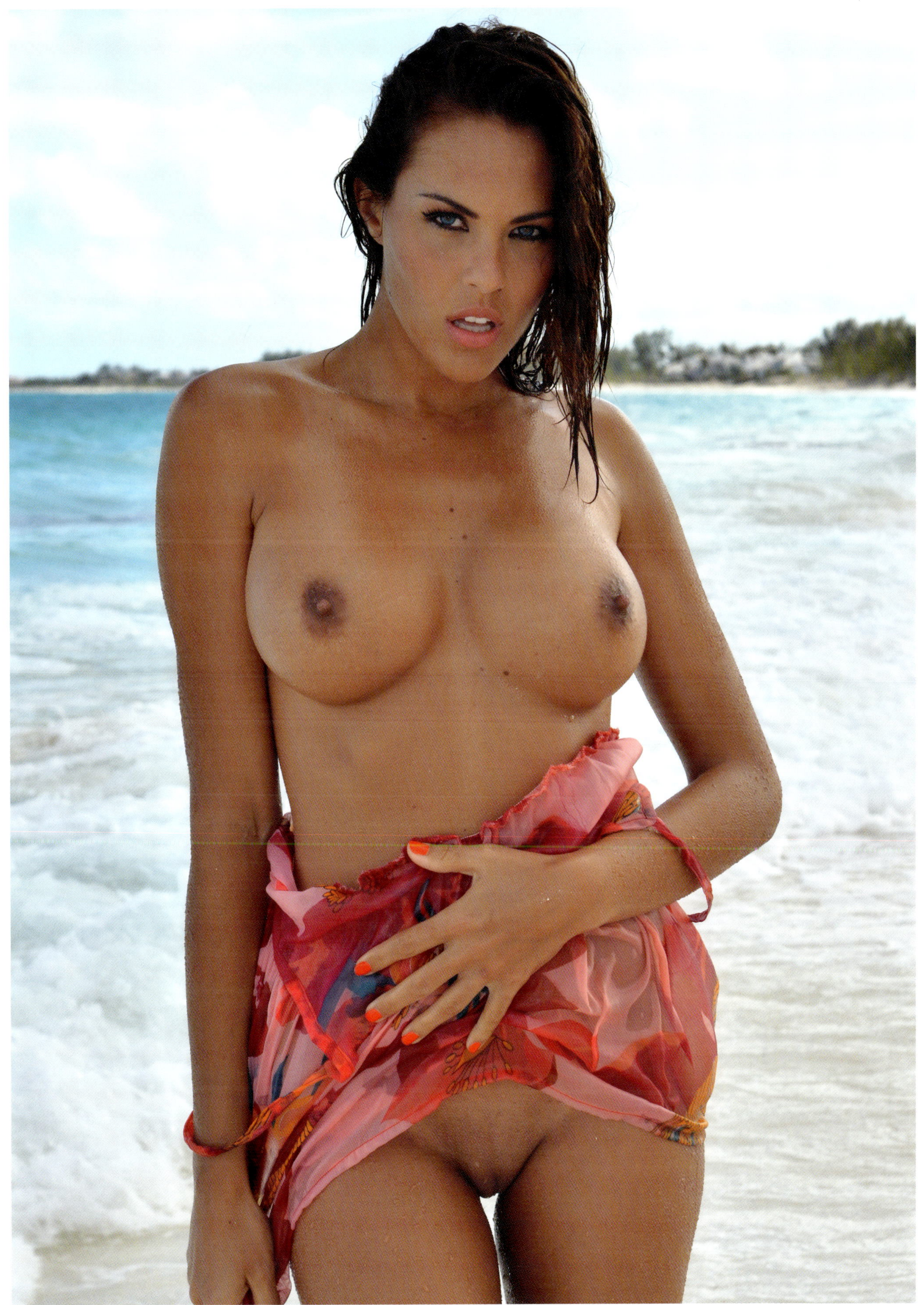

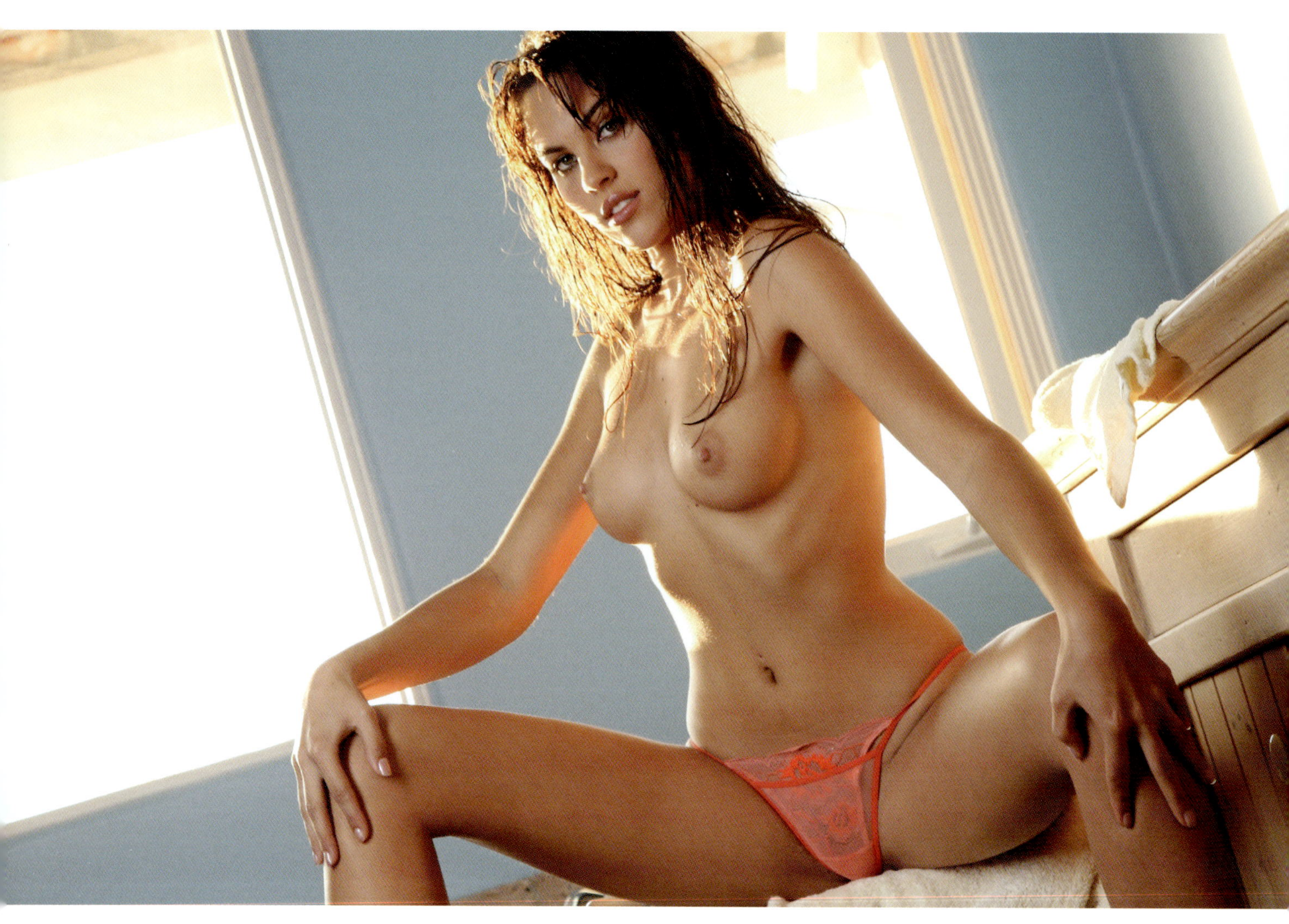

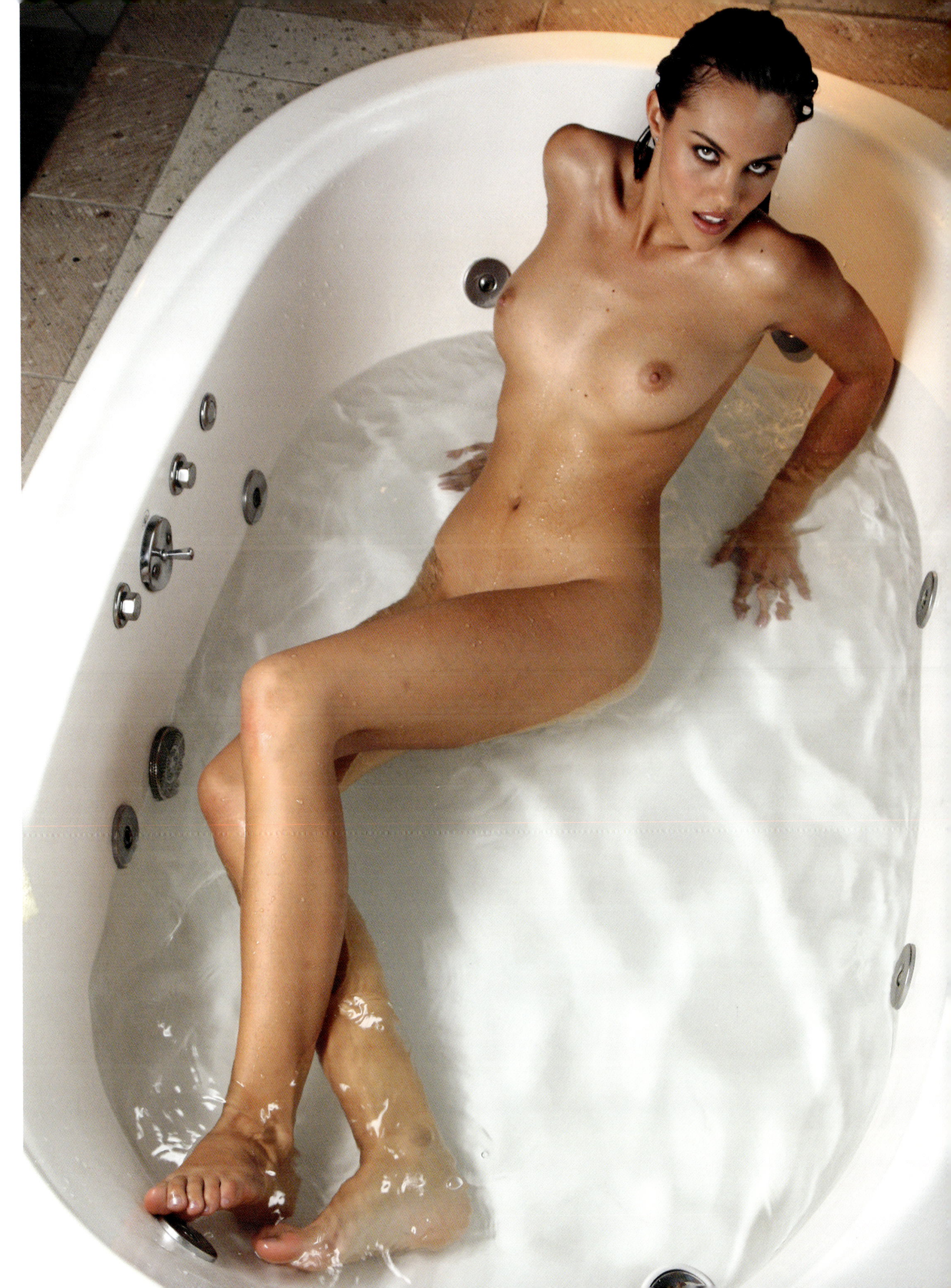

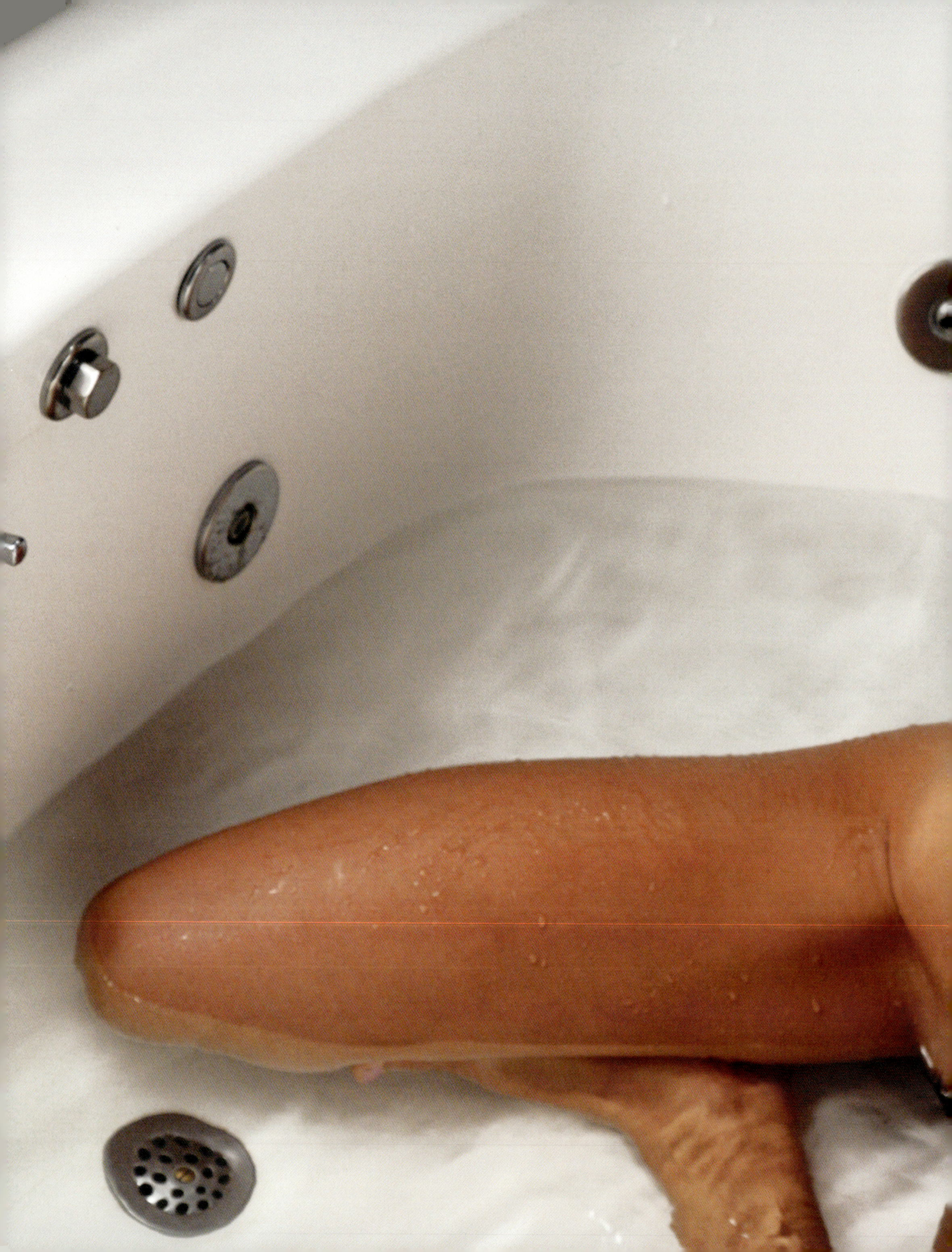

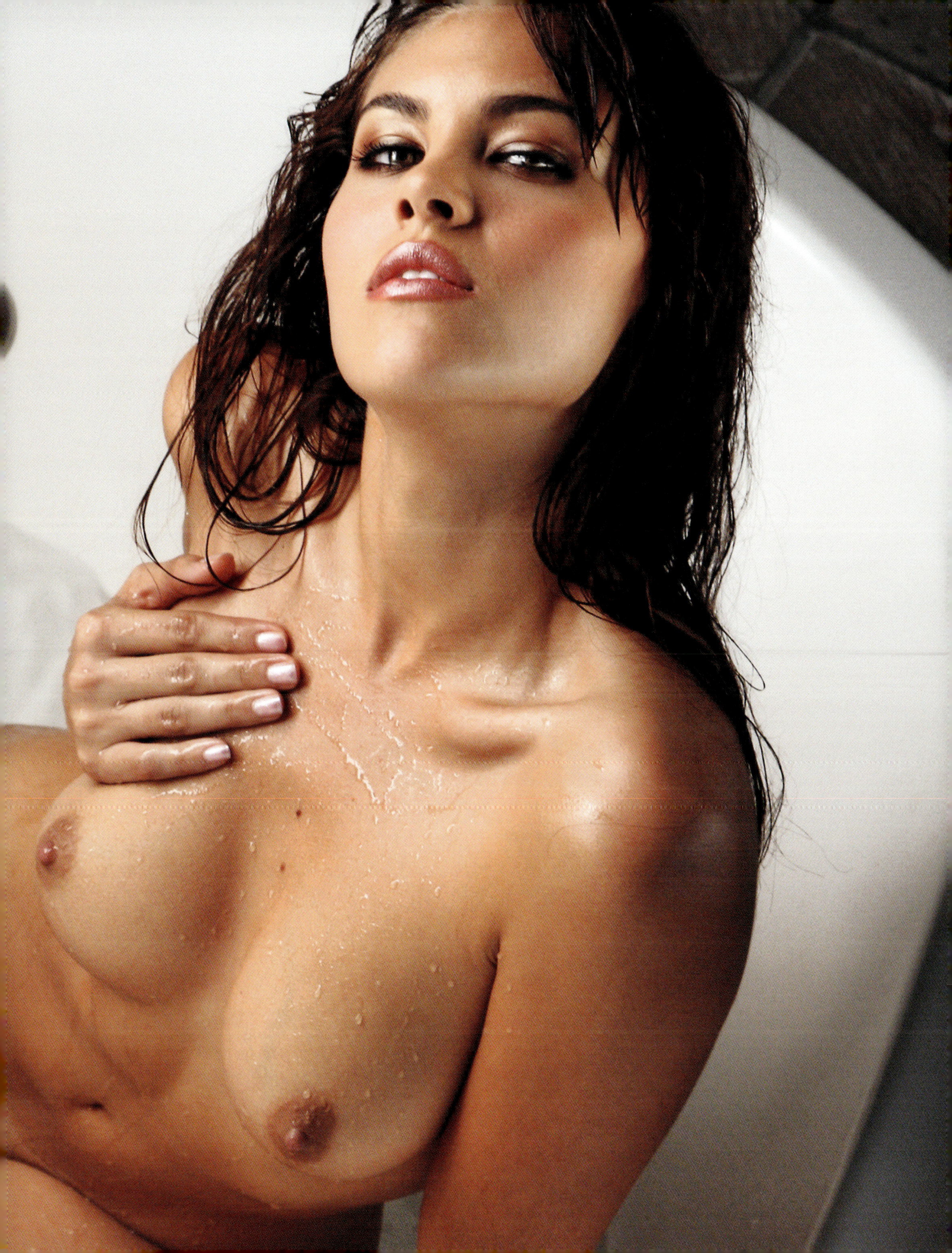

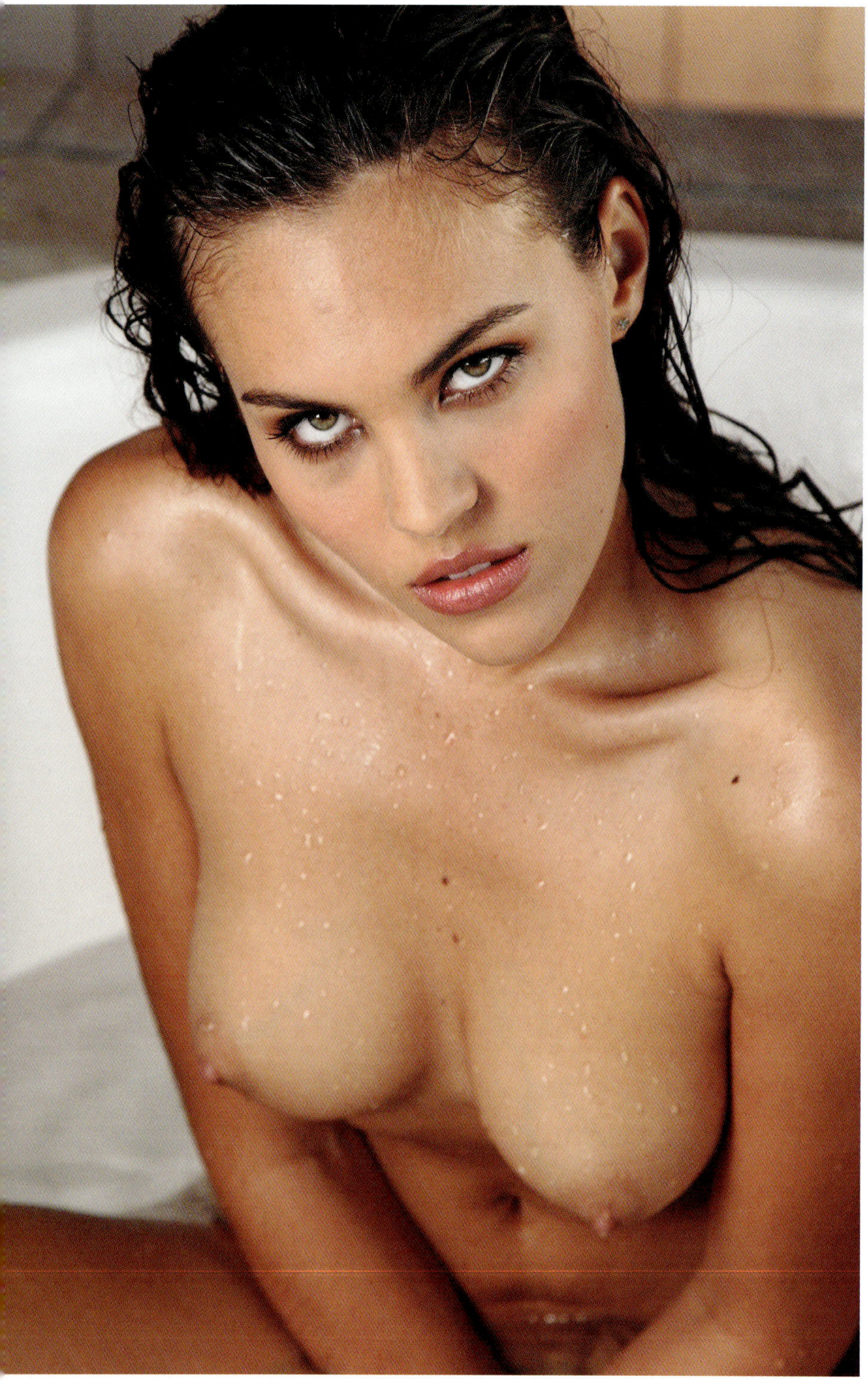

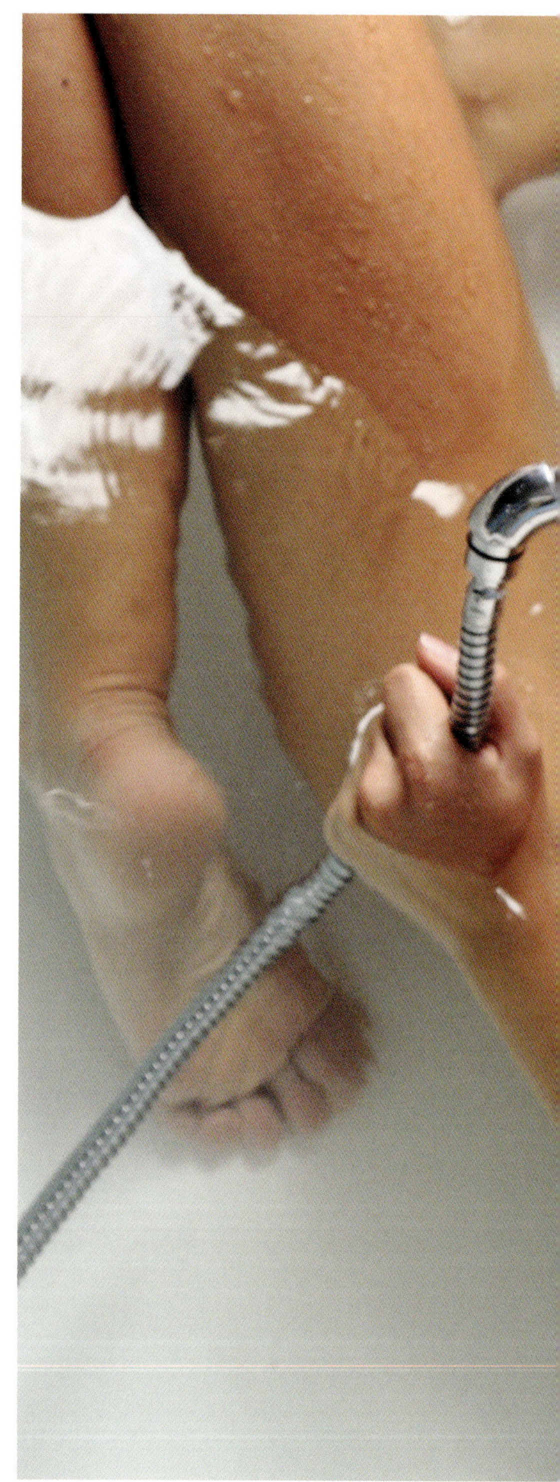

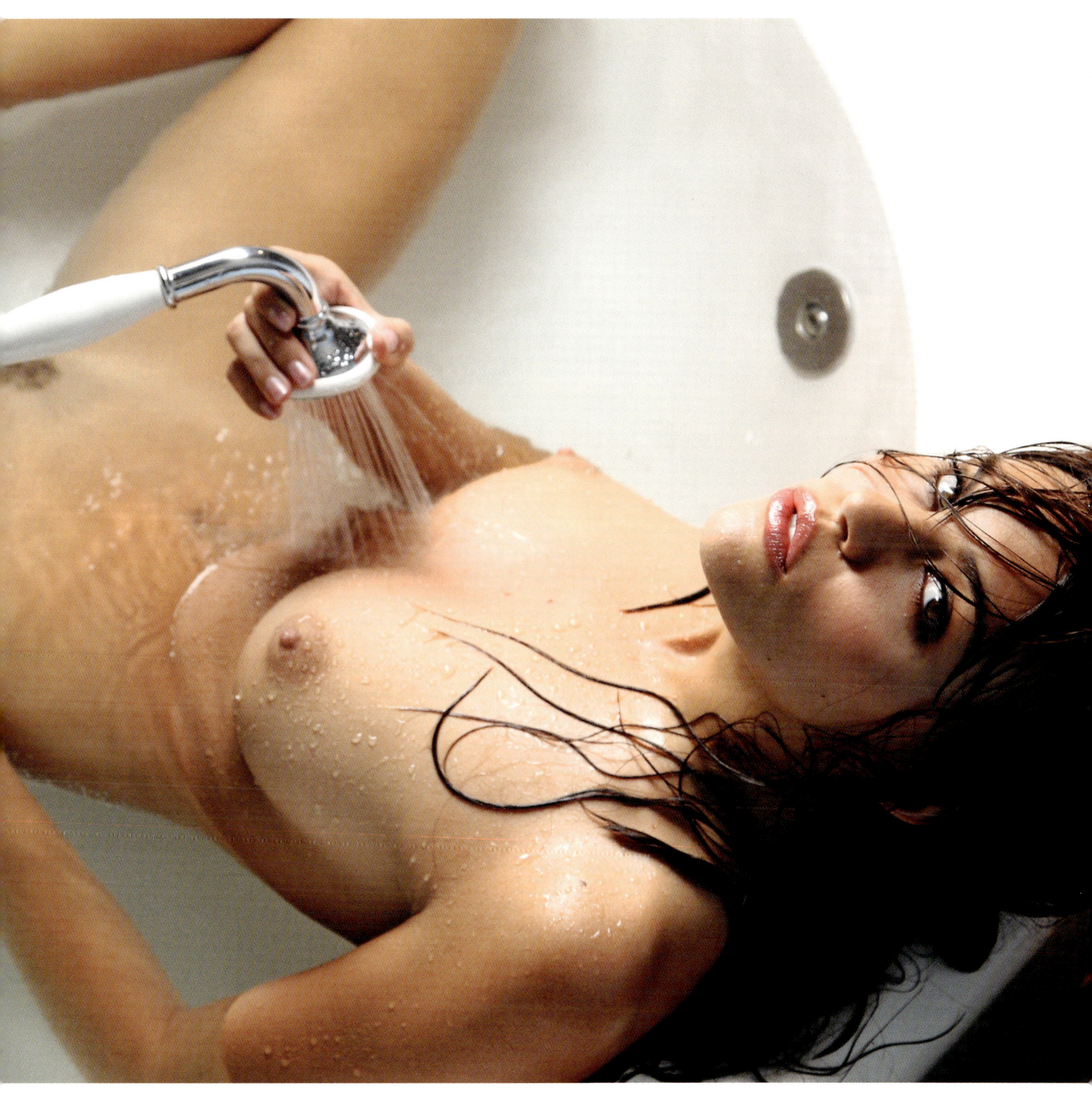

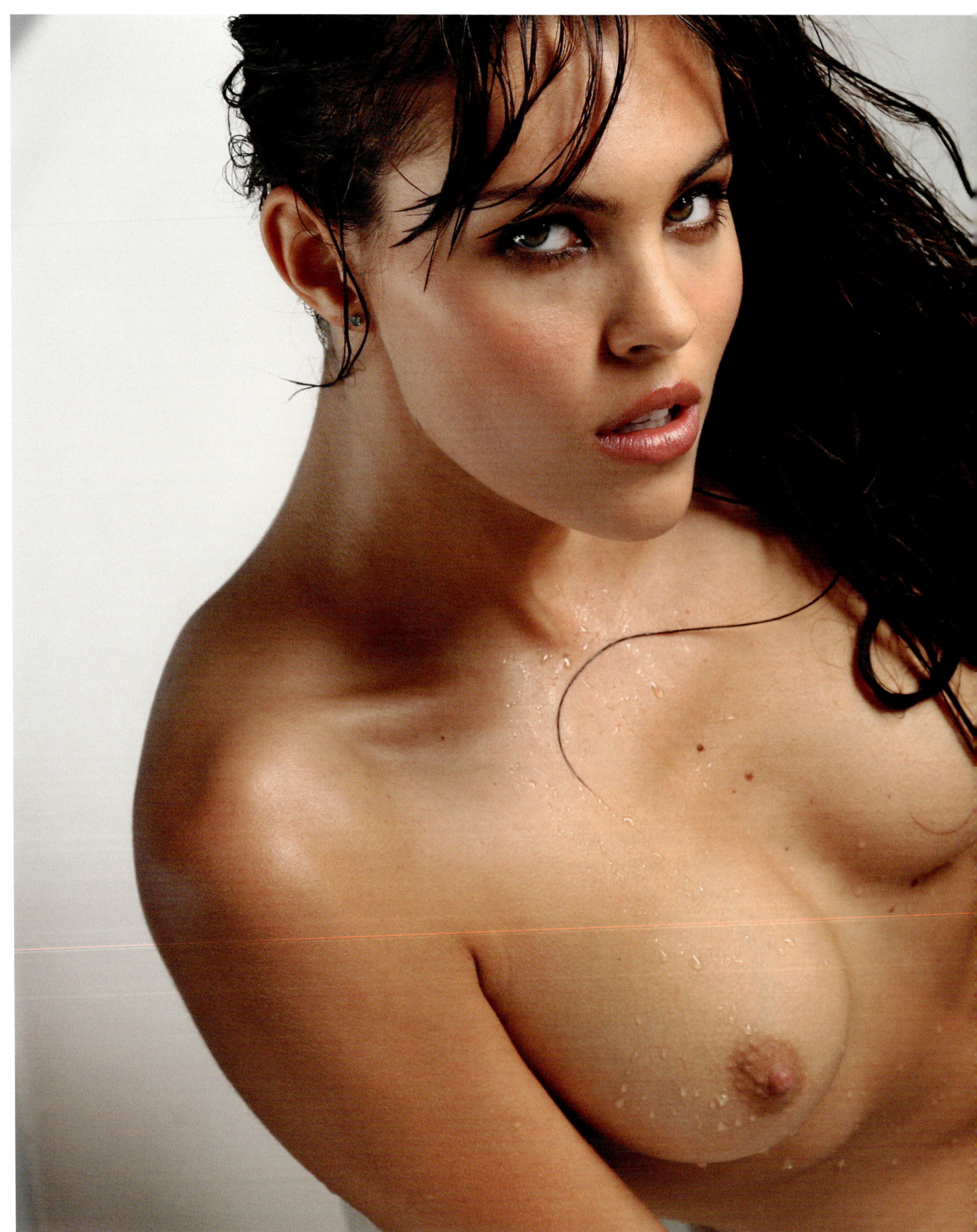

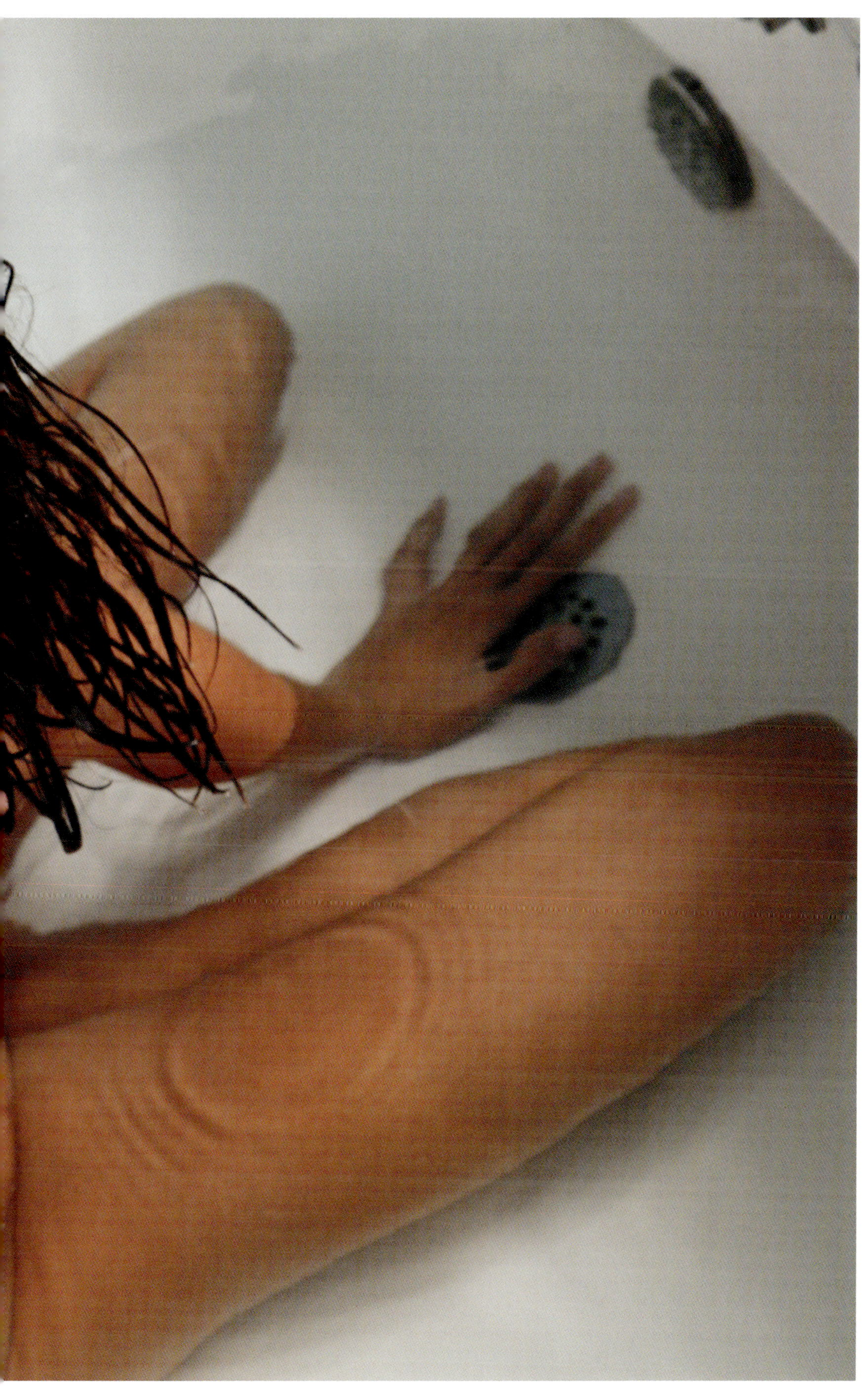

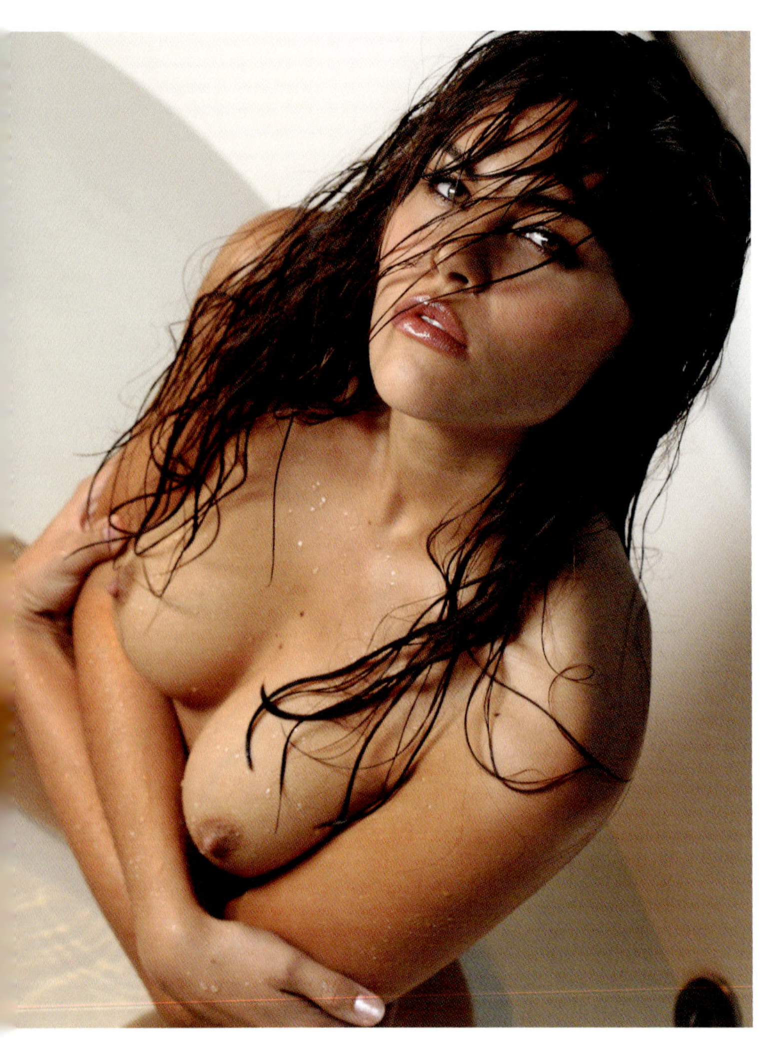

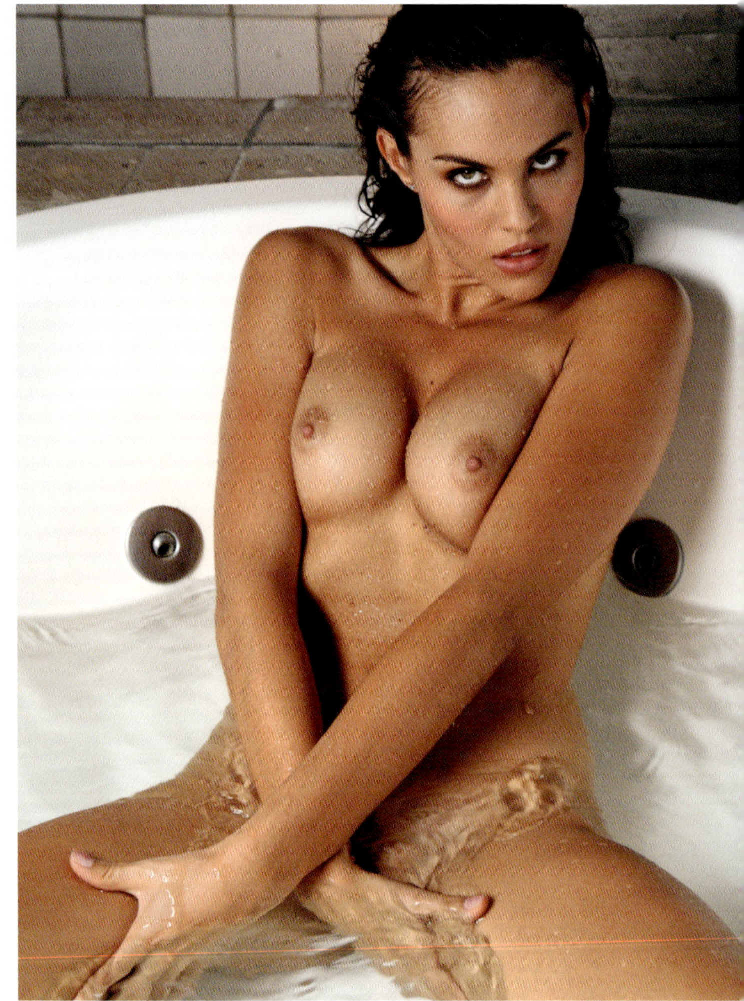

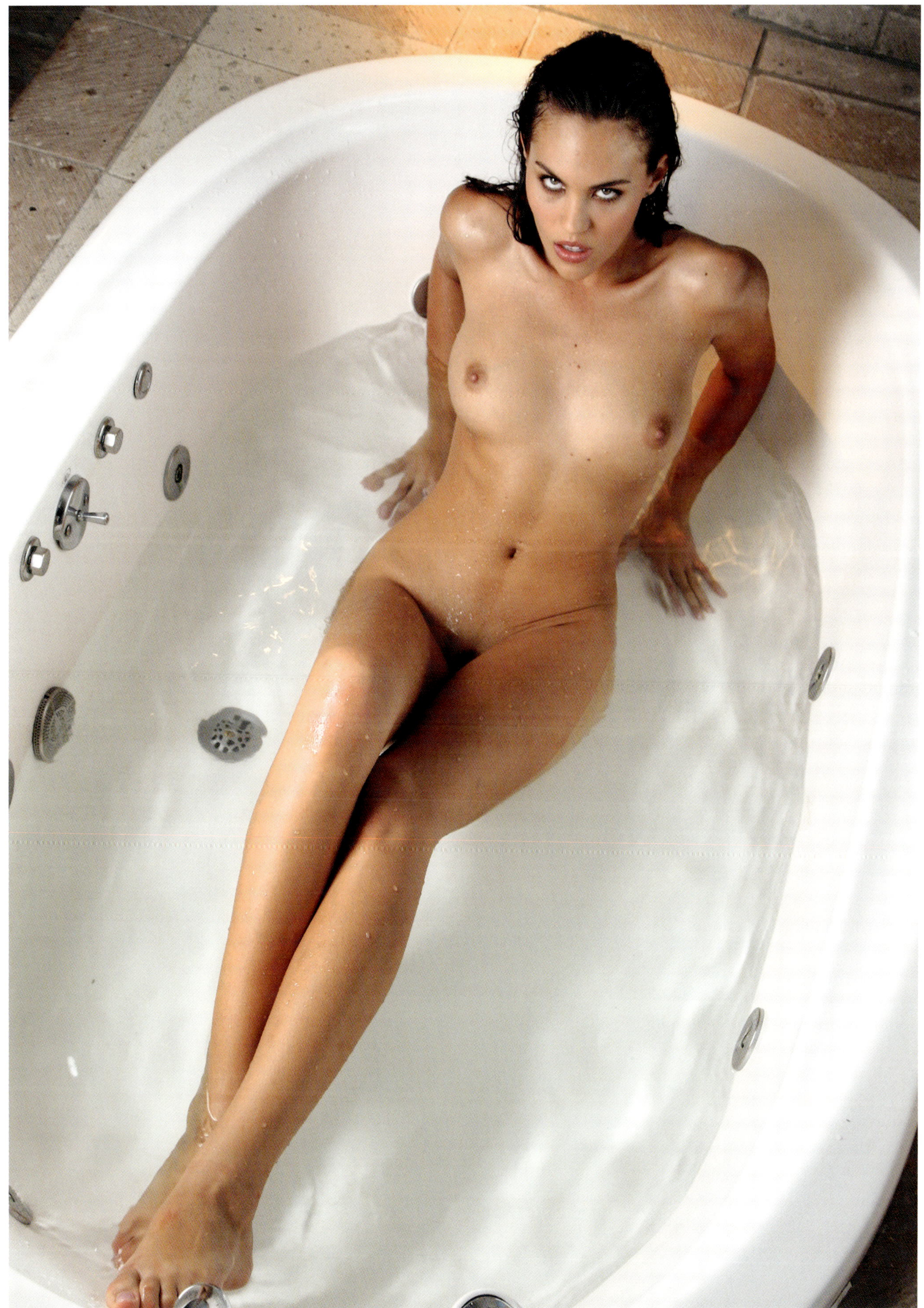

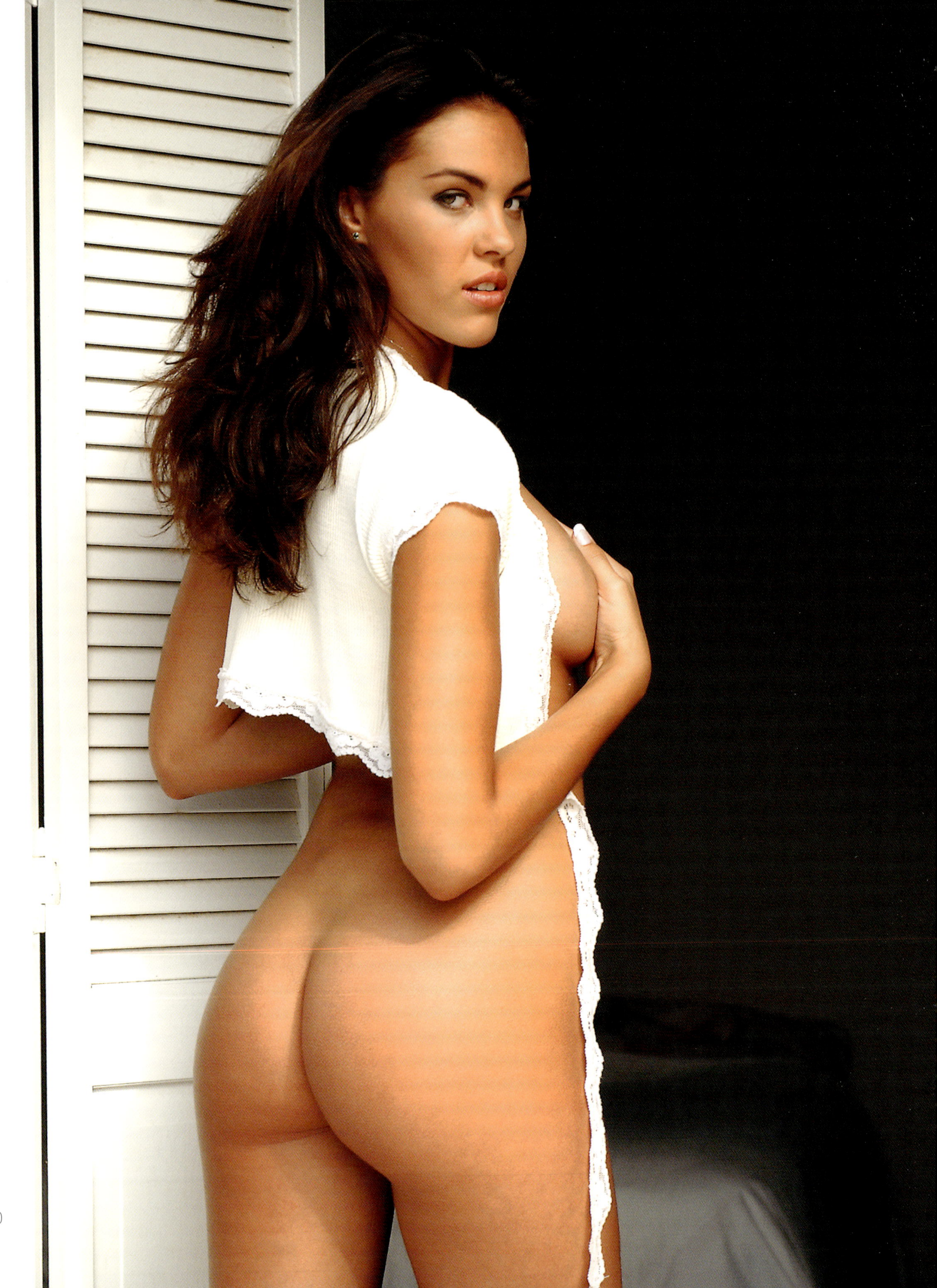

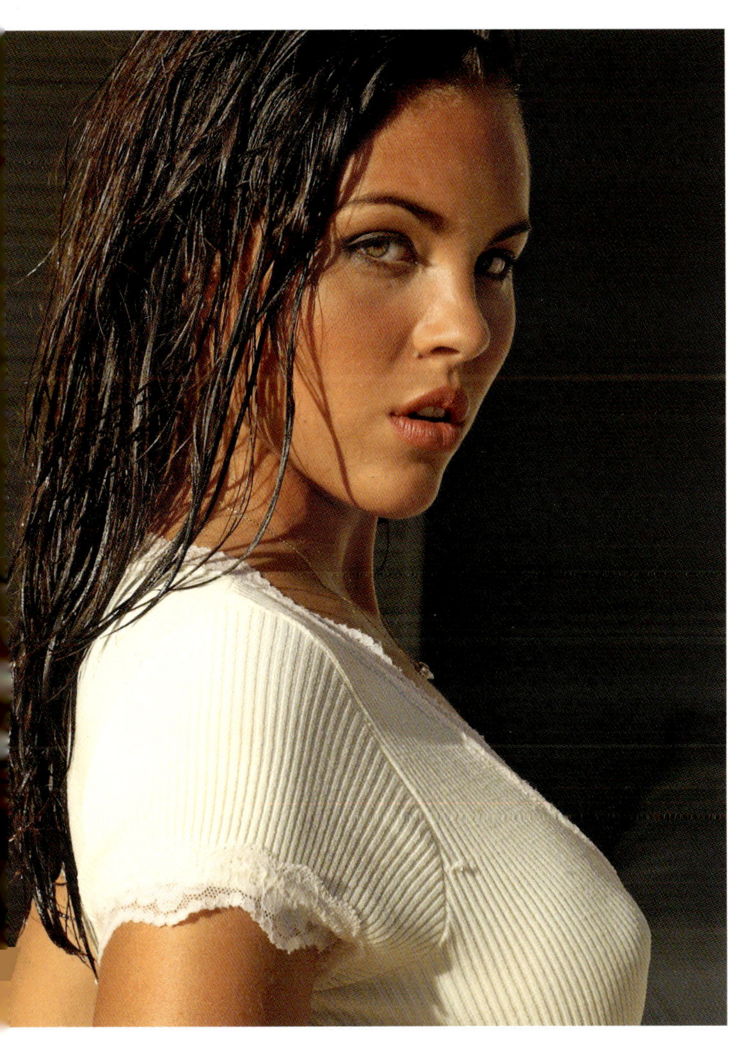

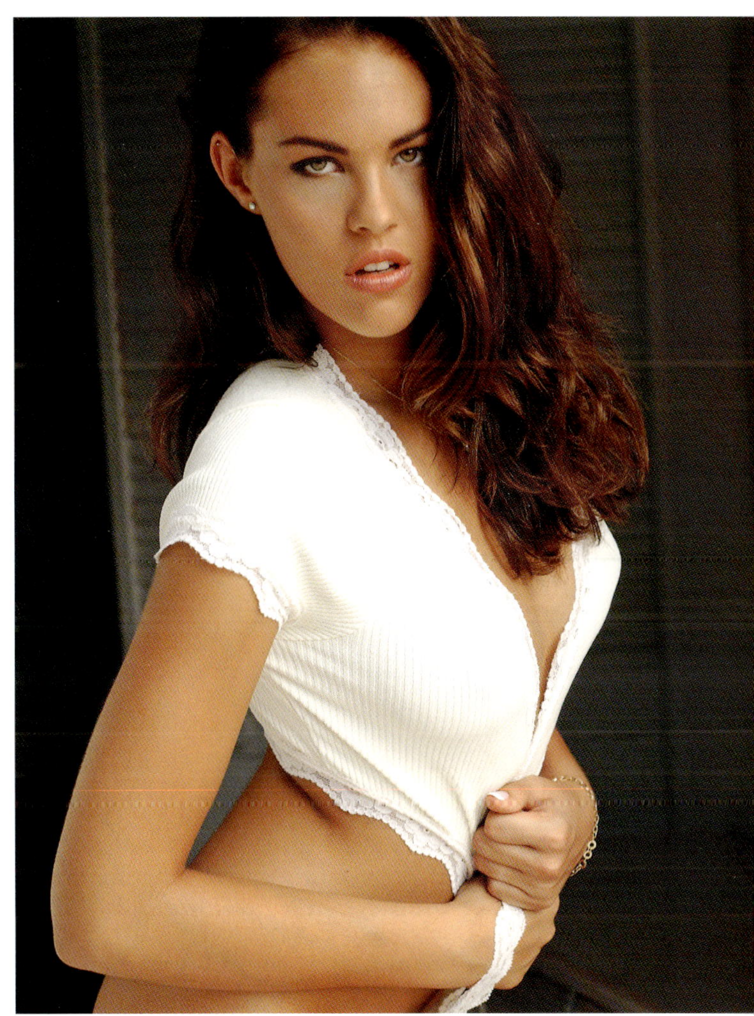

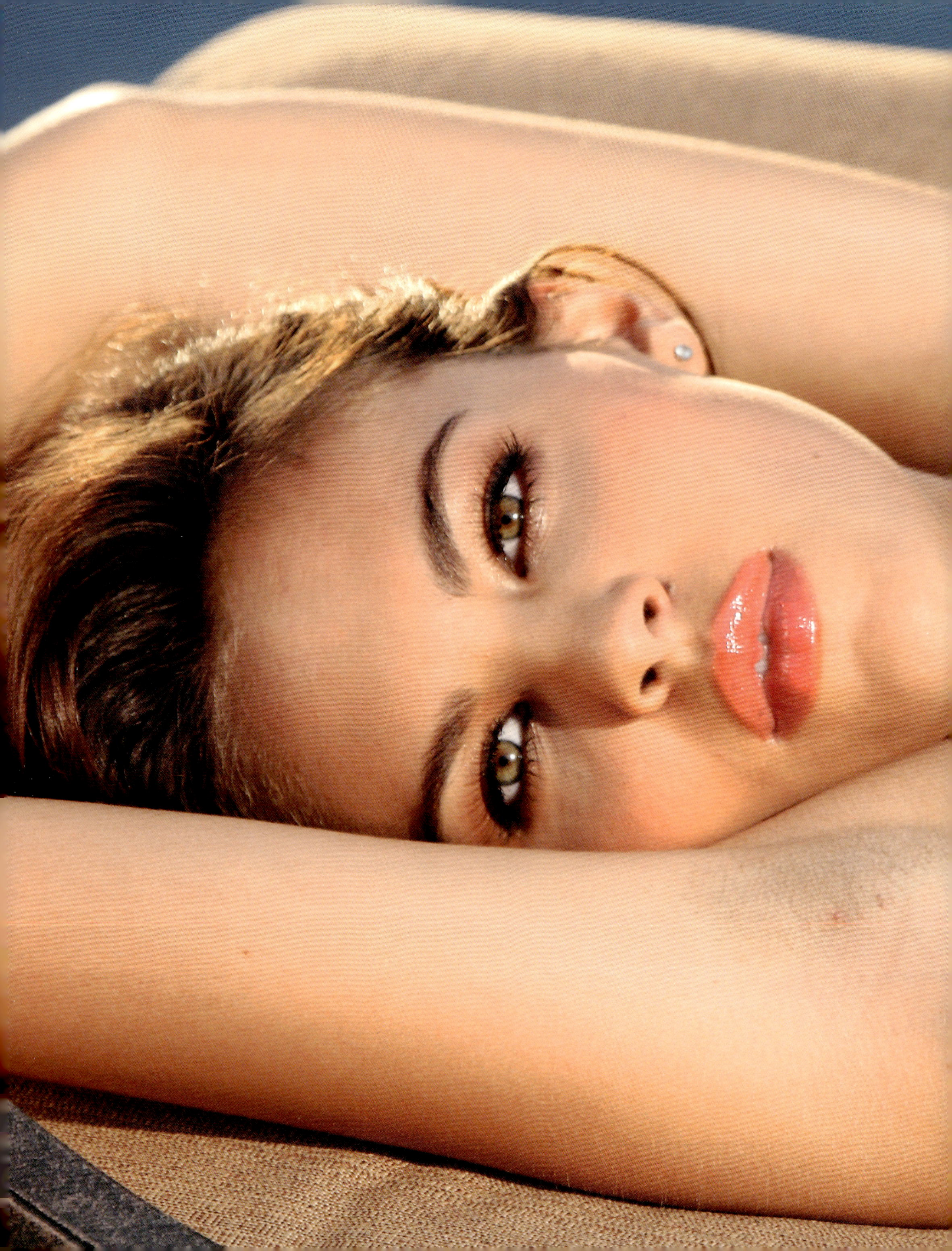

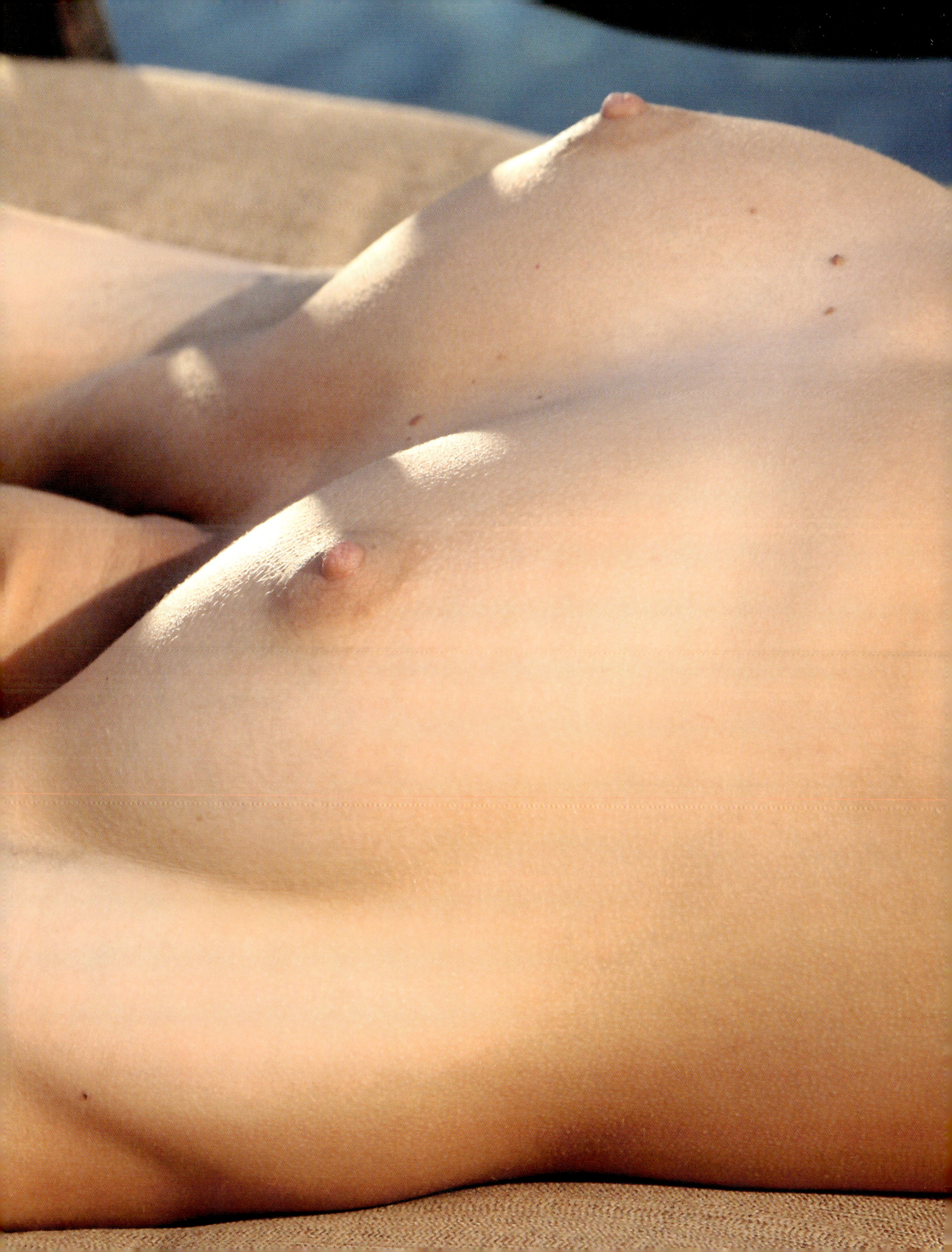

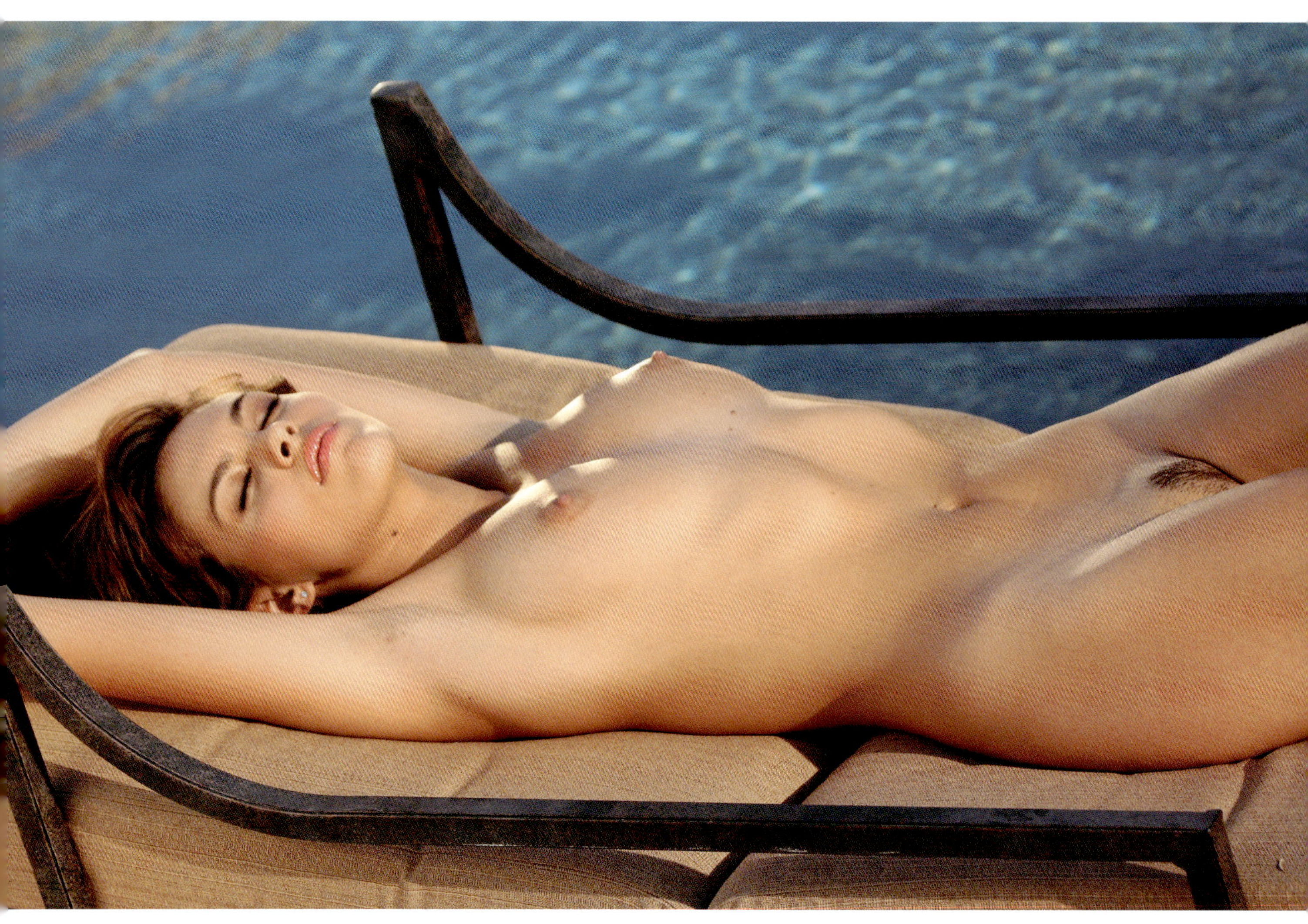

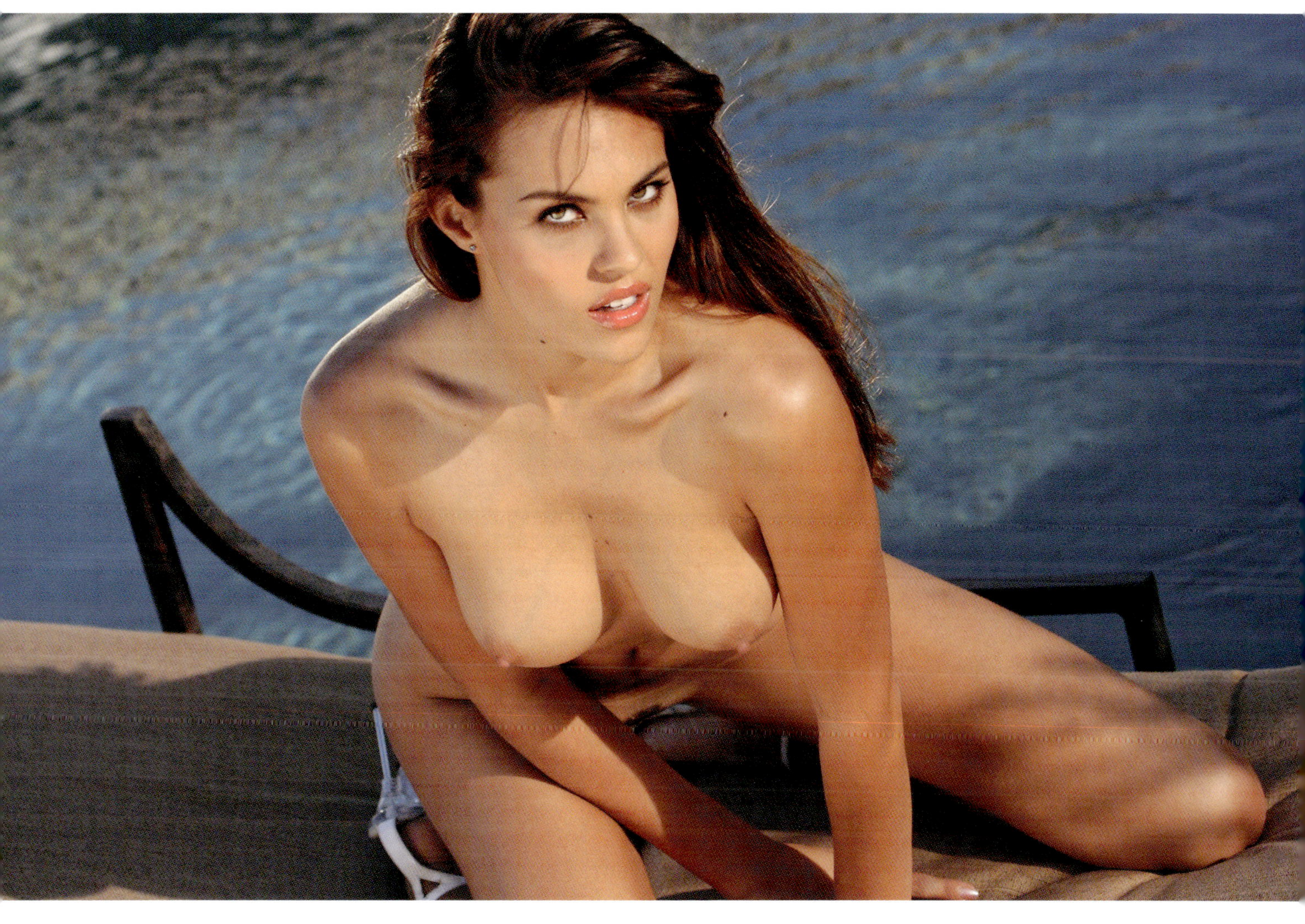

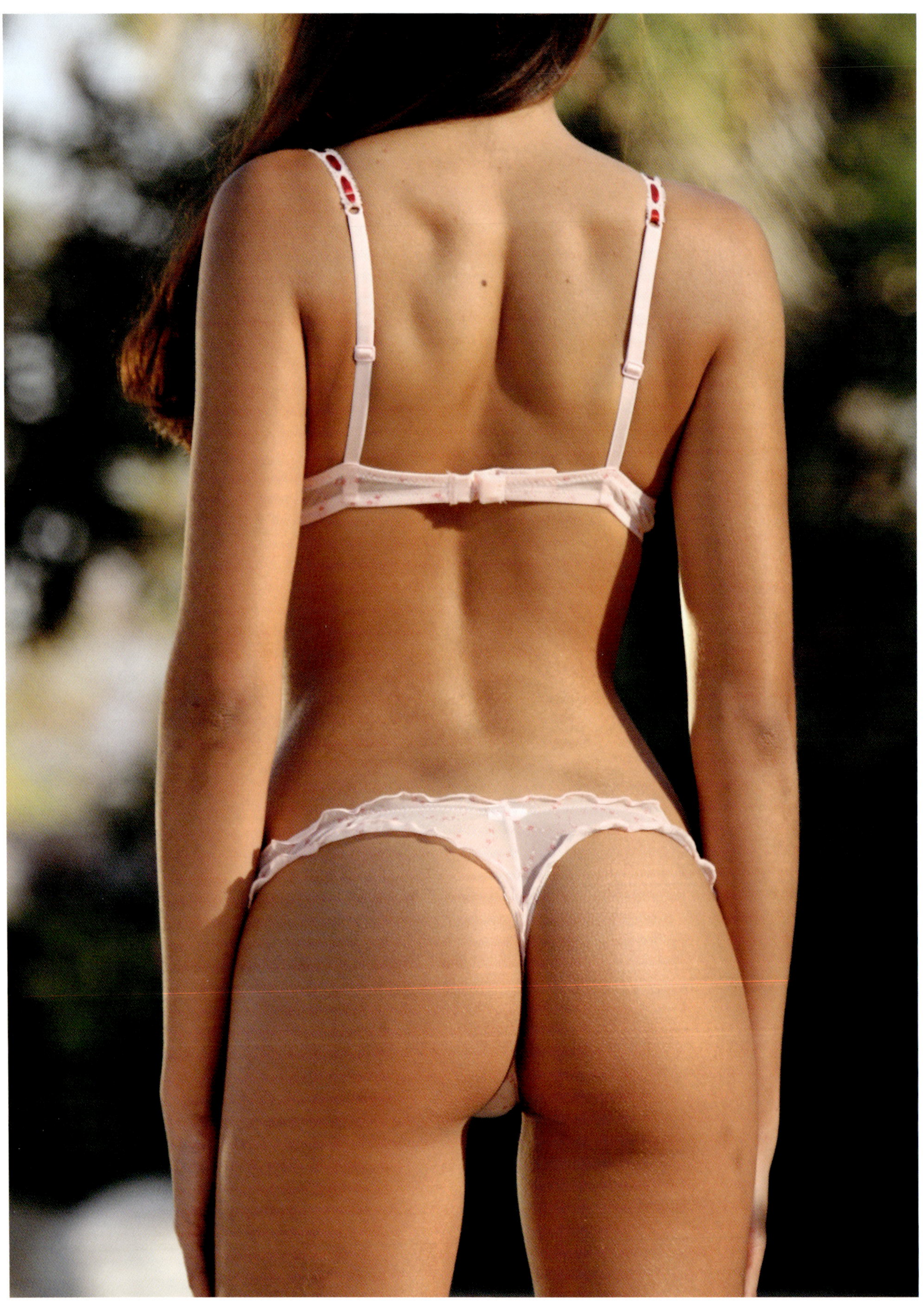

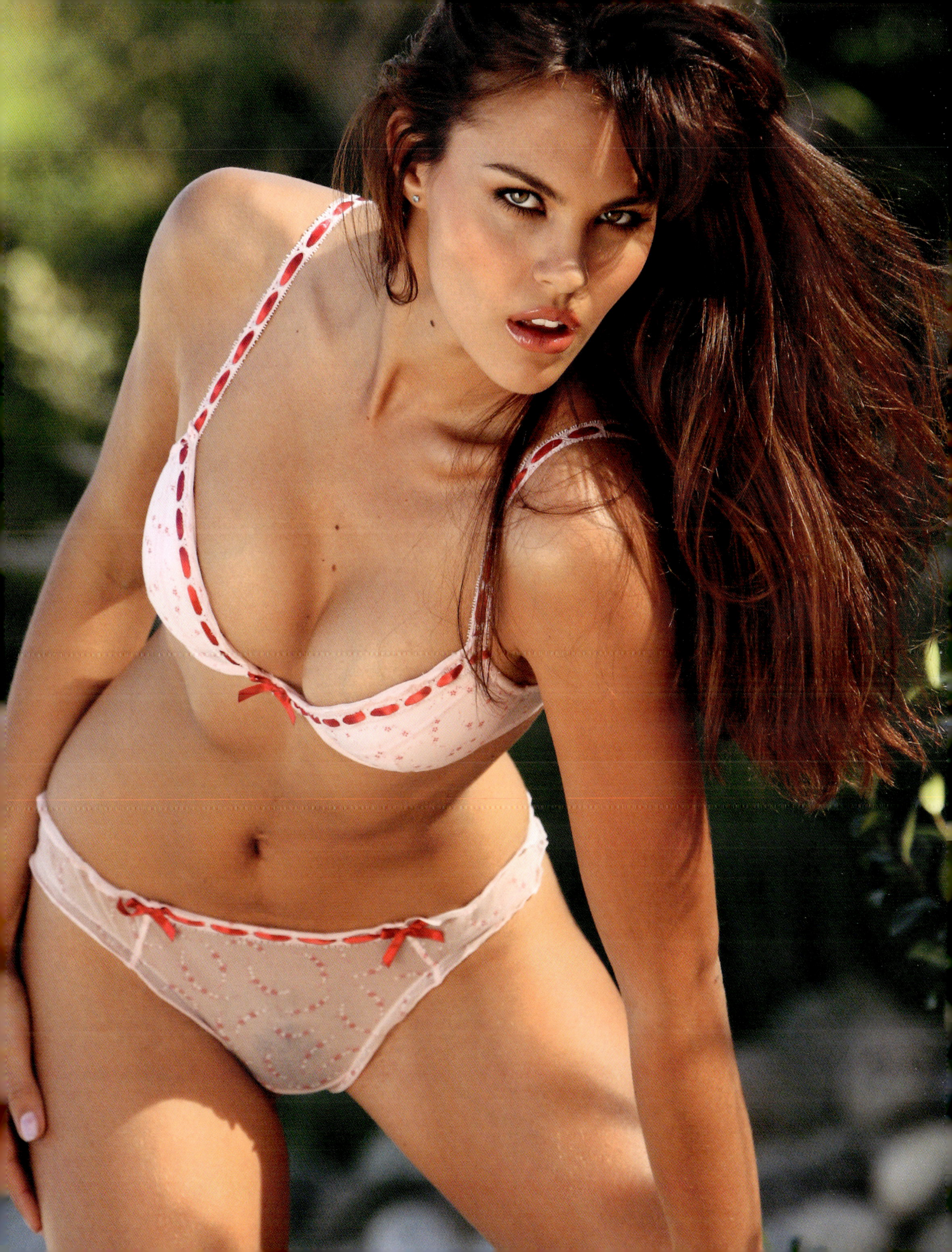

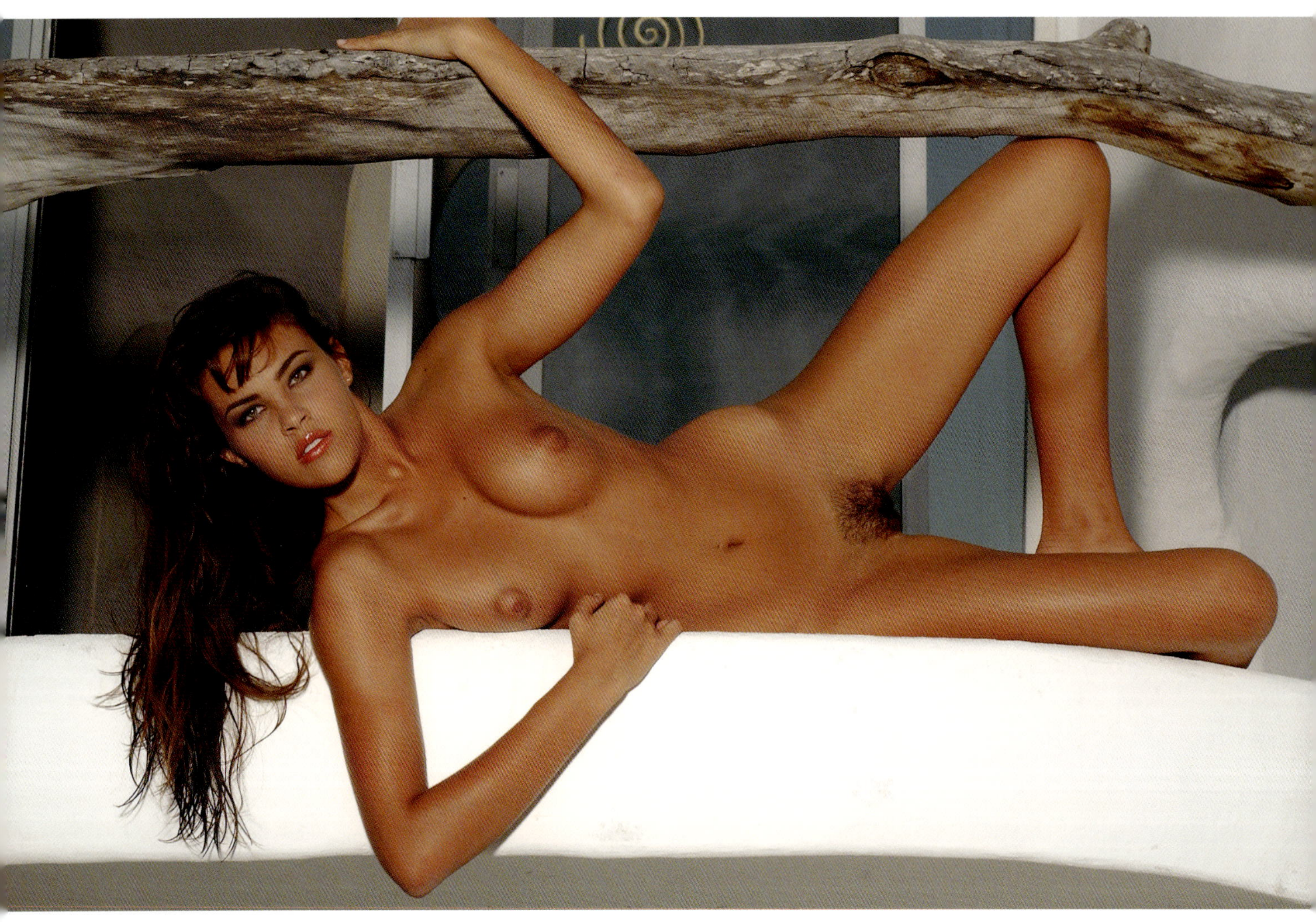

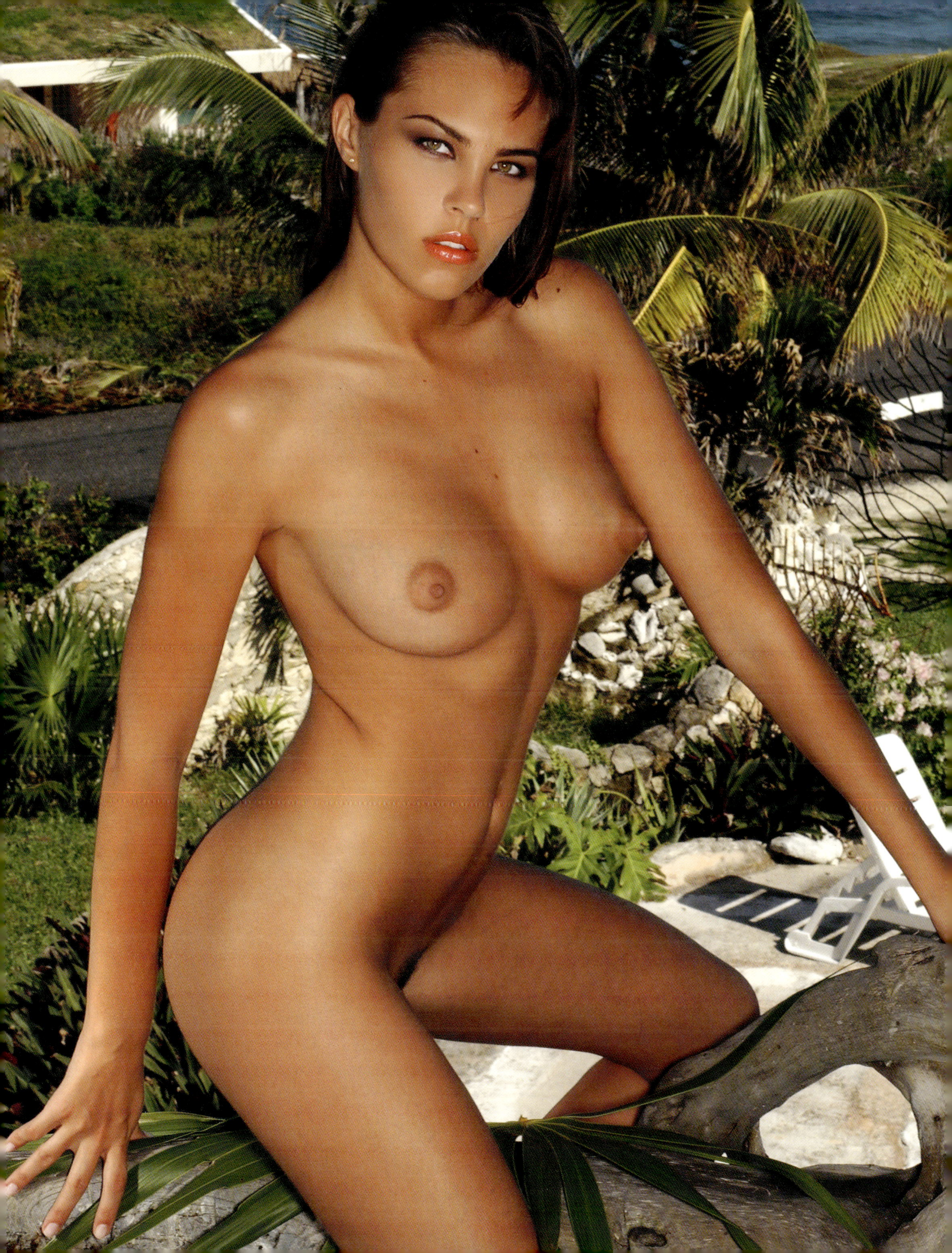

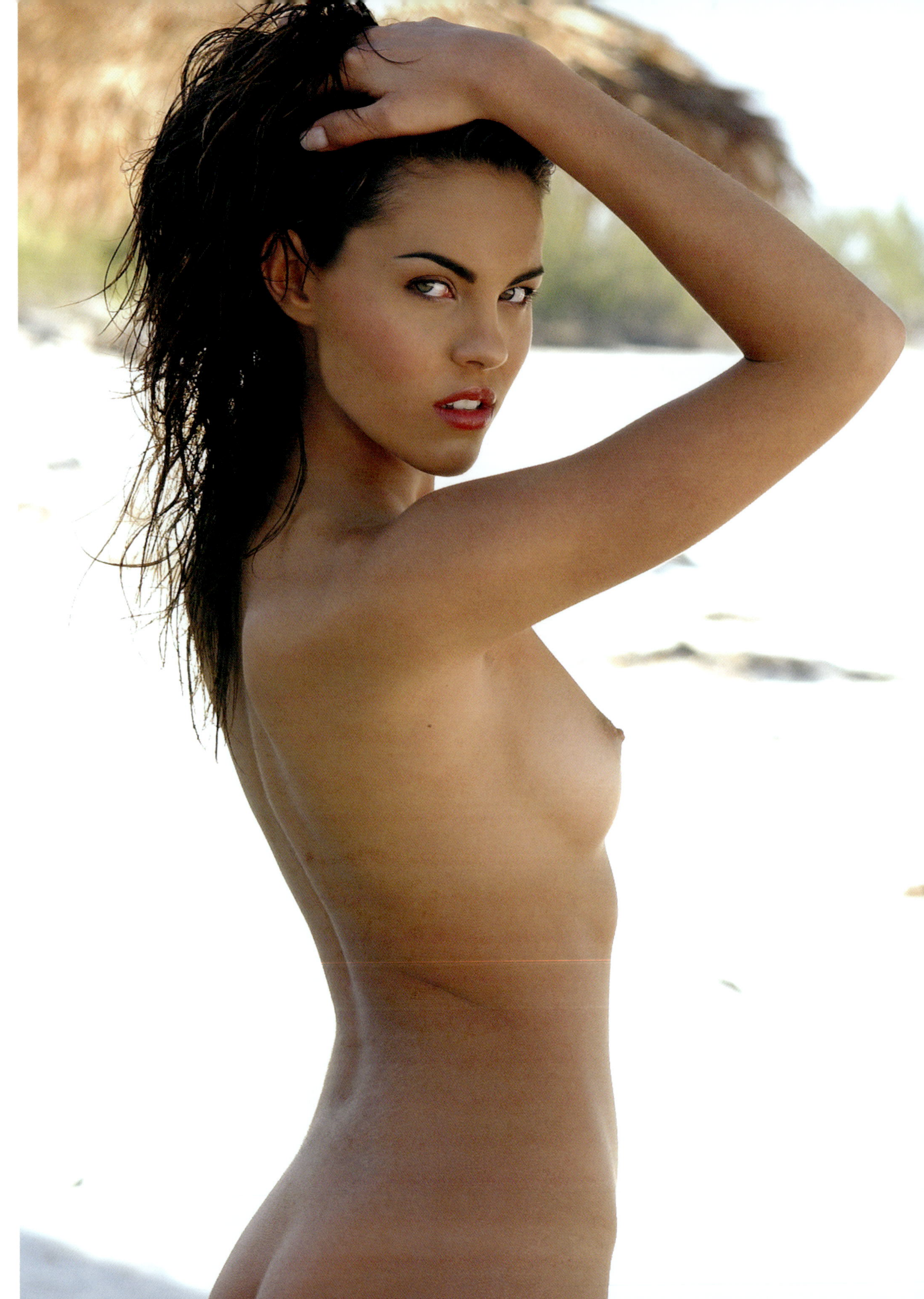

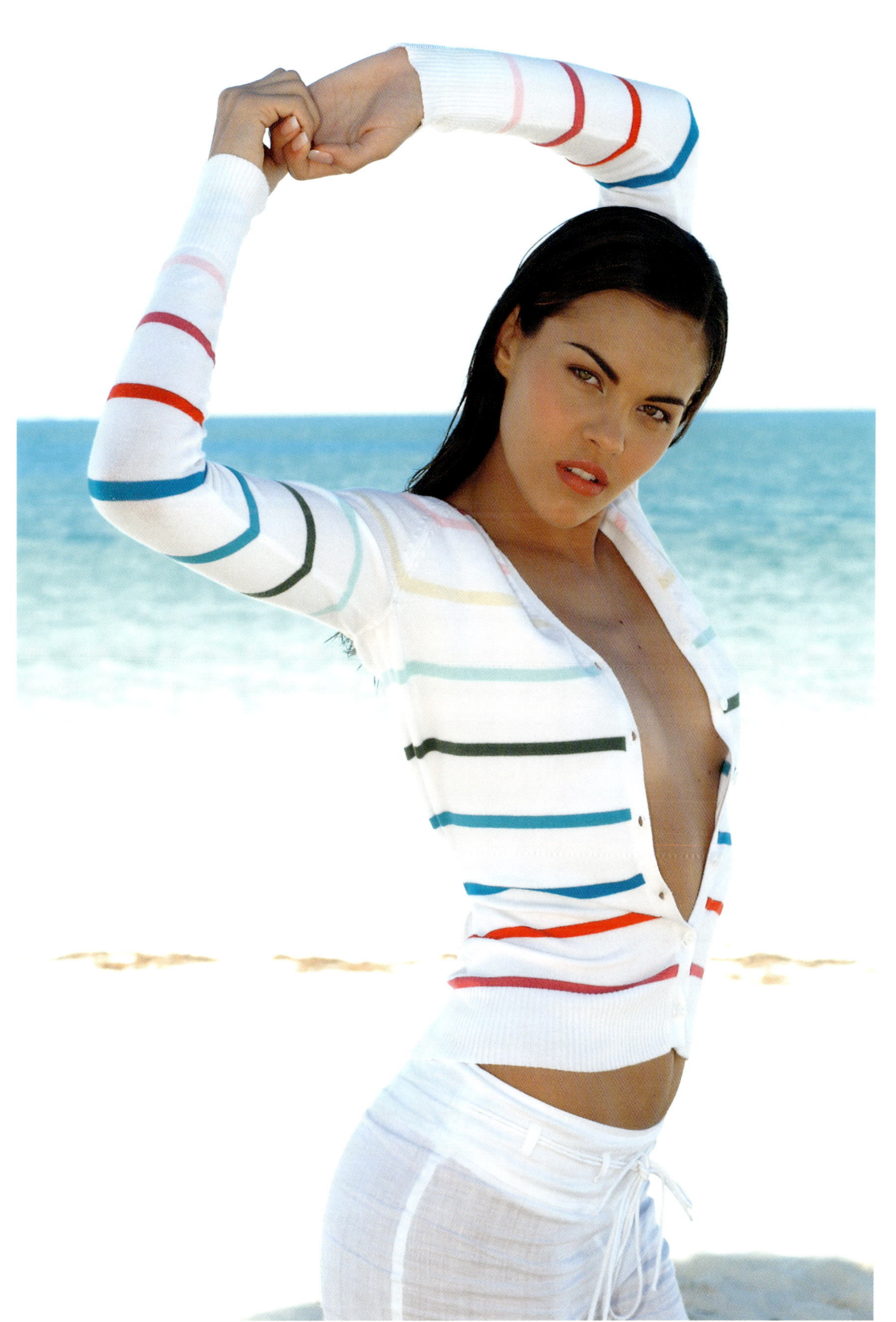

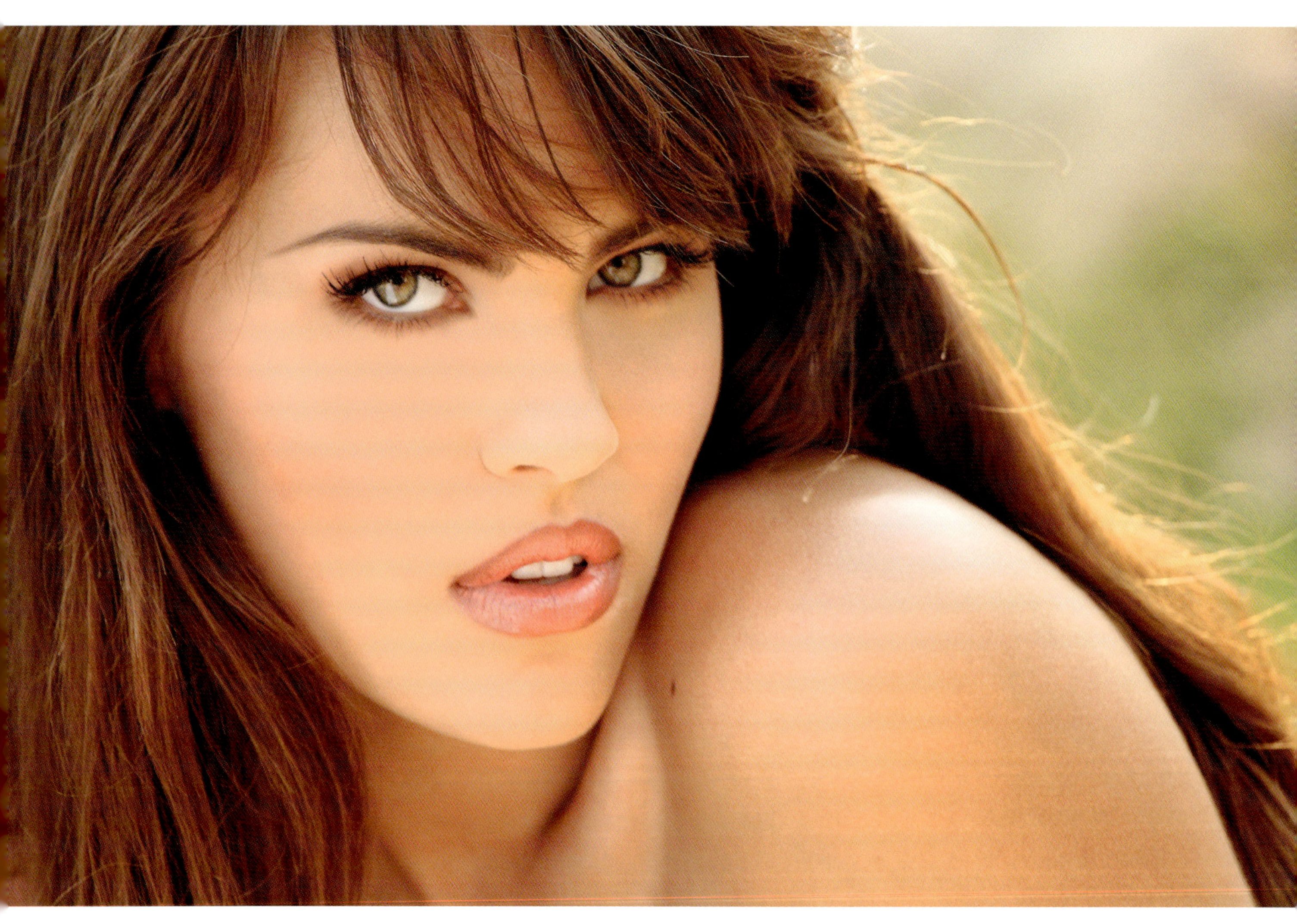

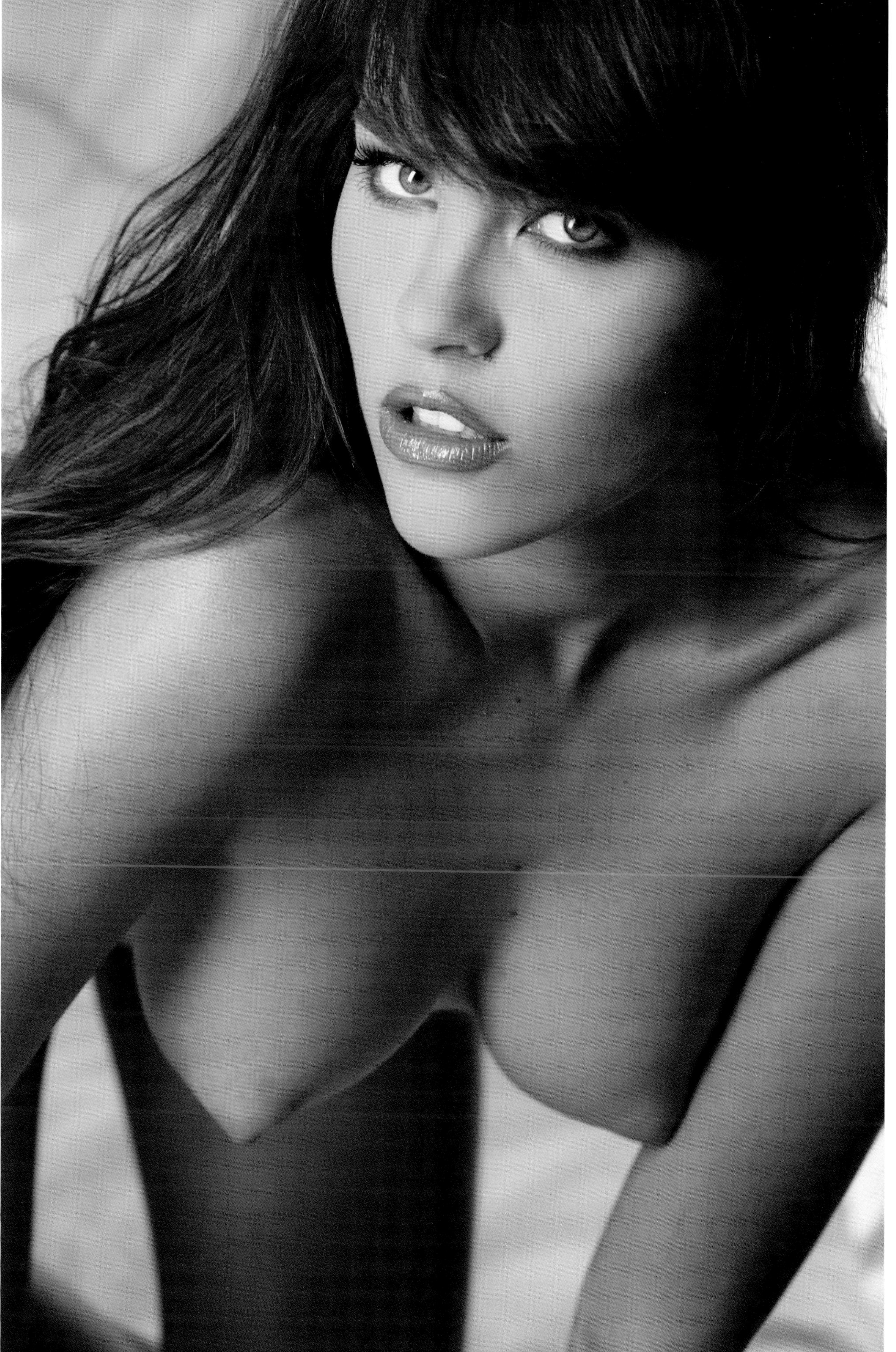

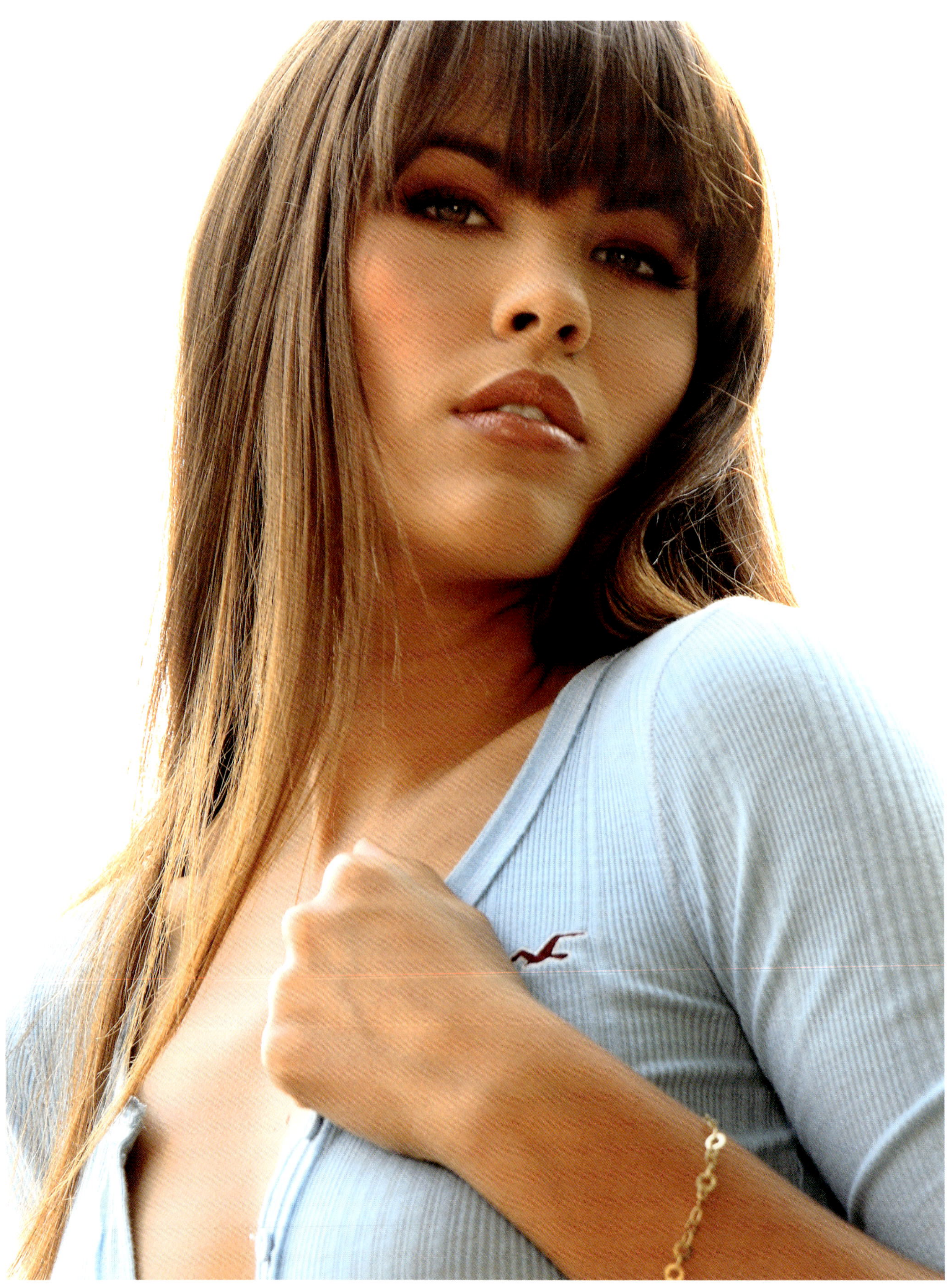

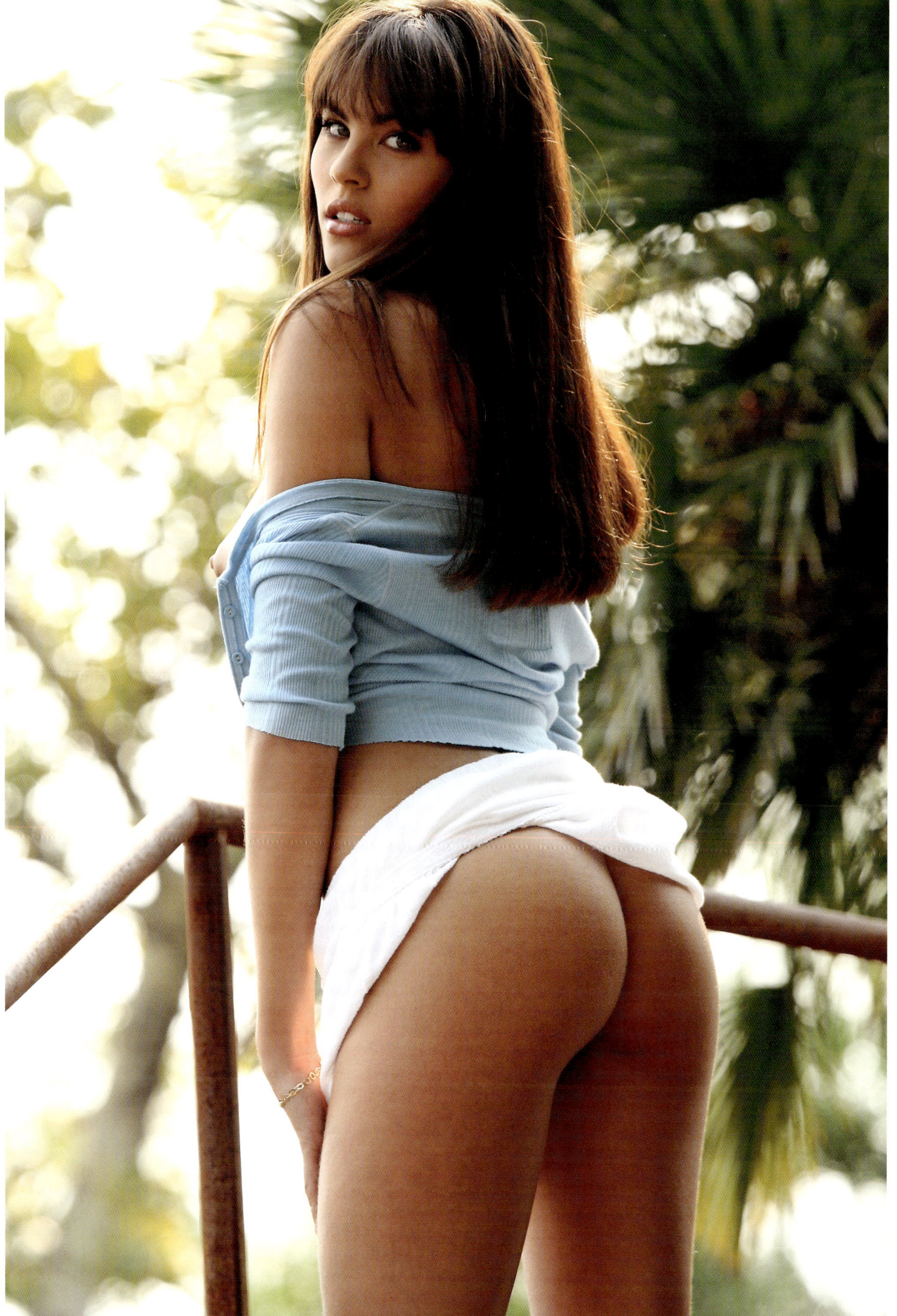

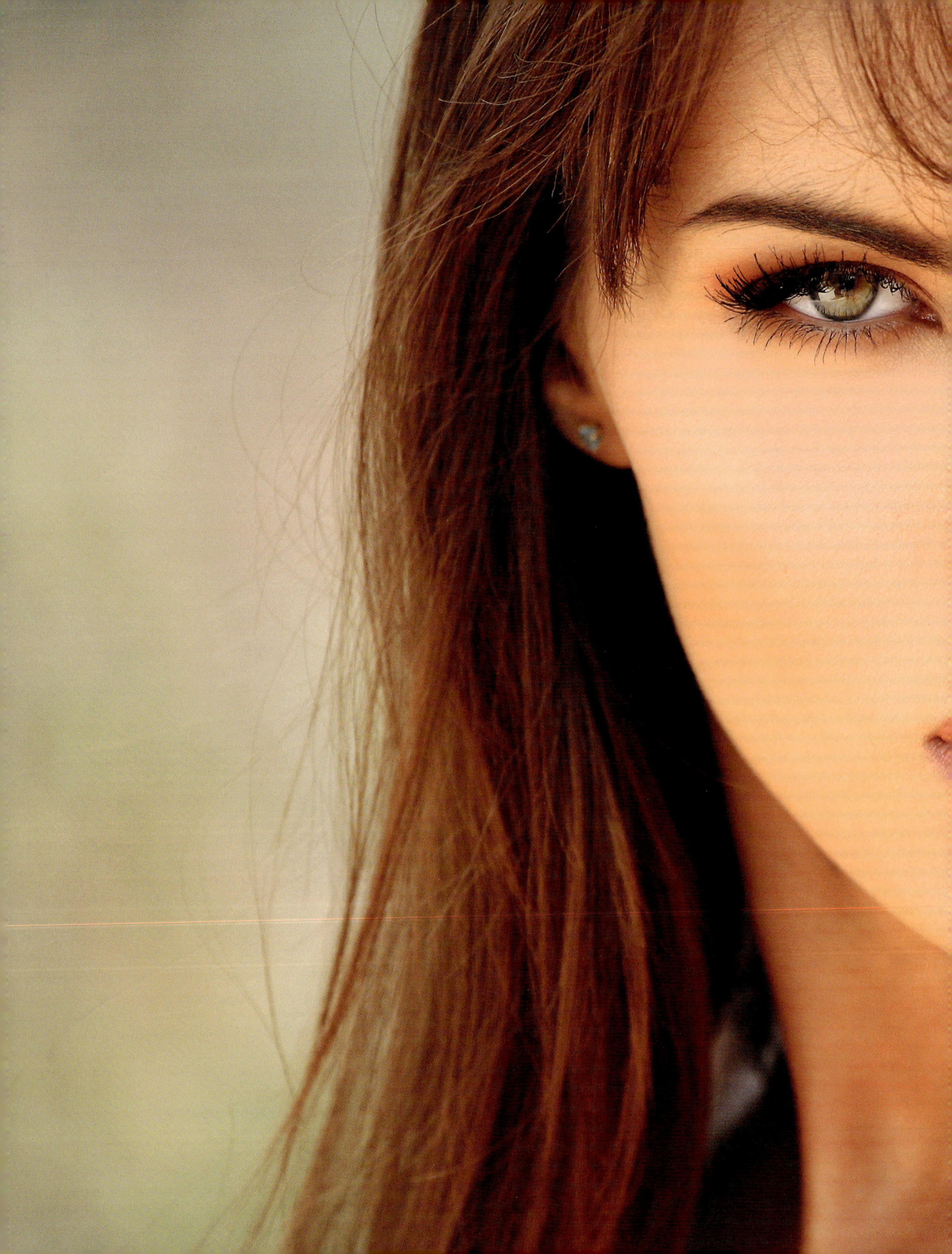

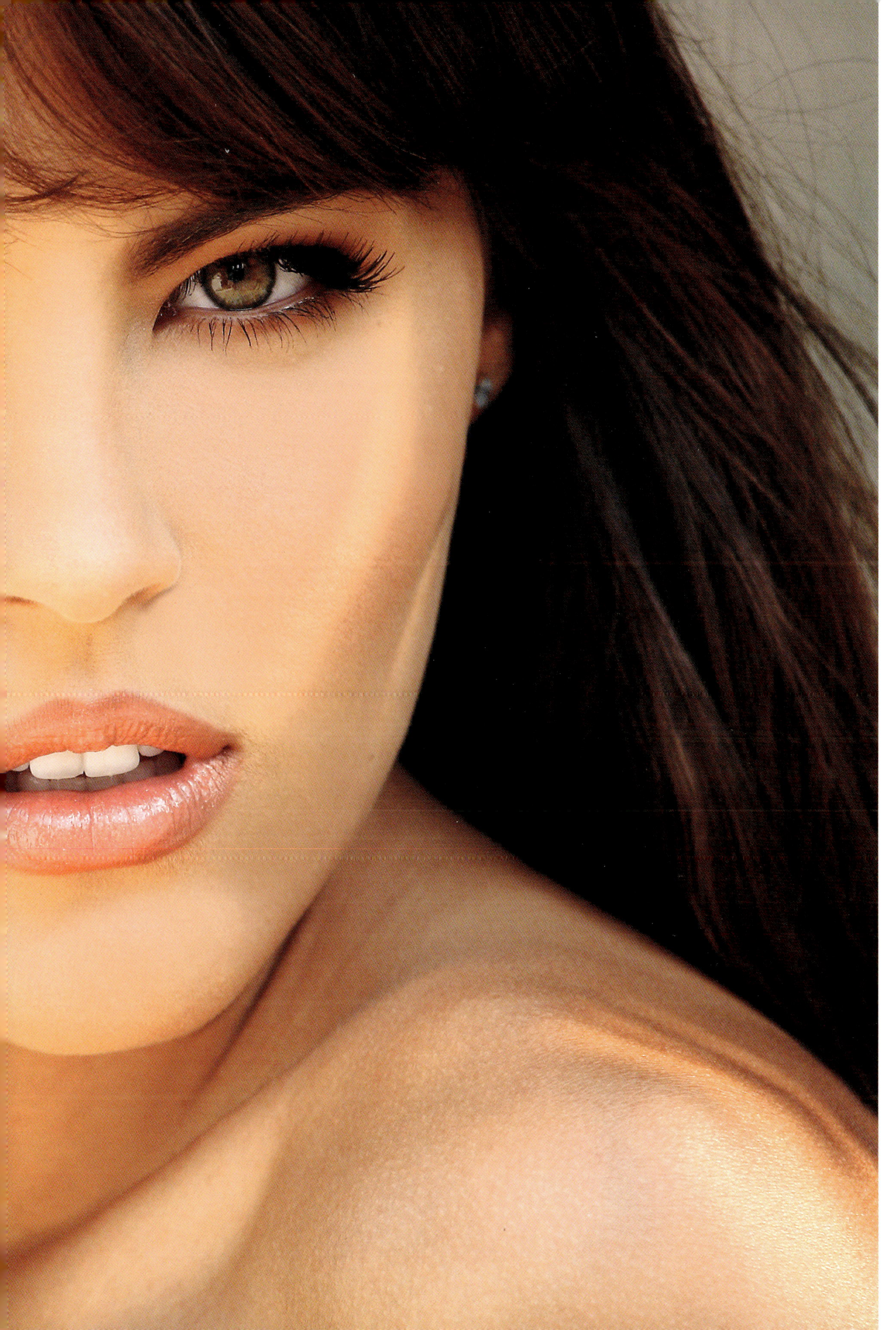

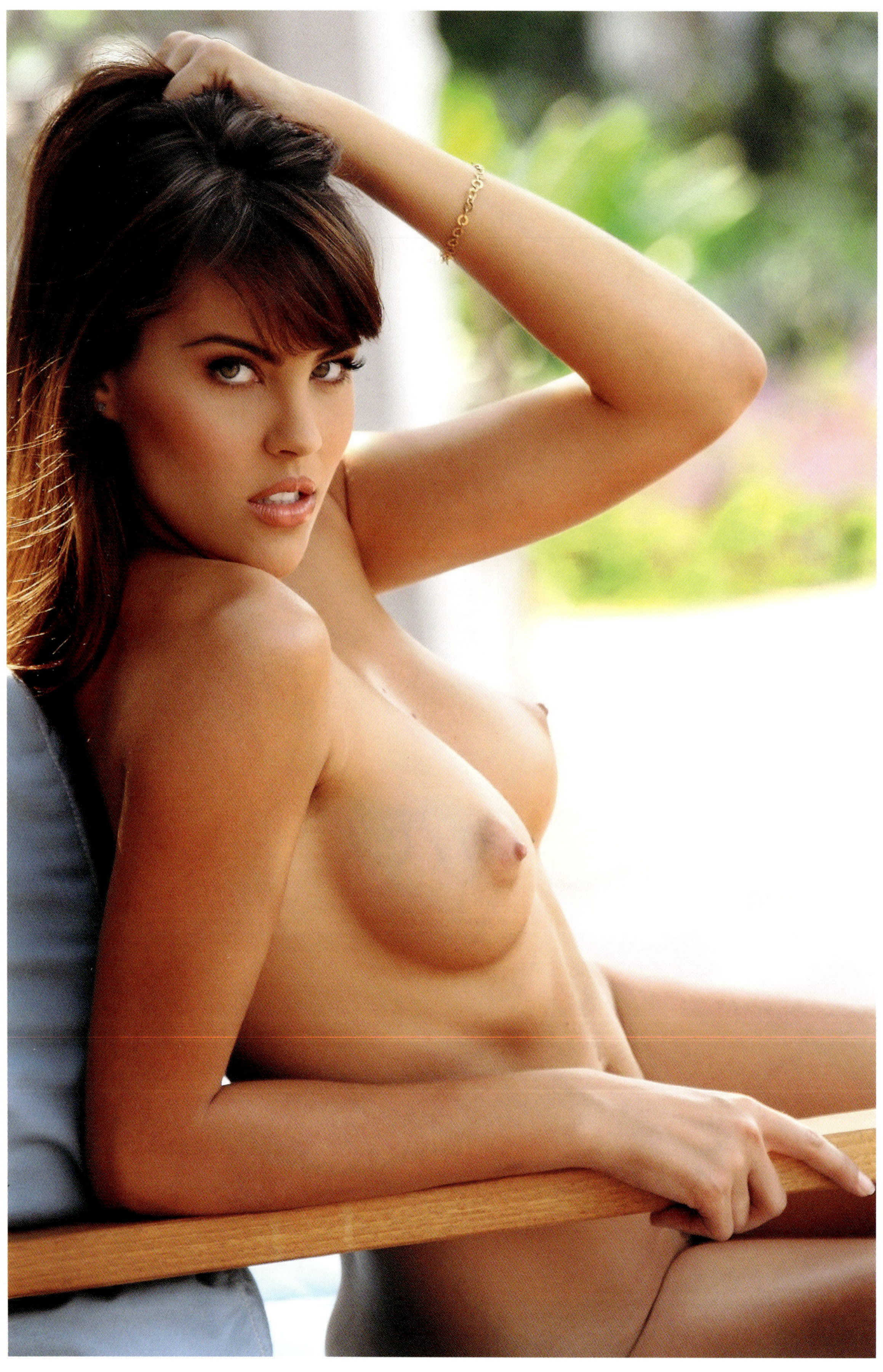

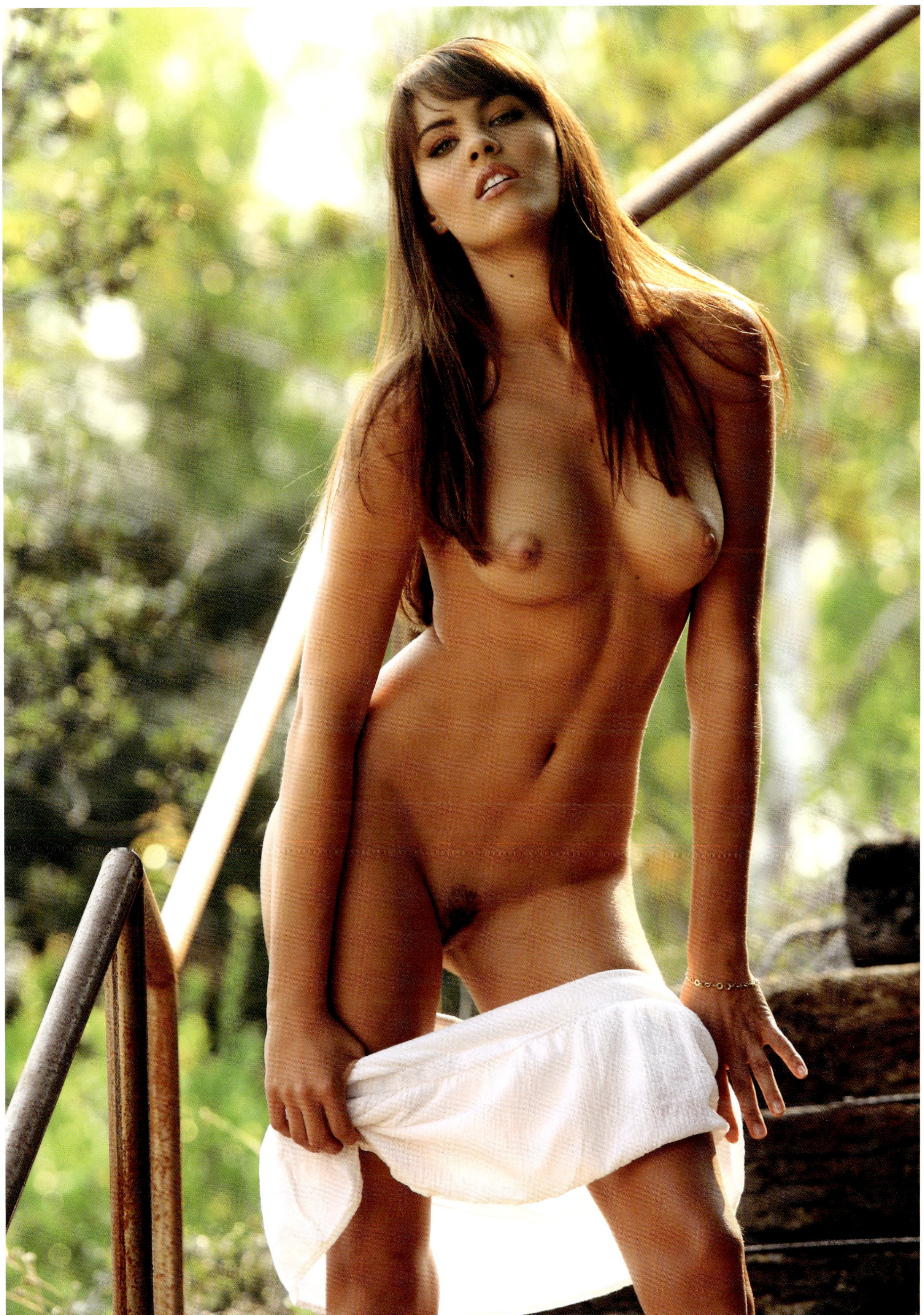

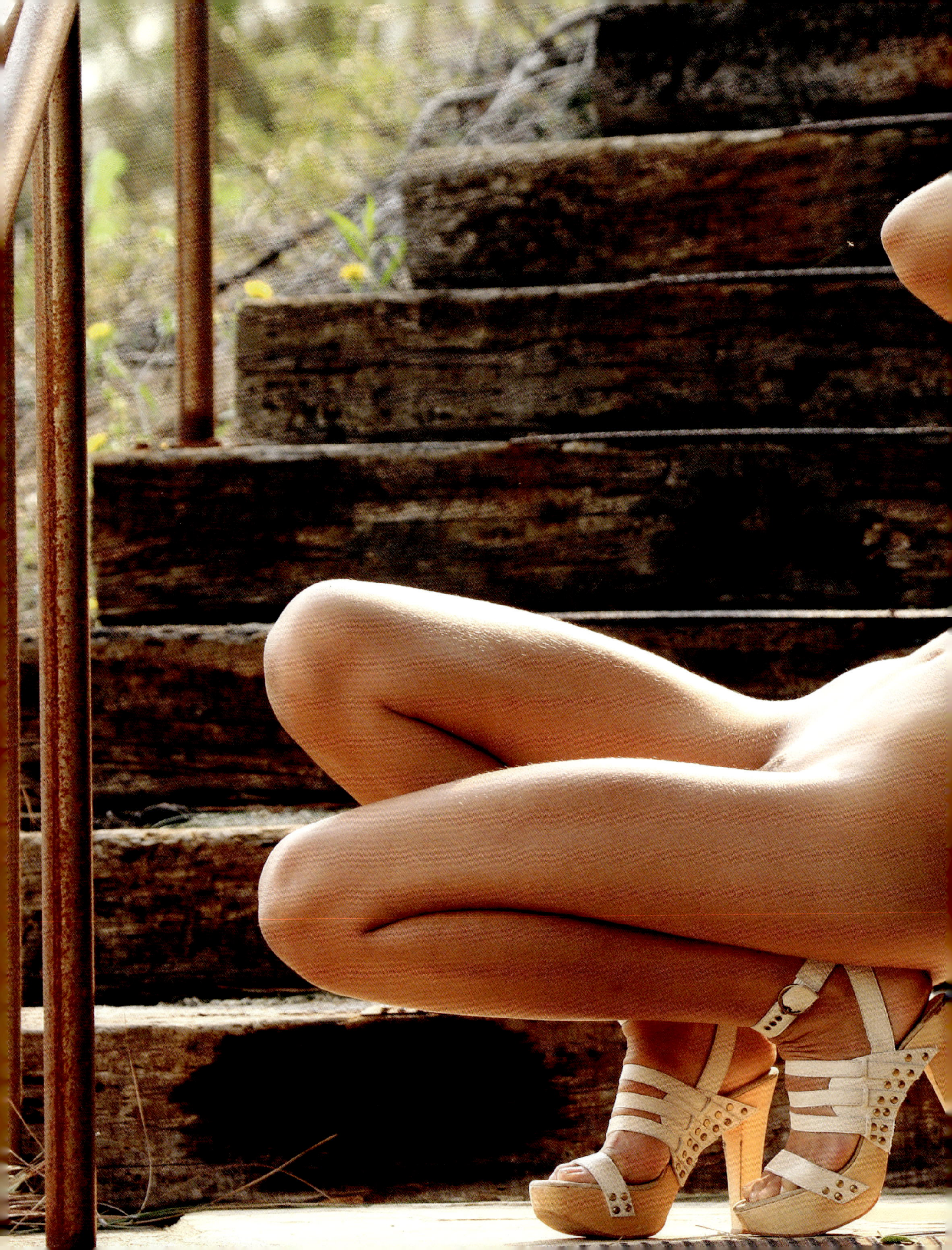

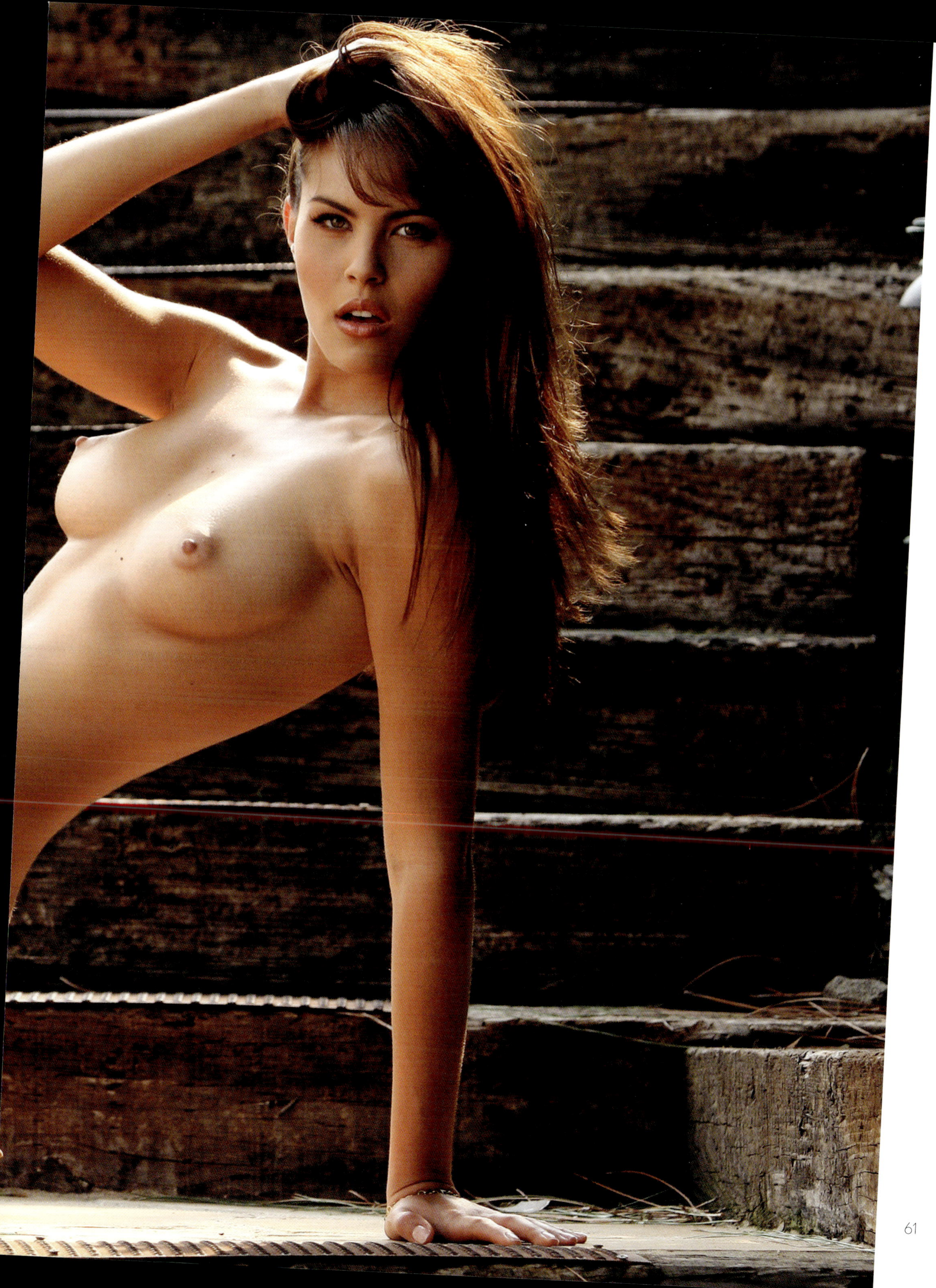

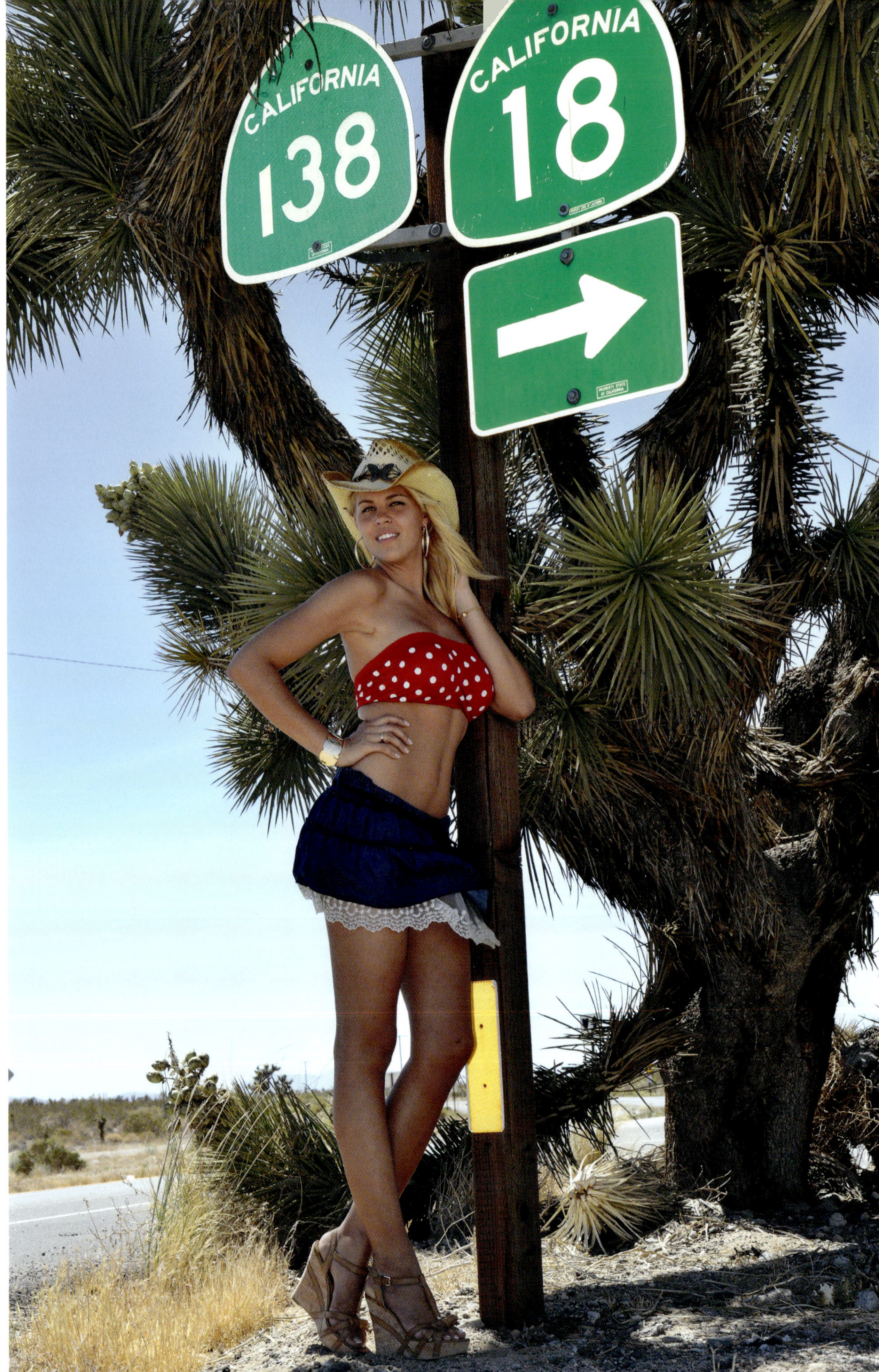
CALIFORNIA
138
CALIFORNIA
18

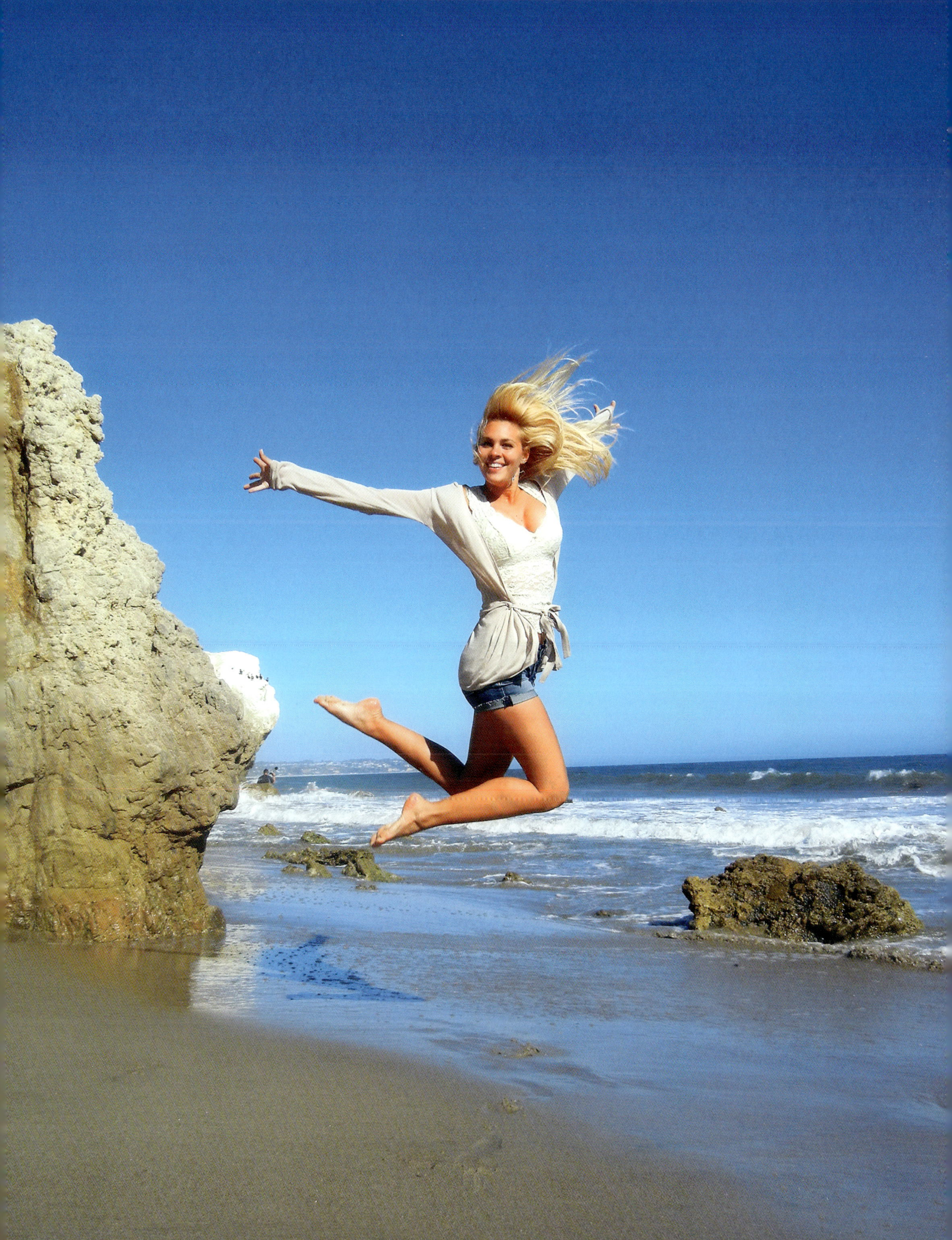

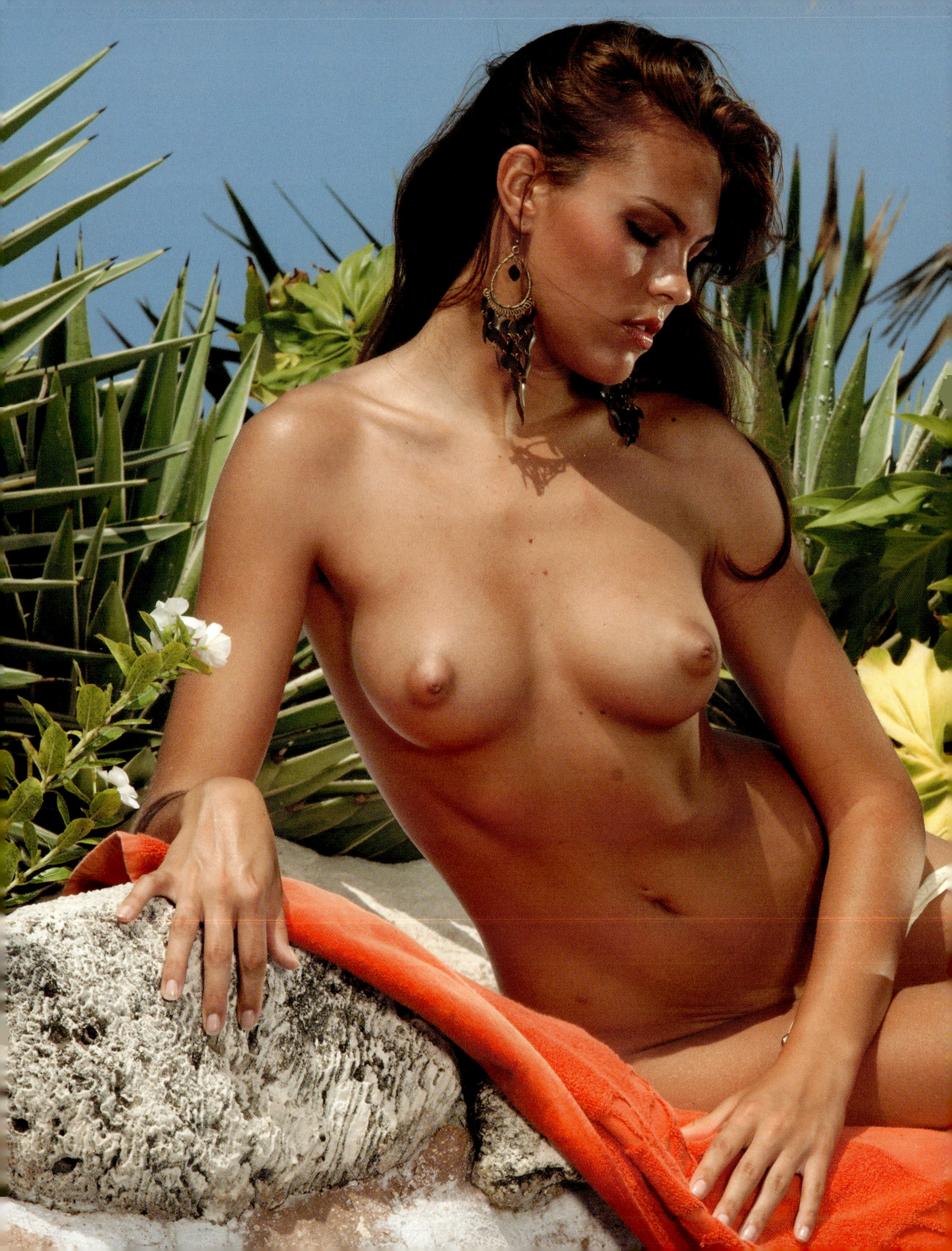

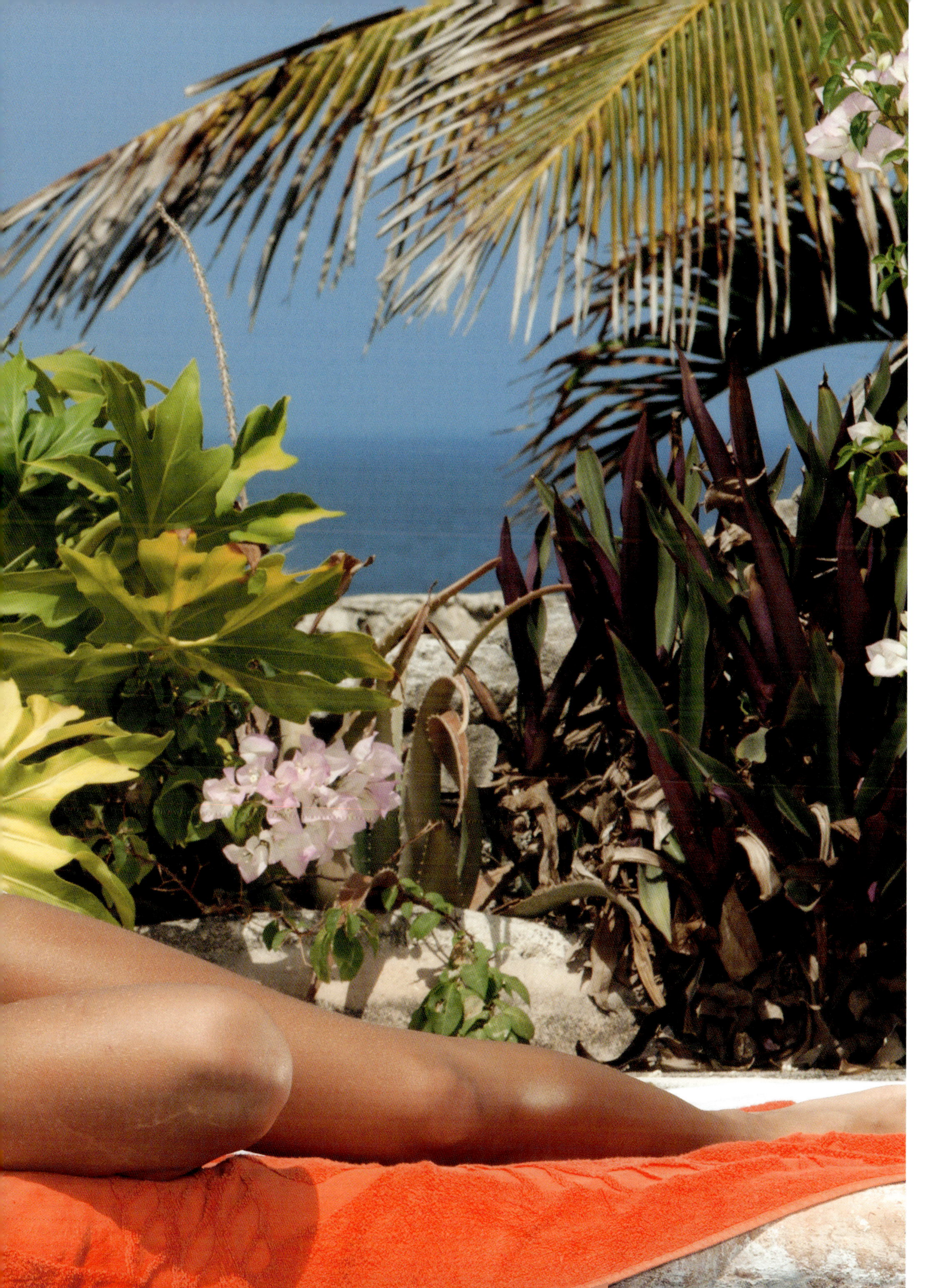

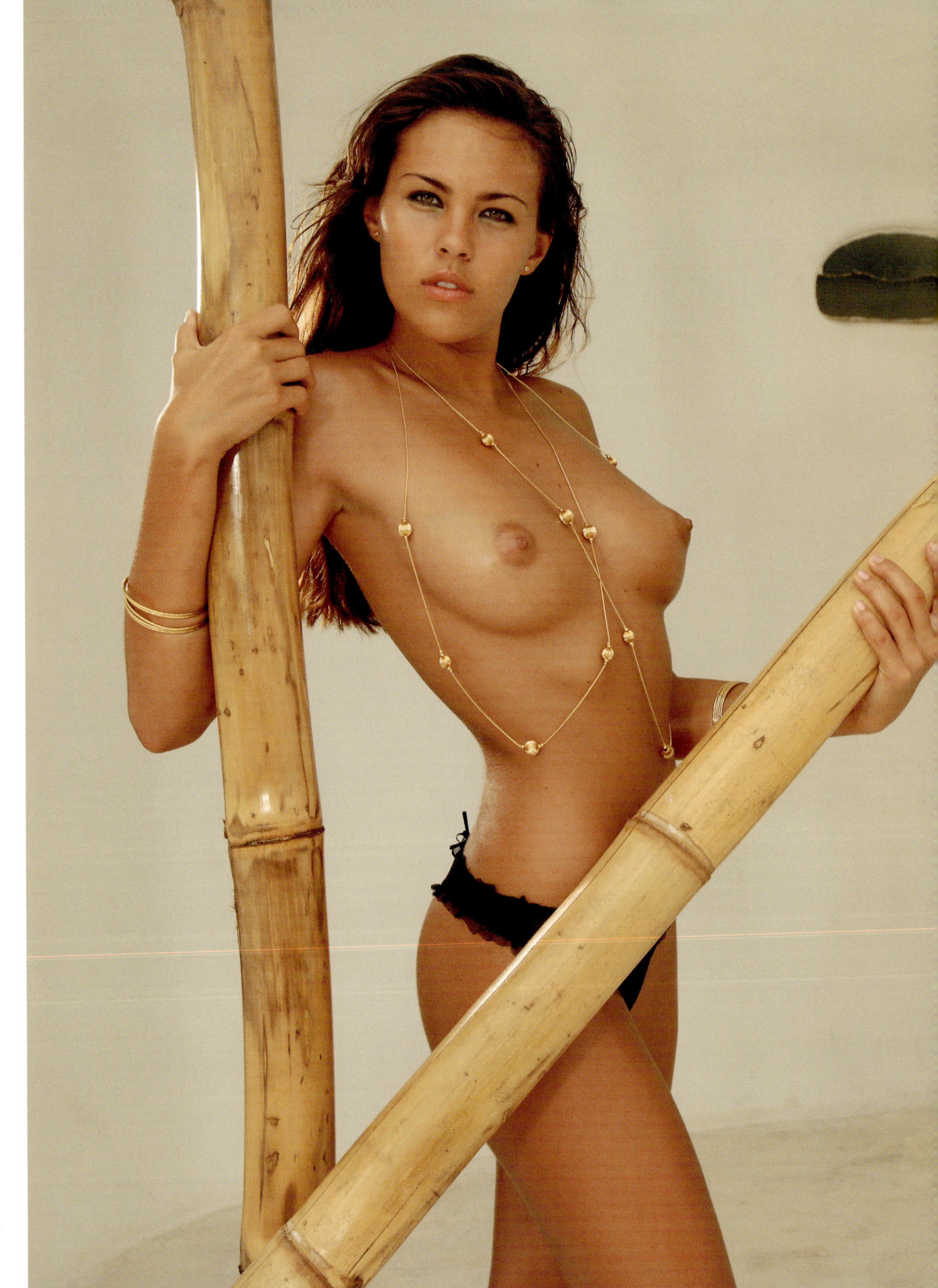

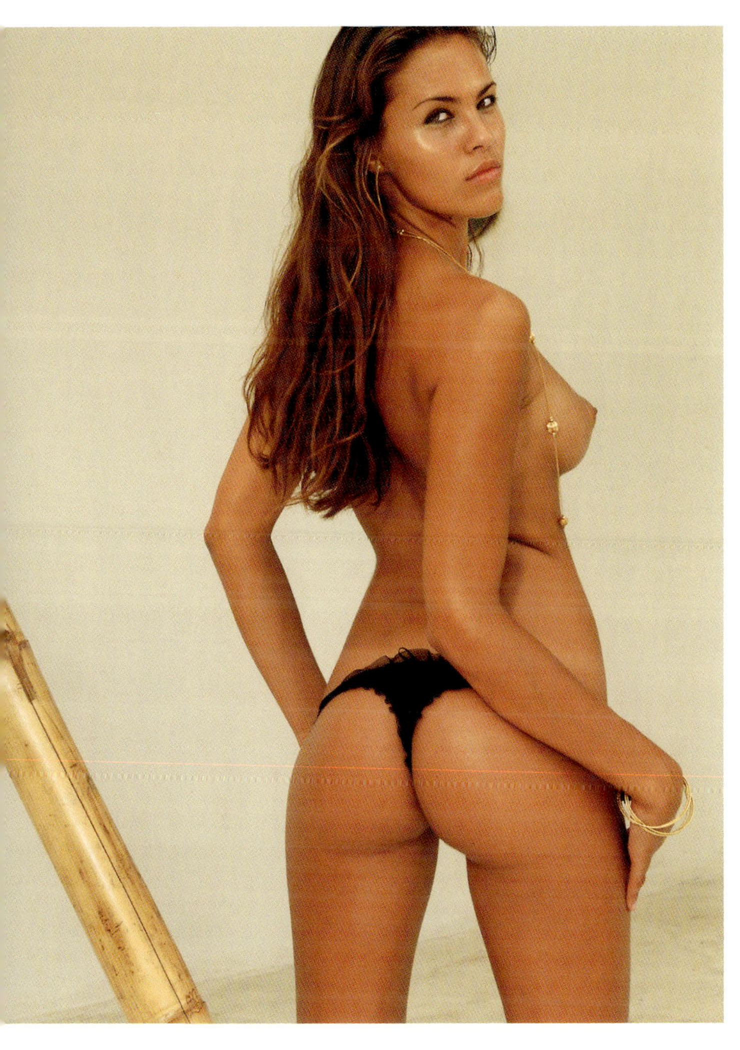

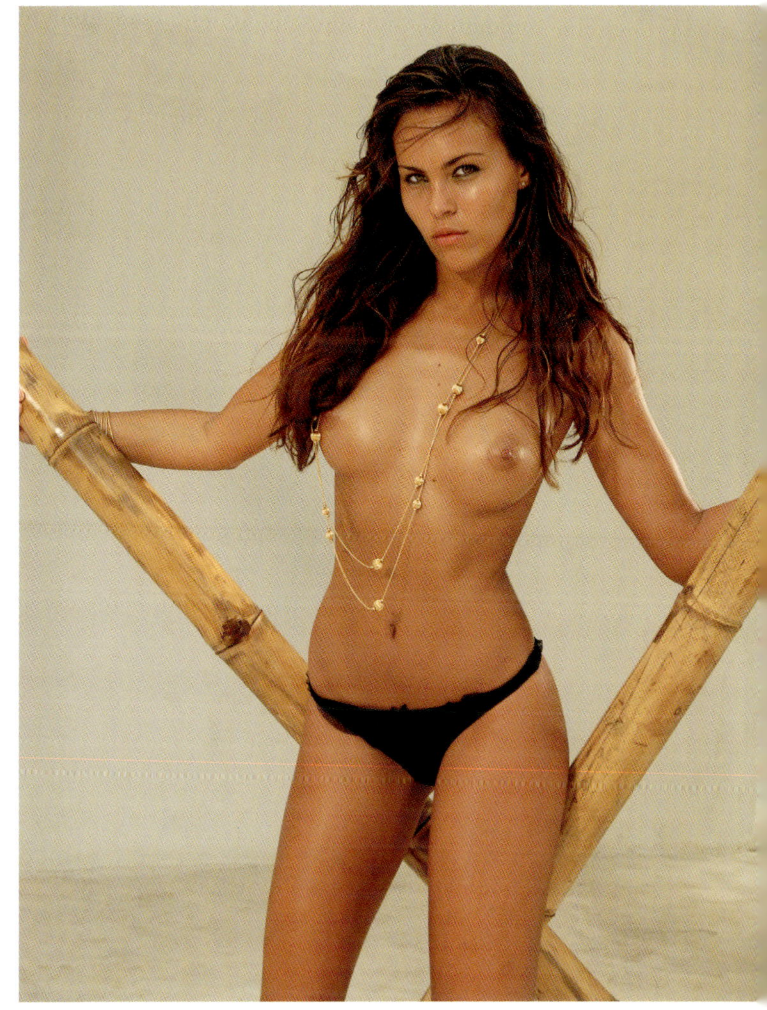

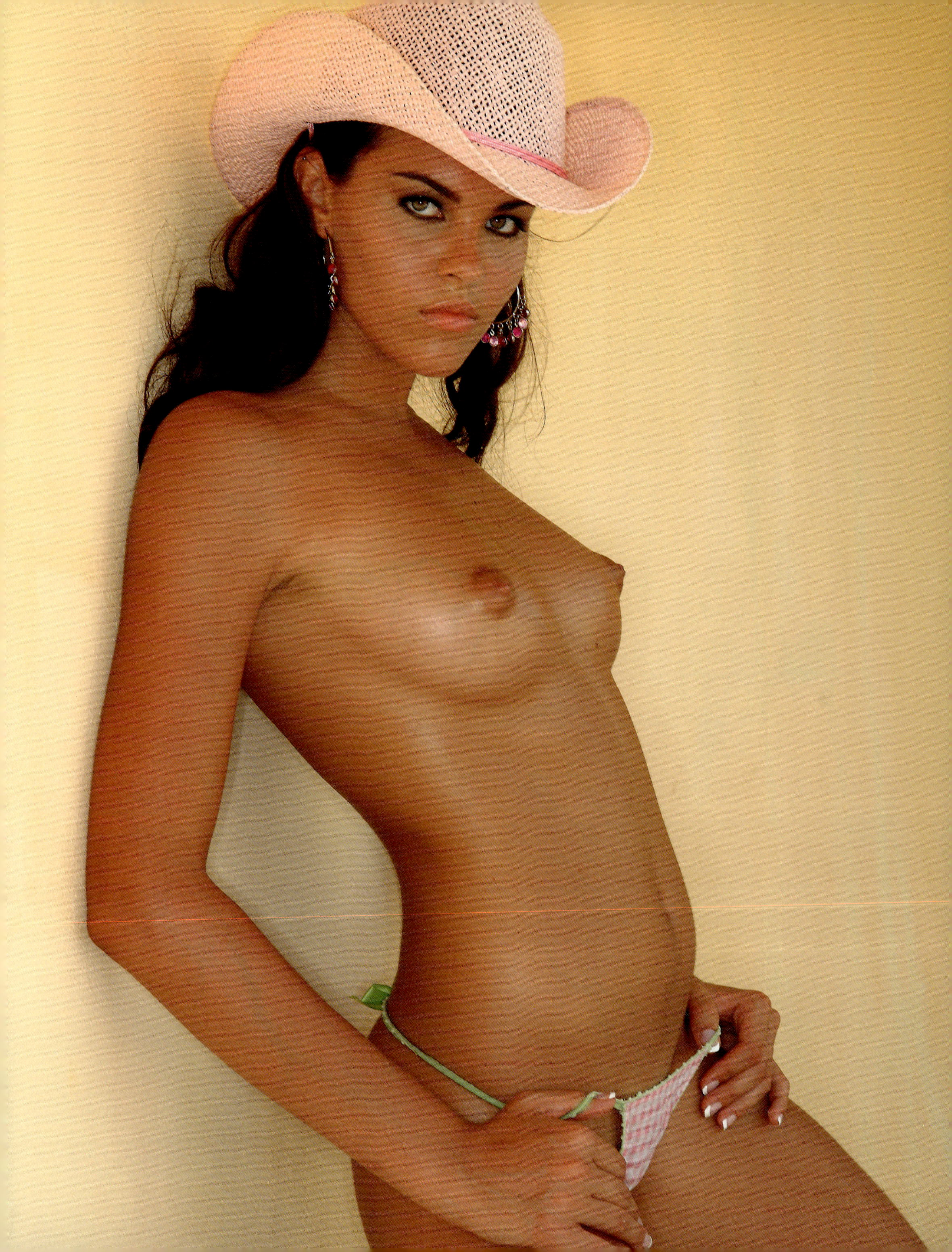

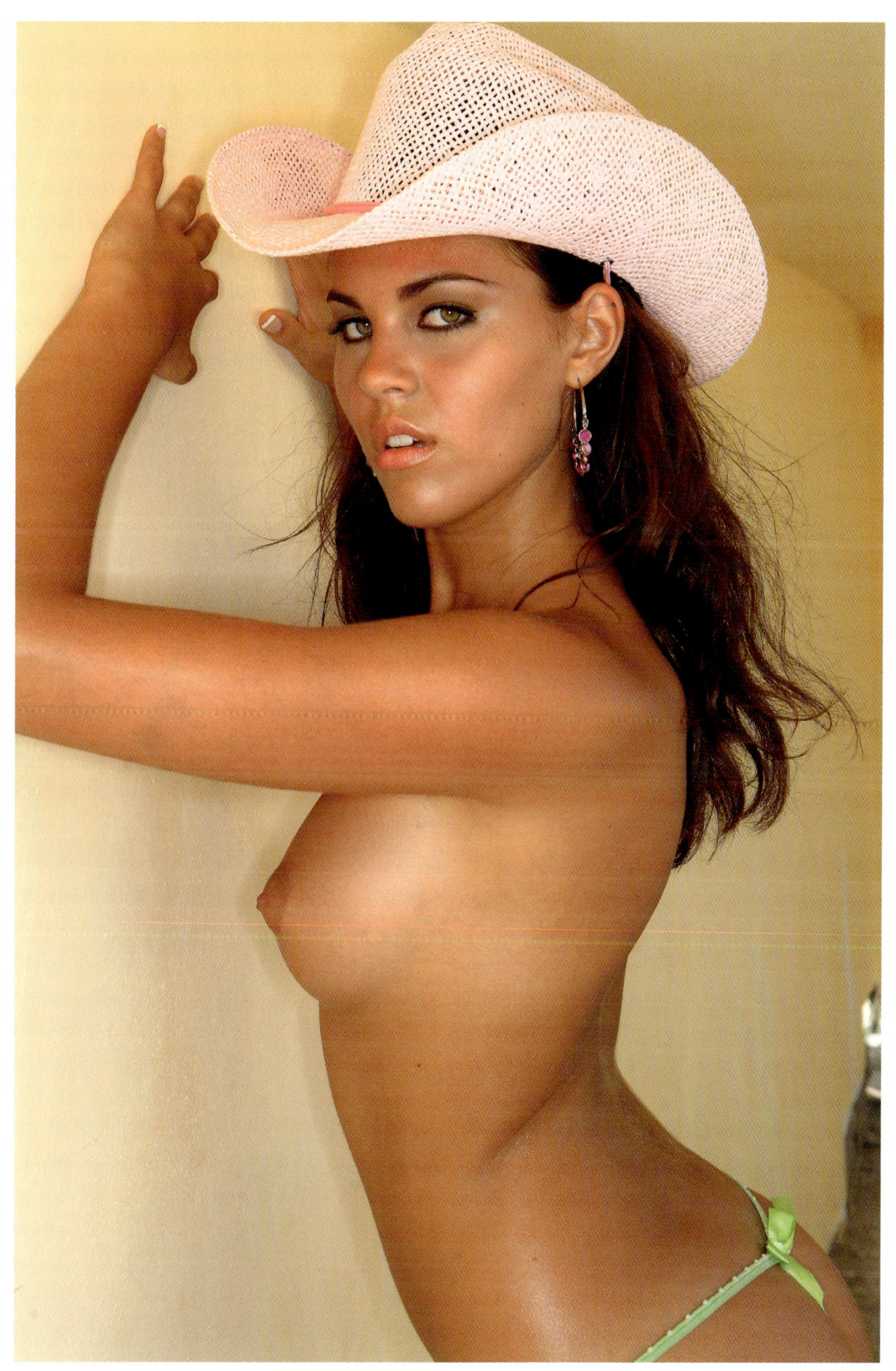

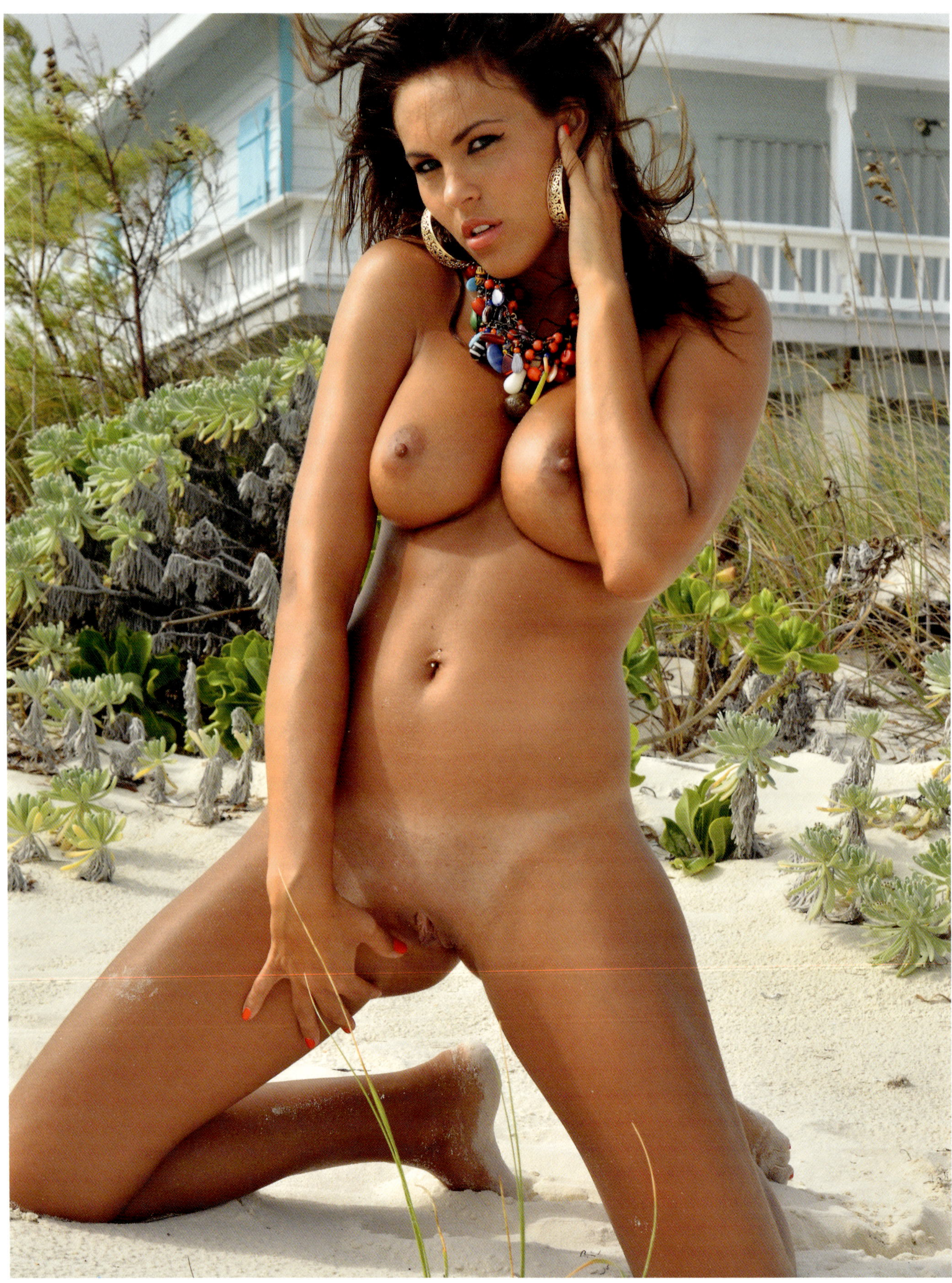

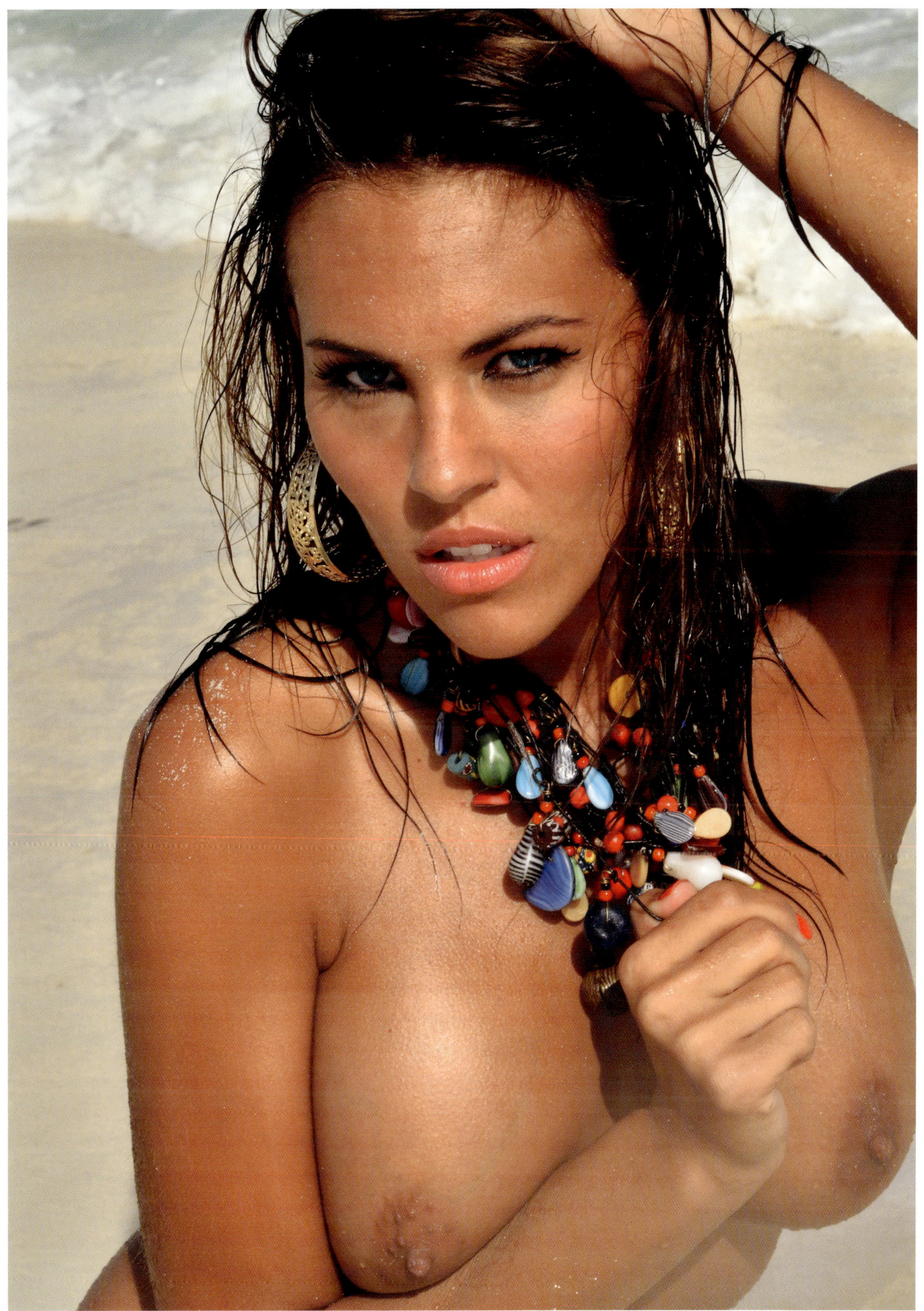

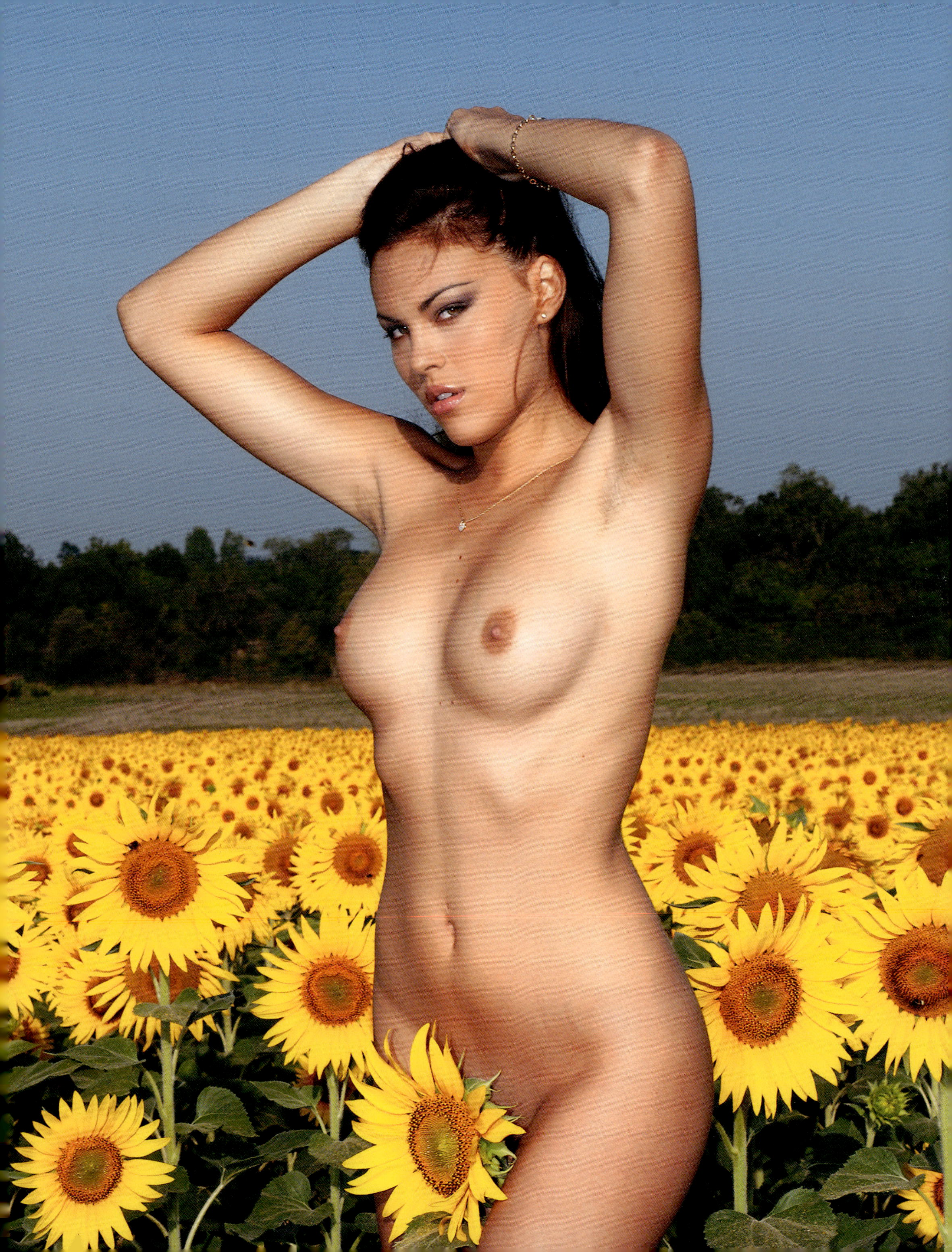

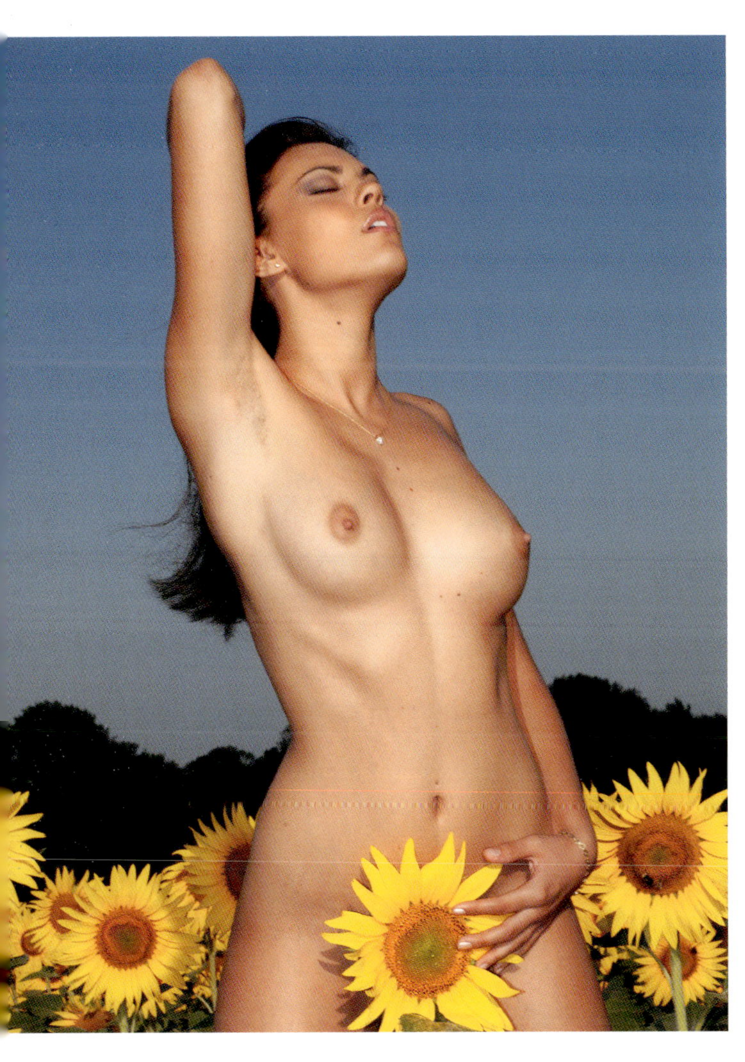

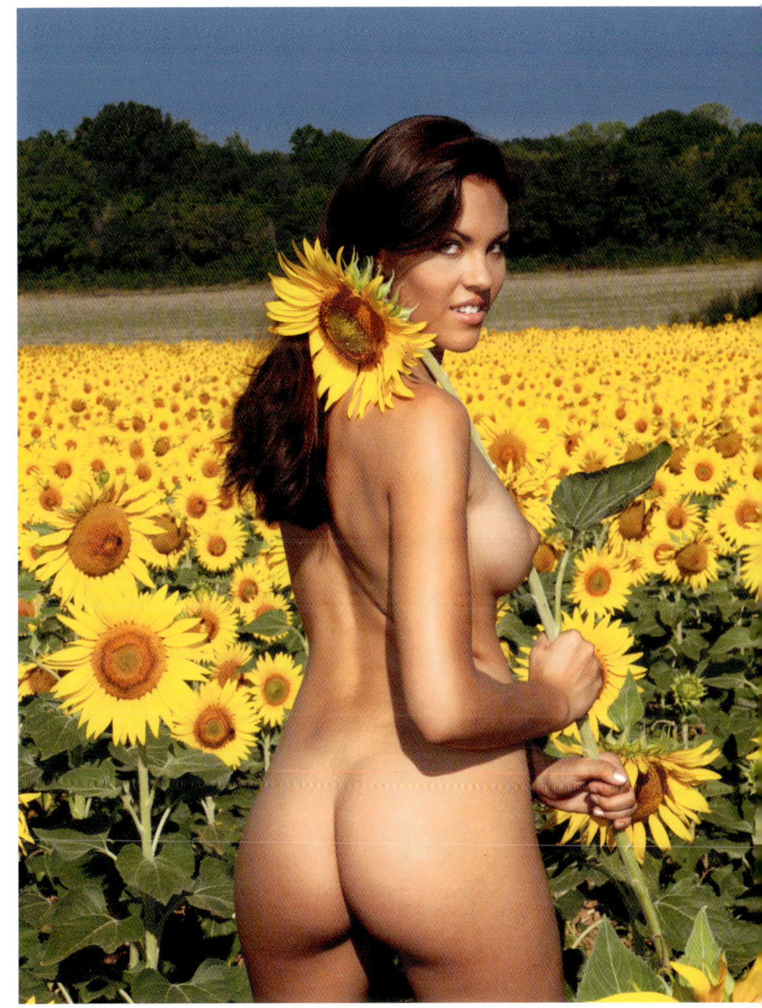

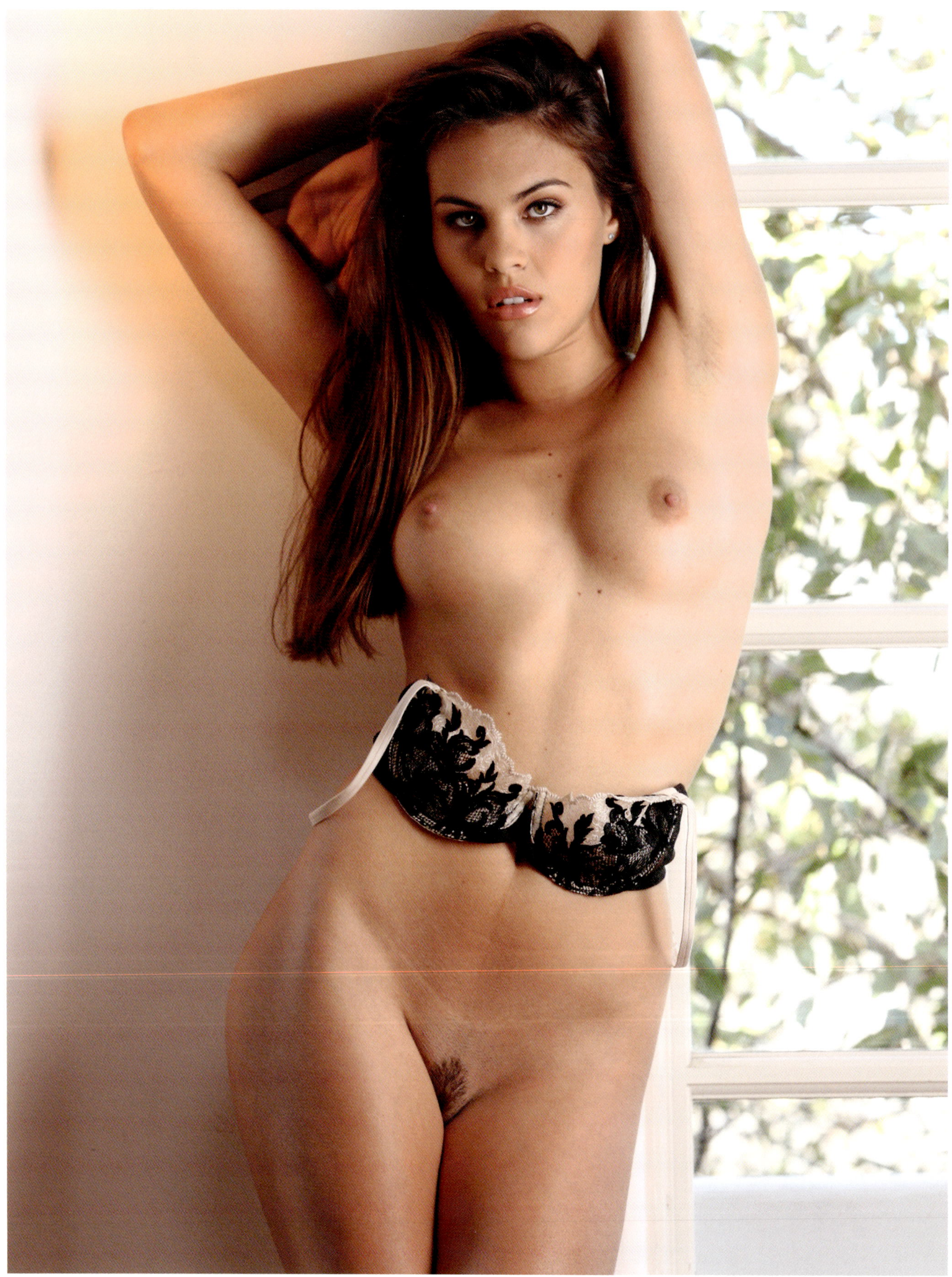

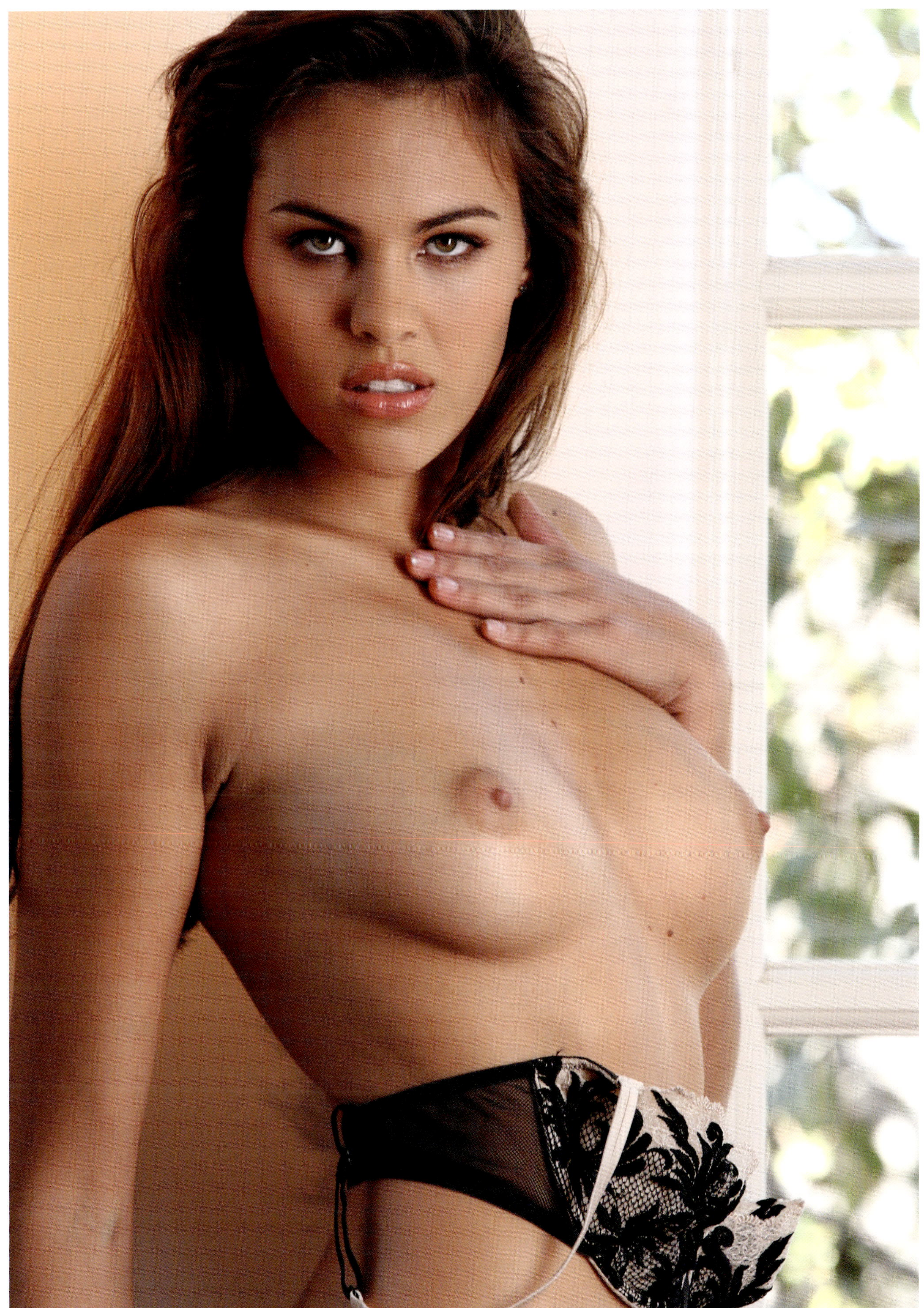

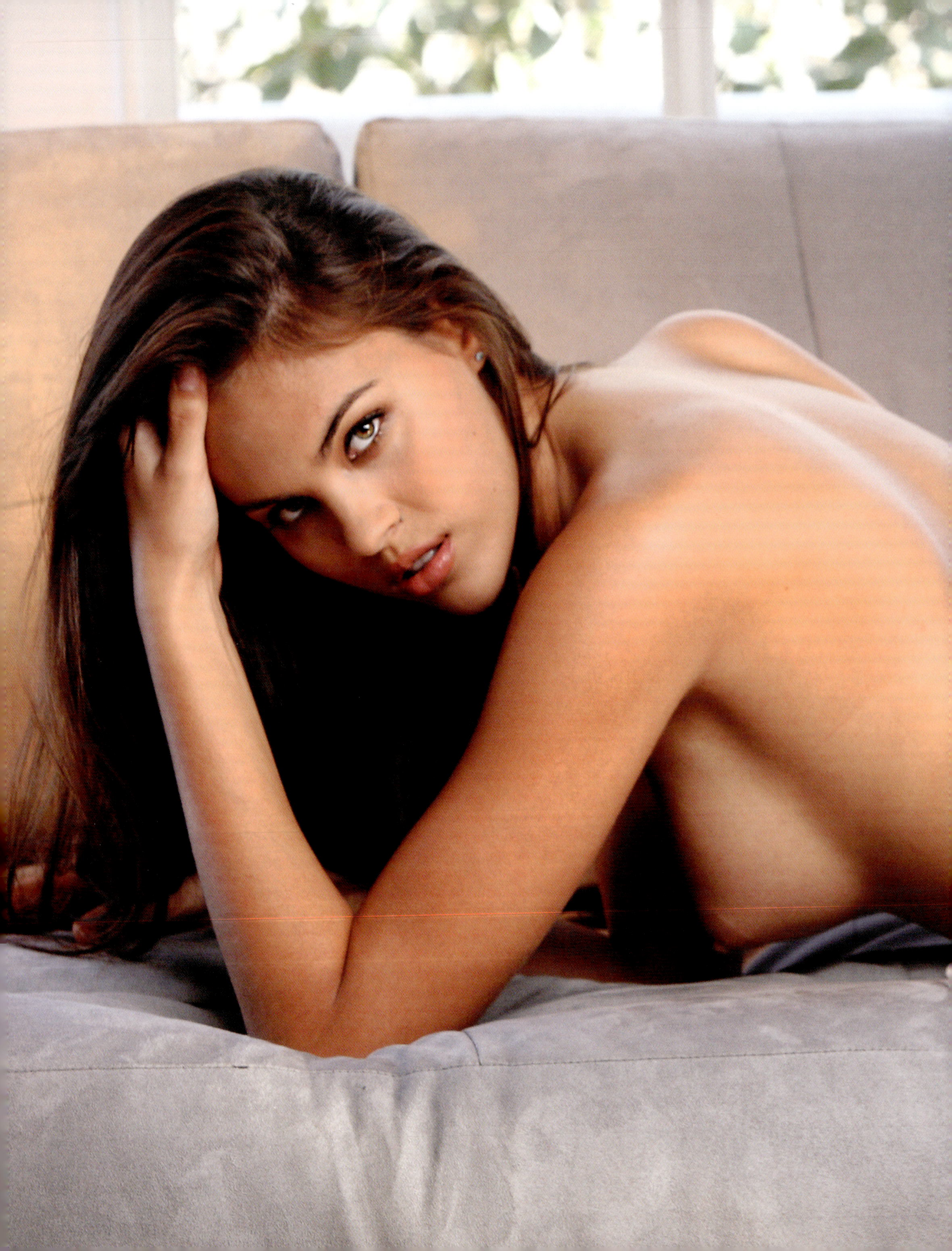

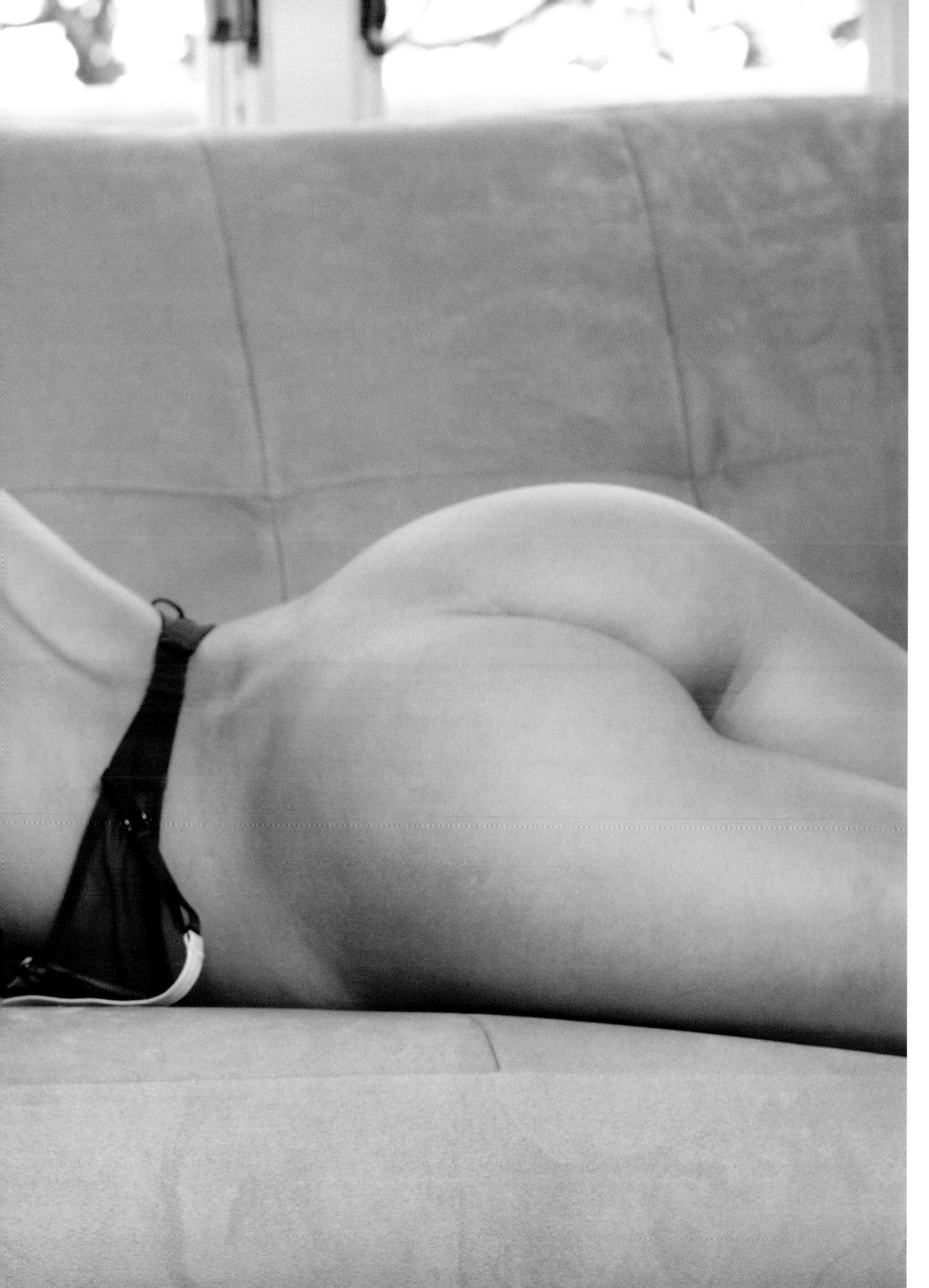

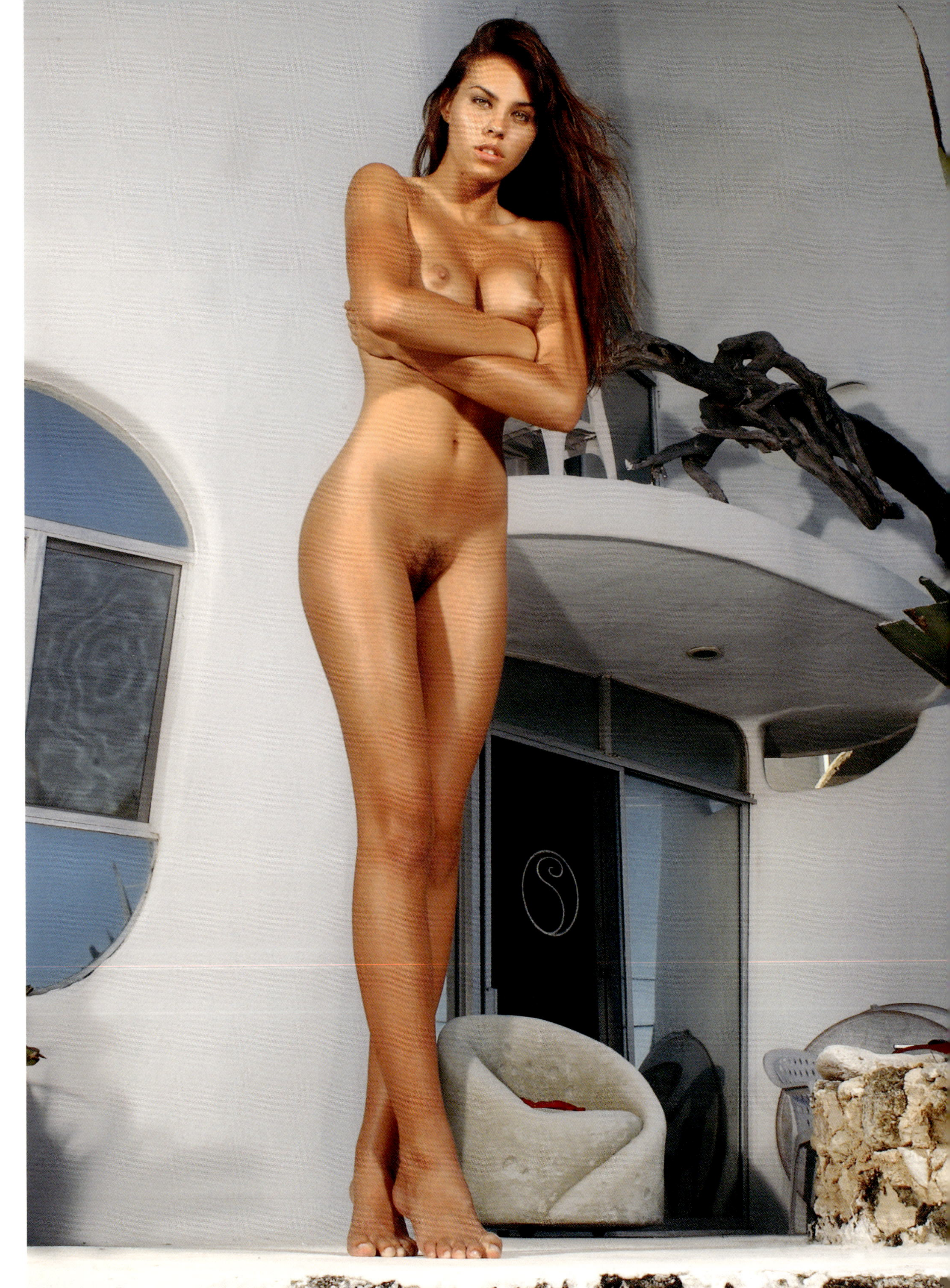

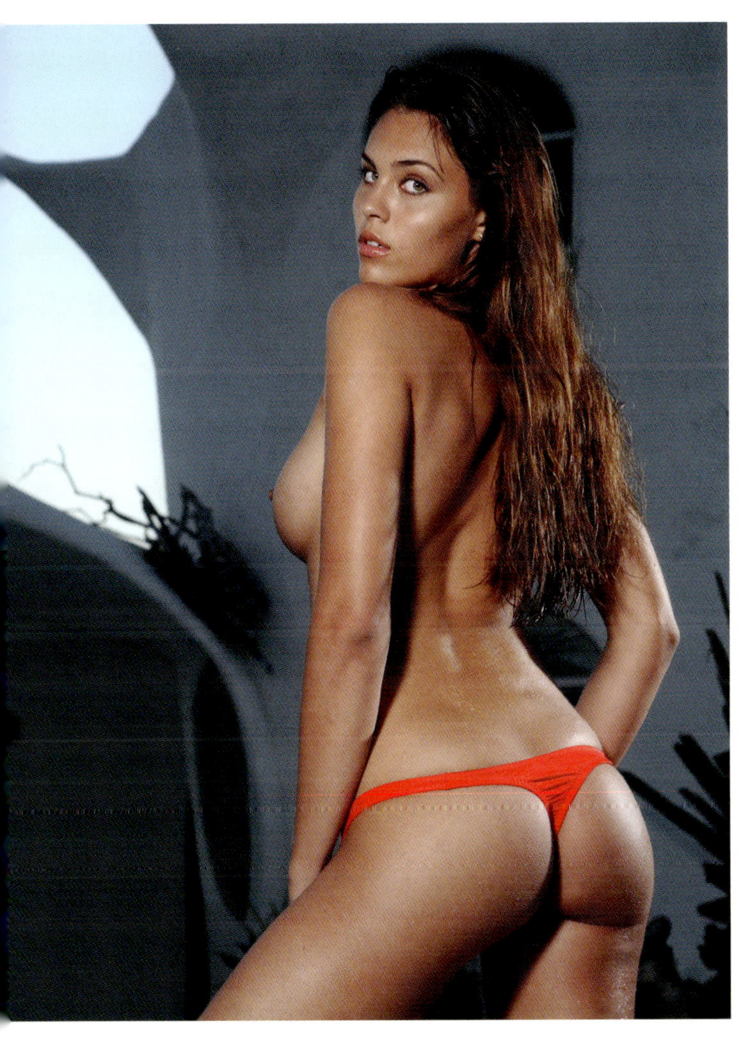

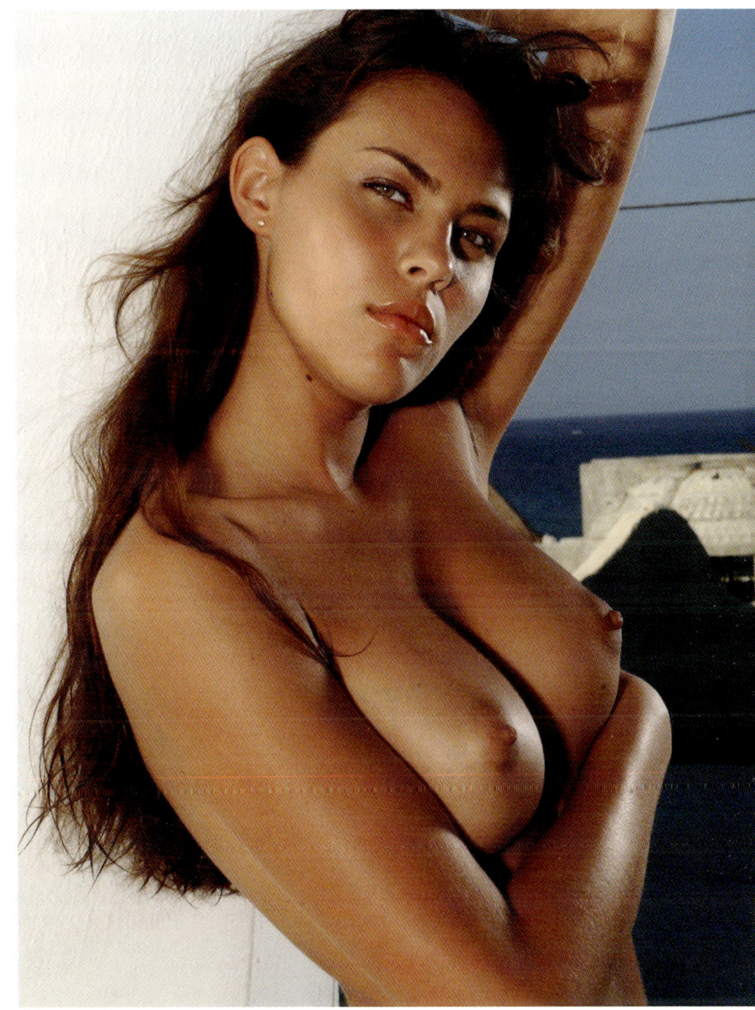

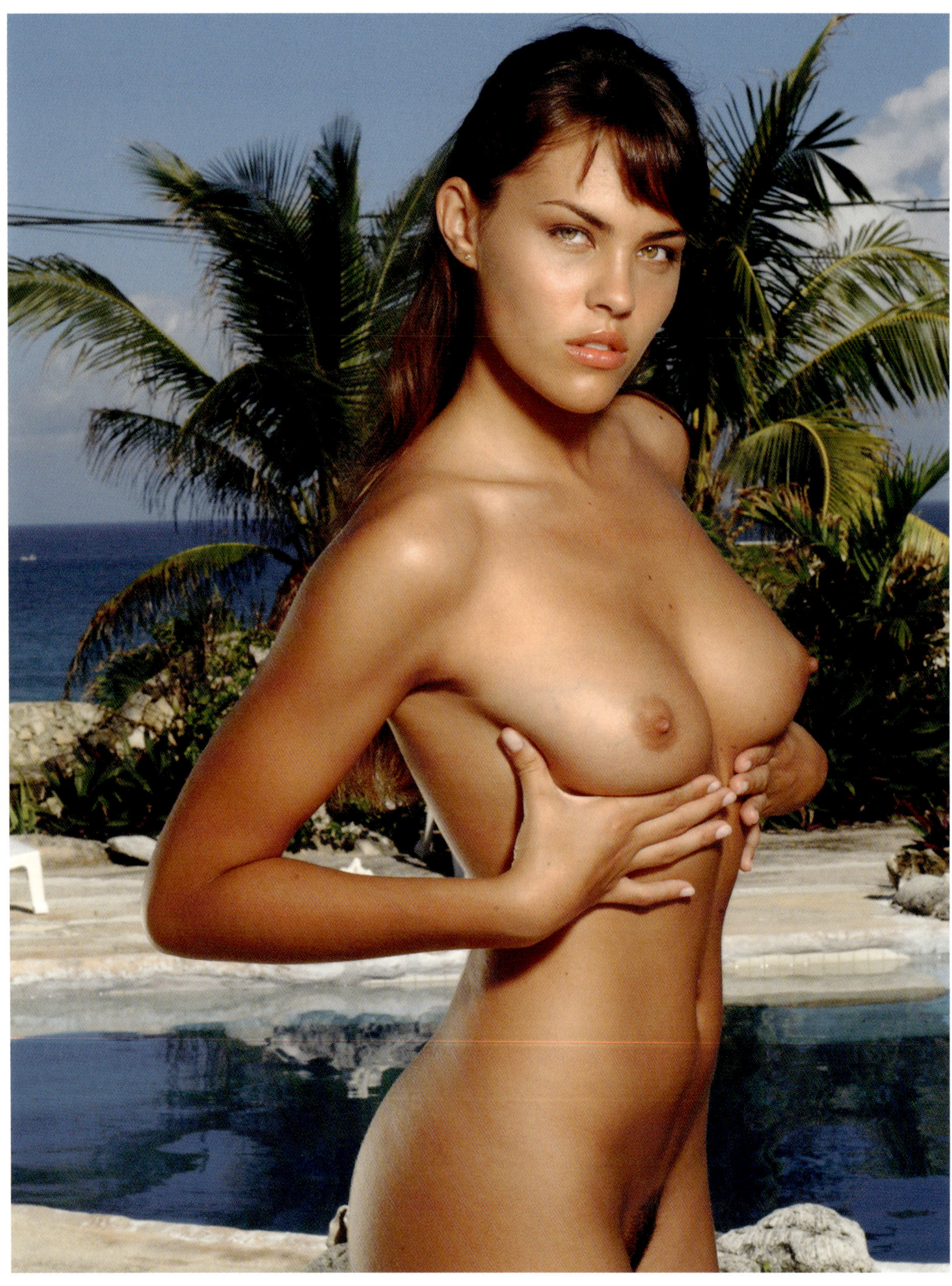

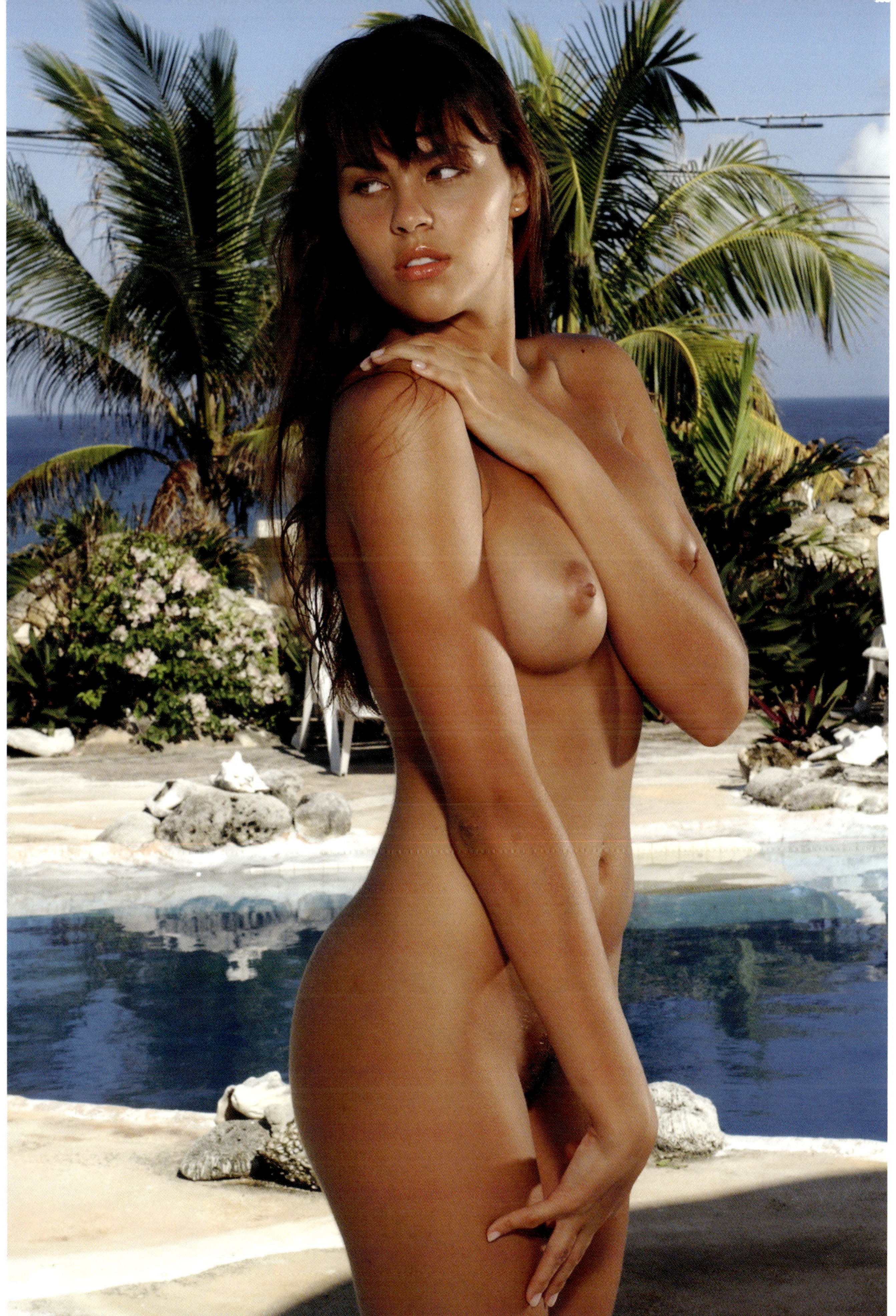

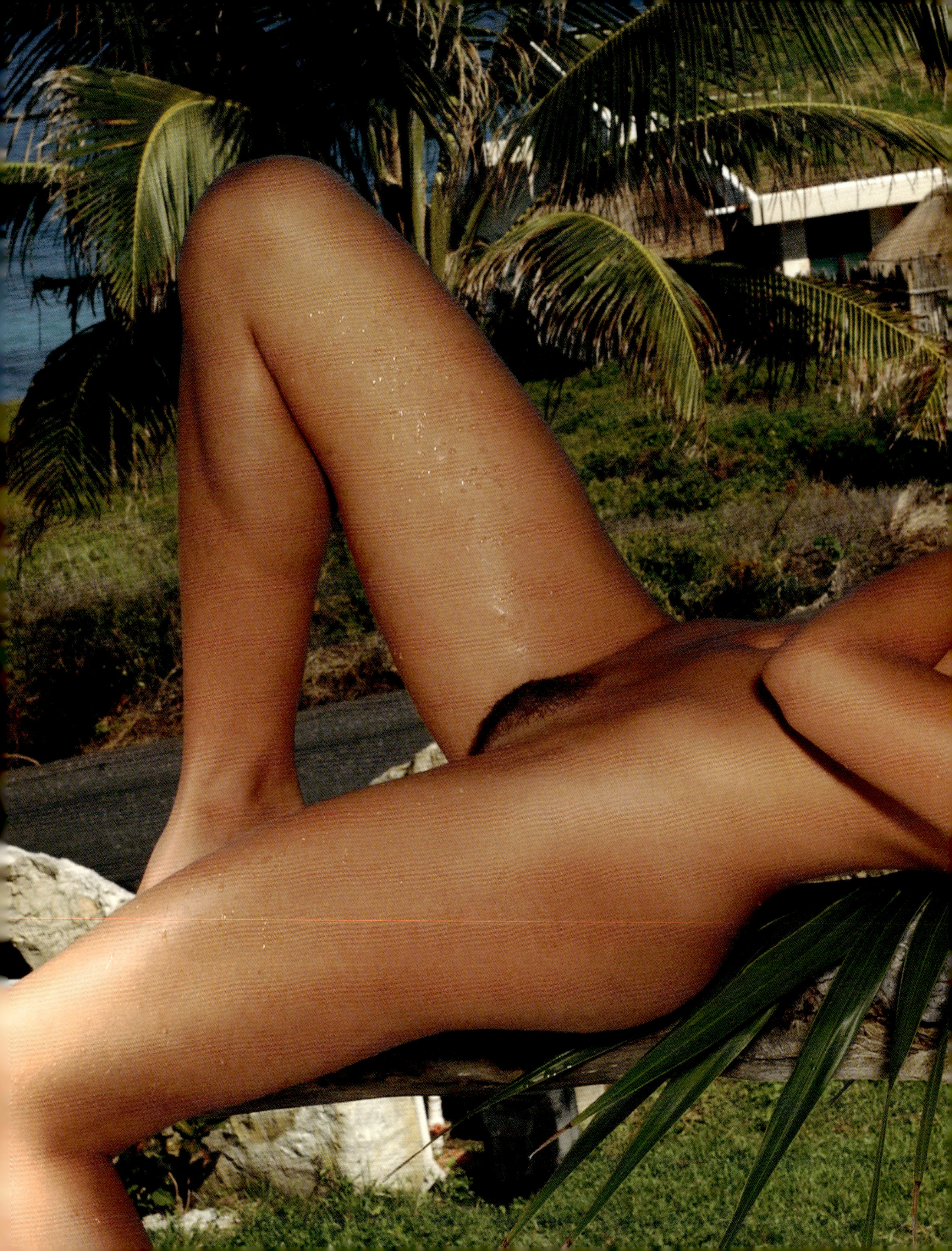

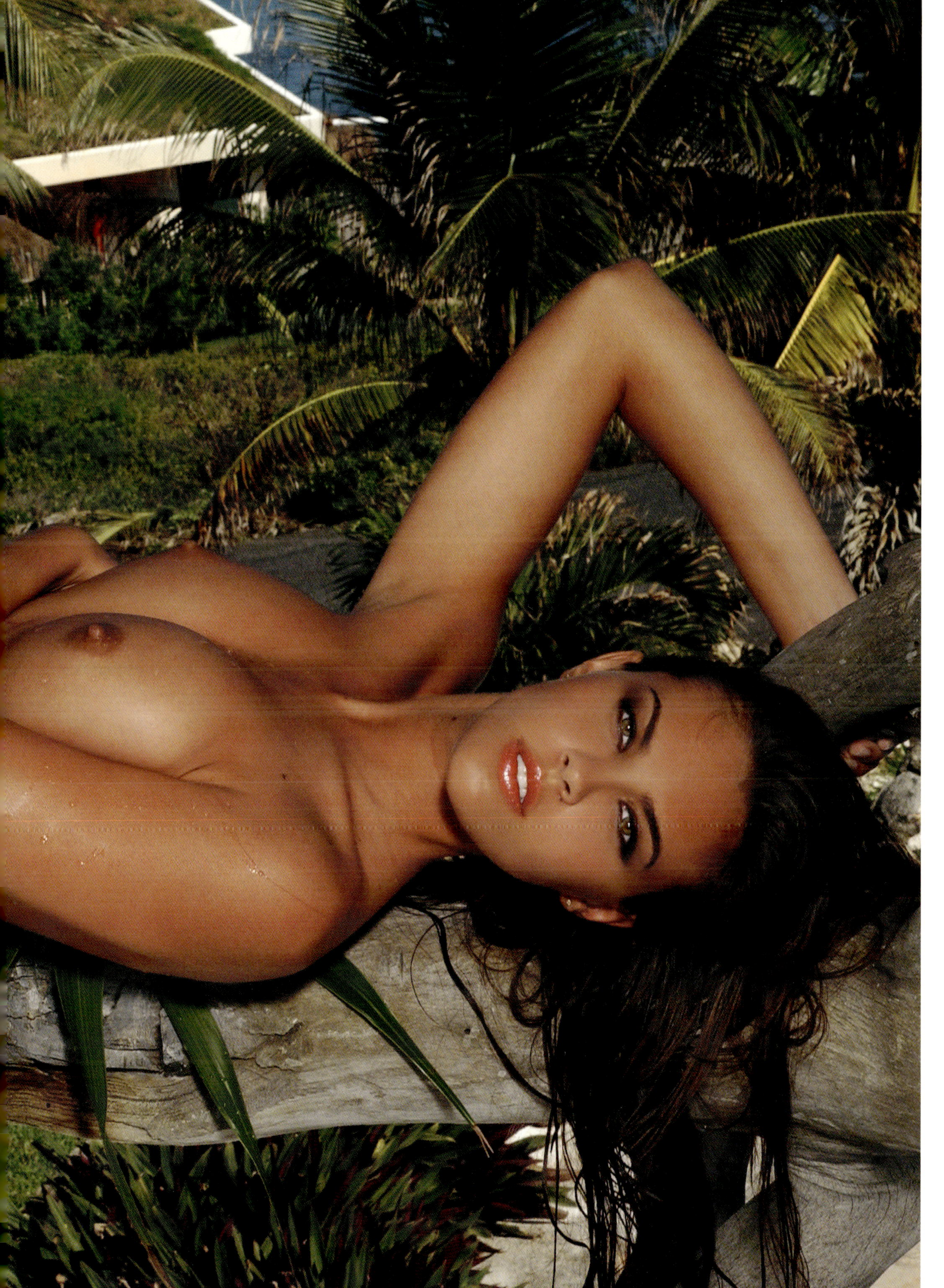

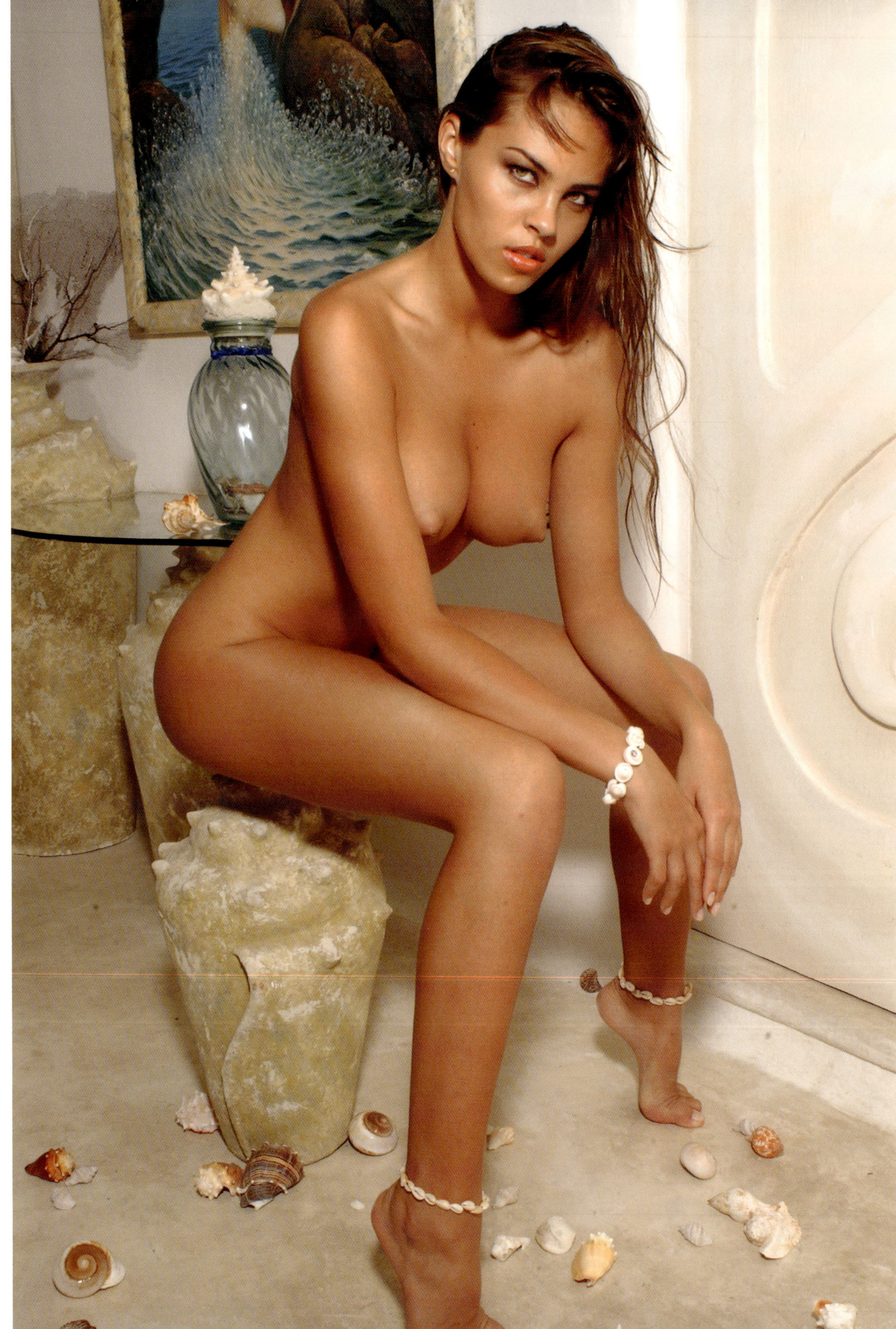

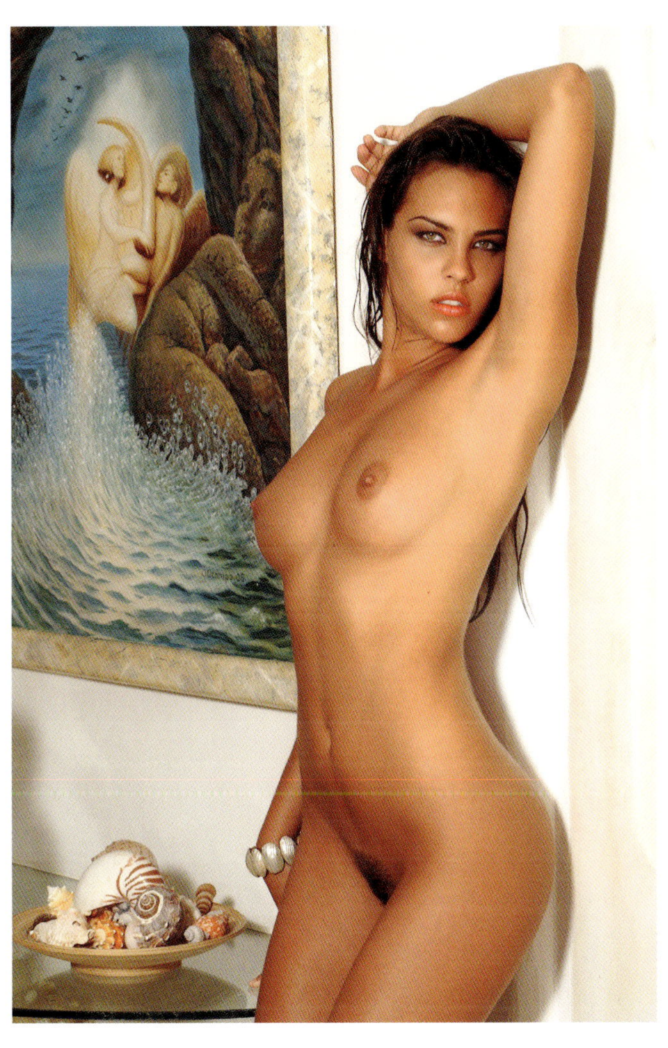

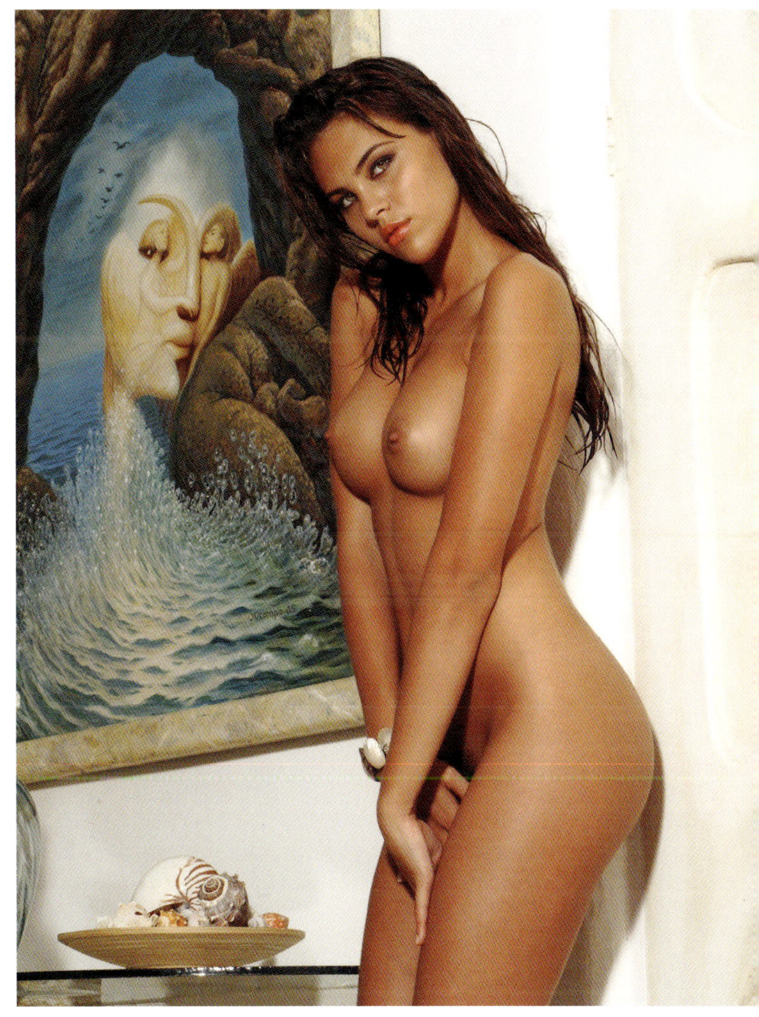

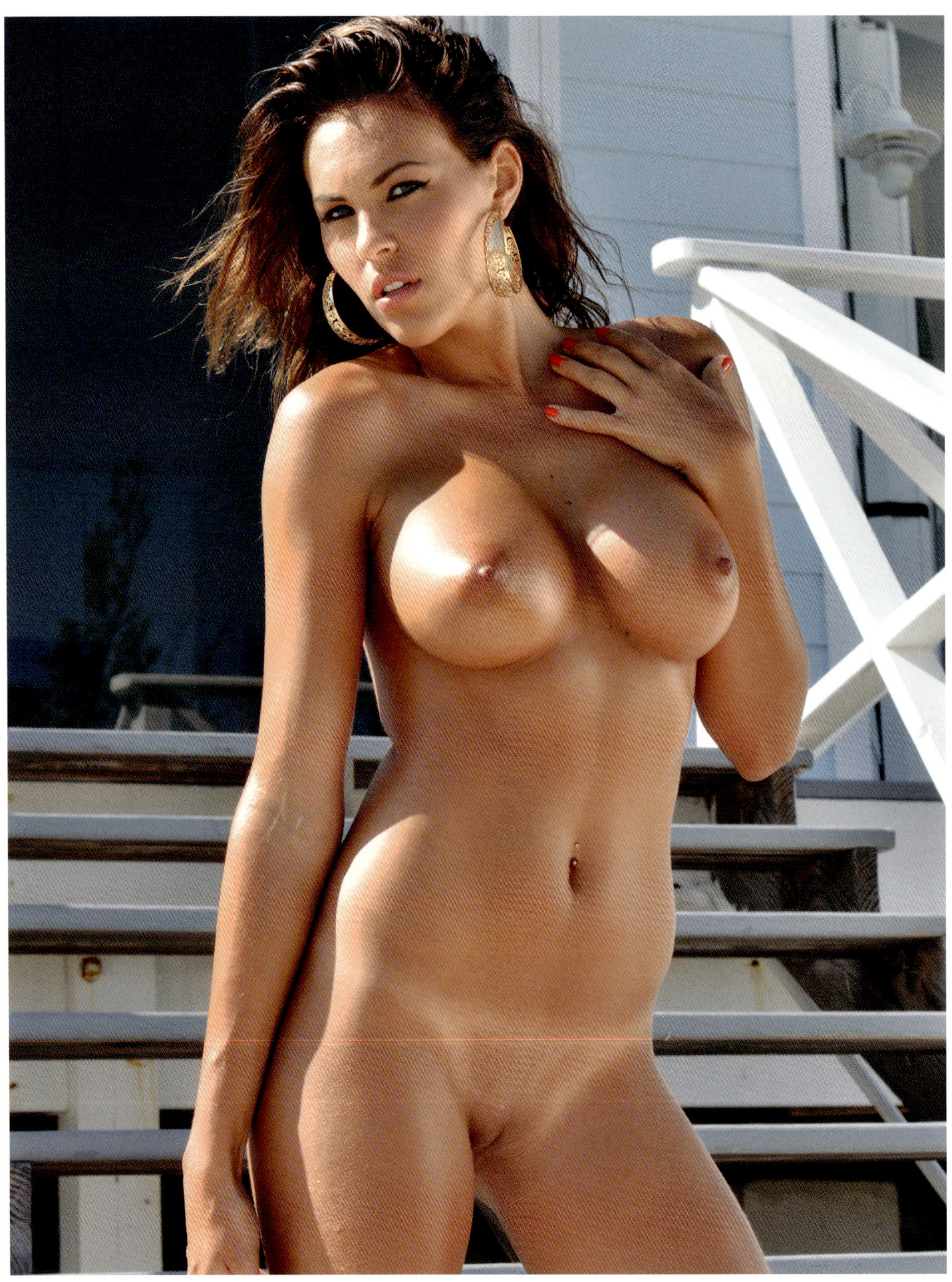

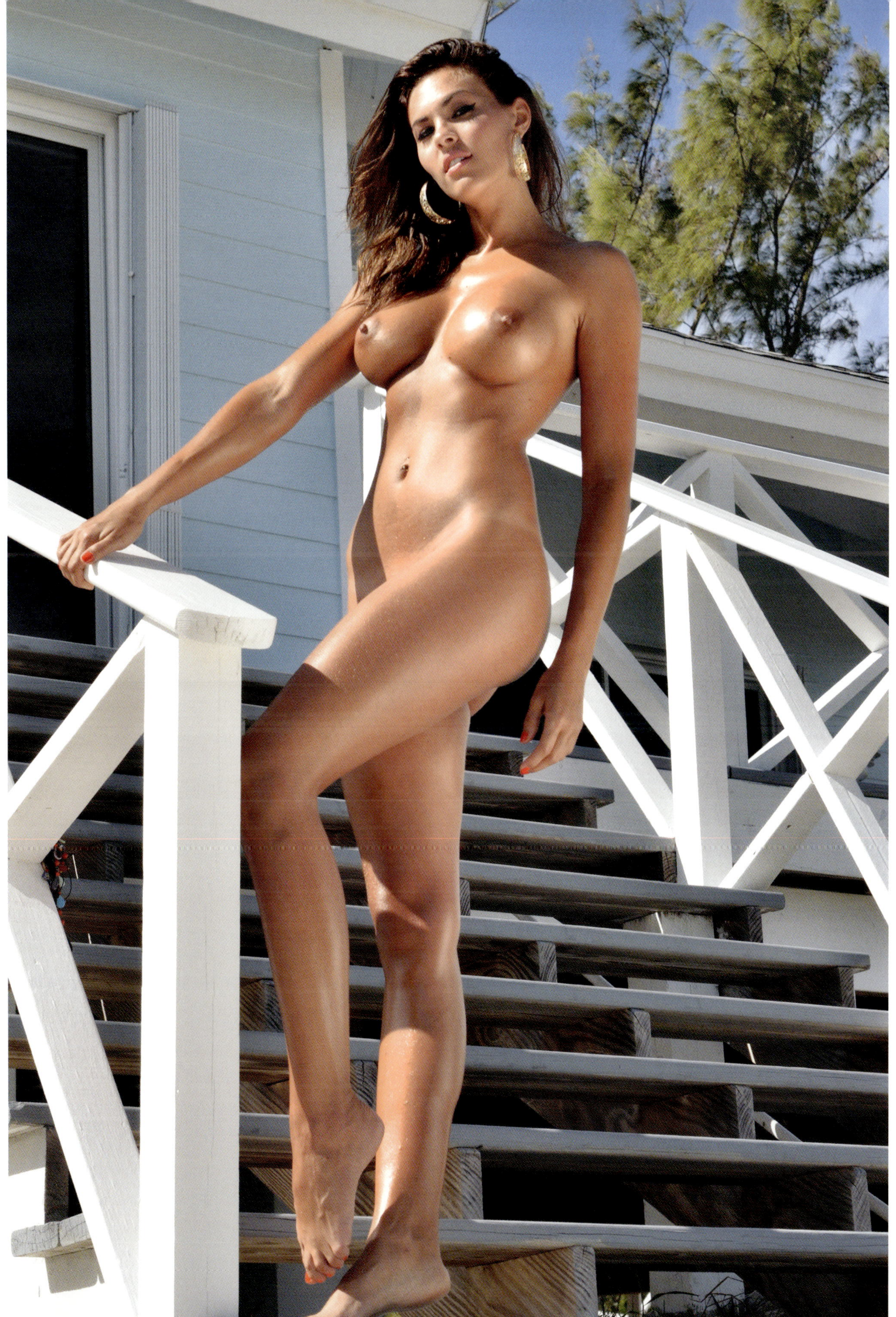

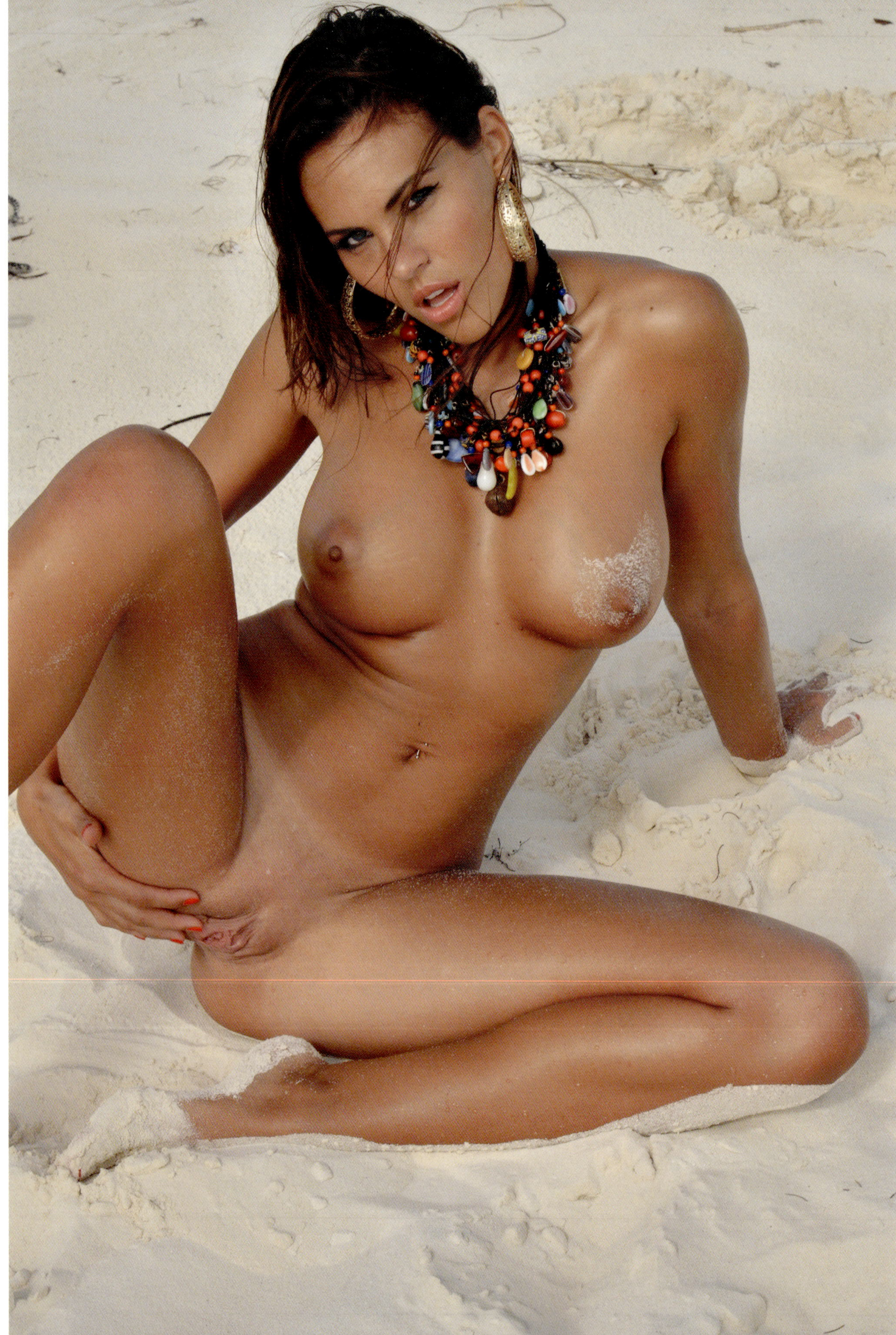

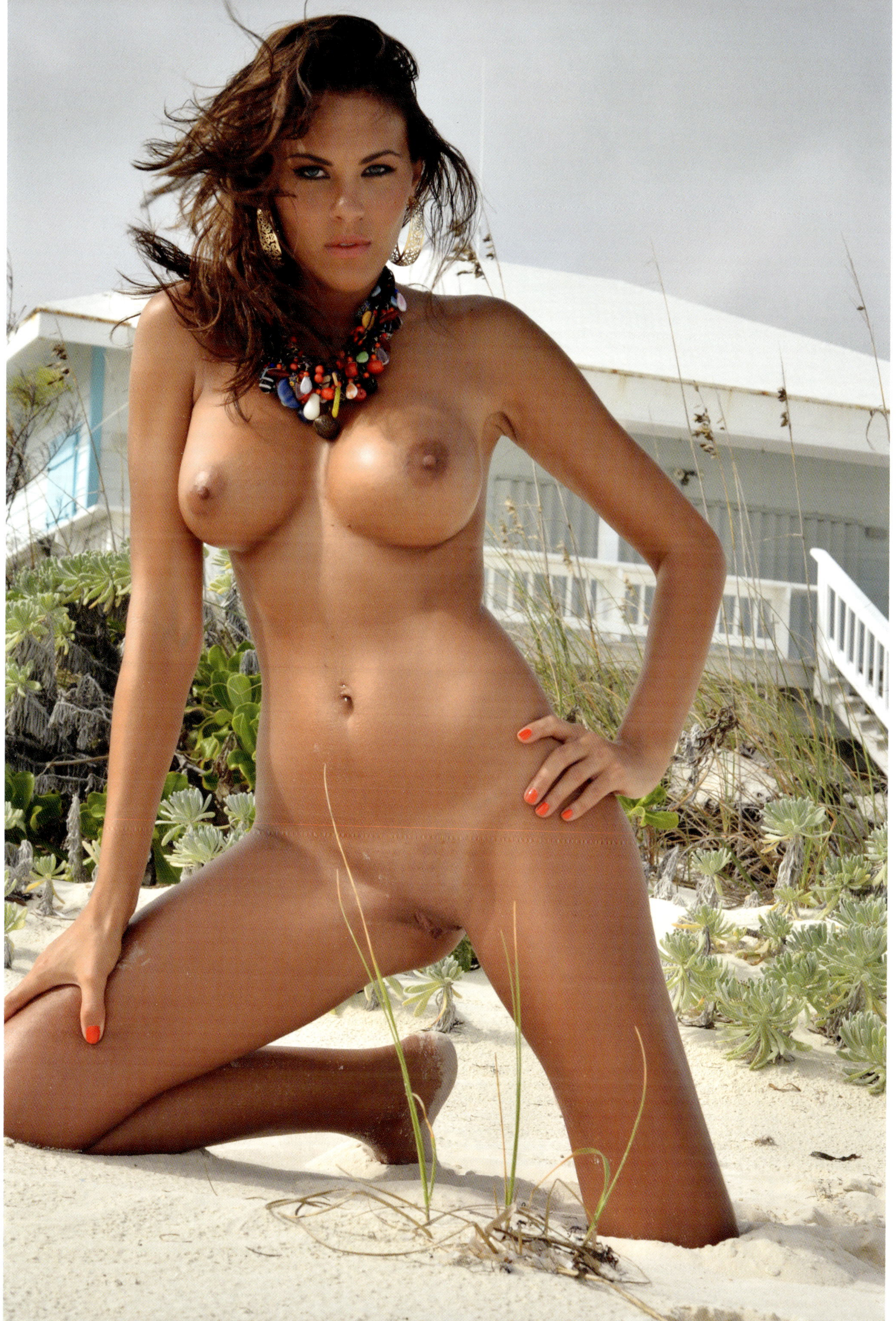

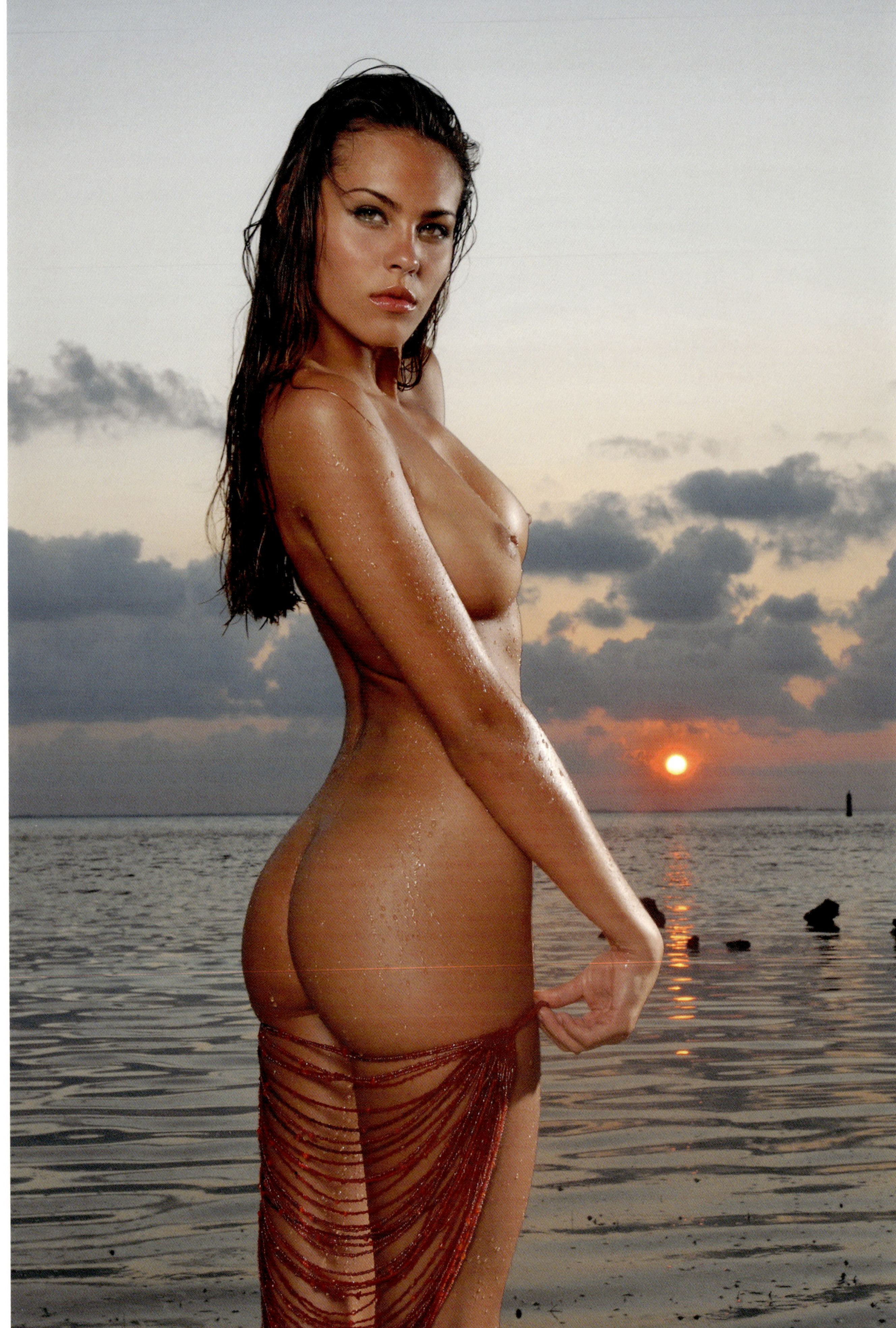

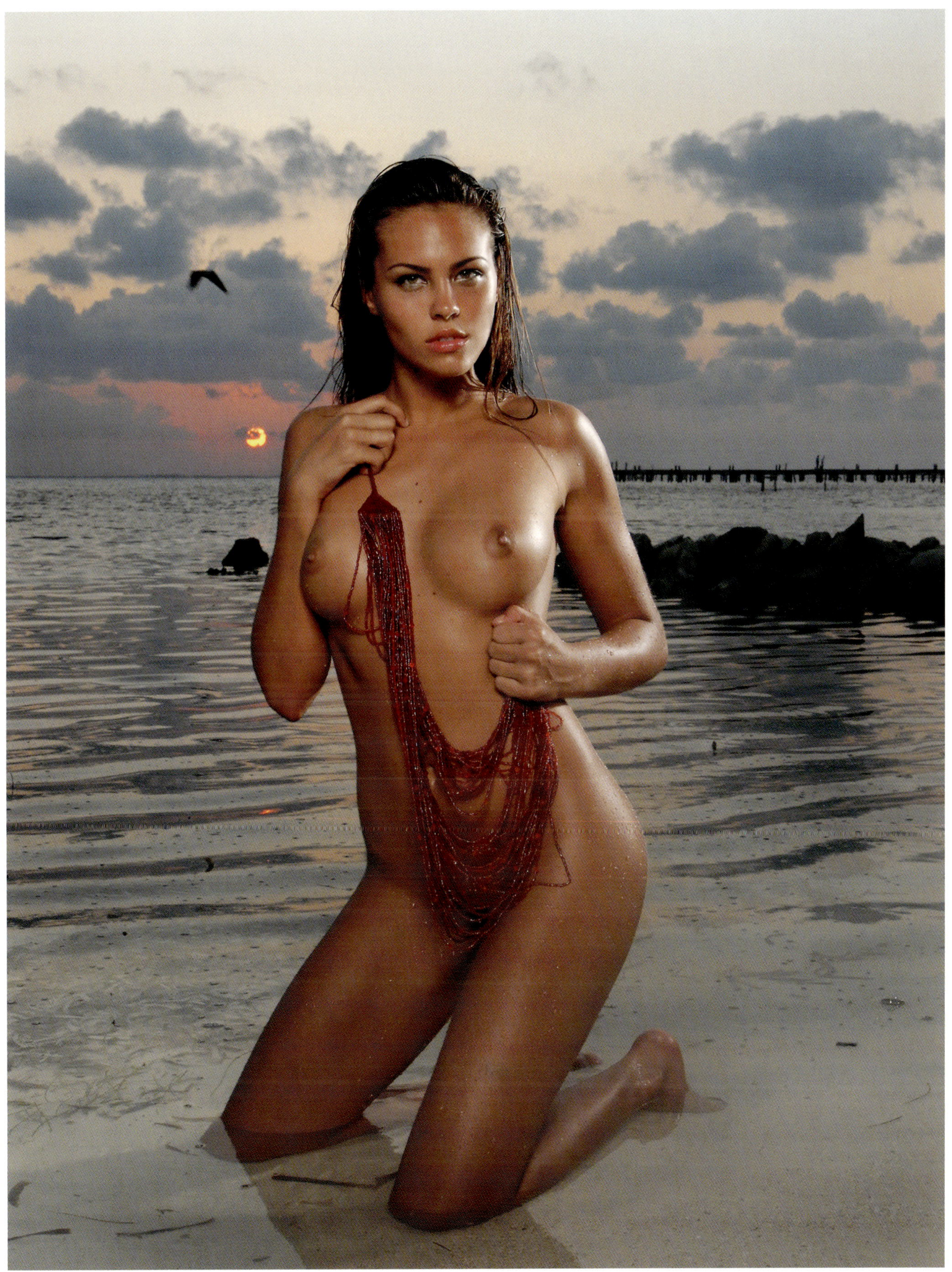

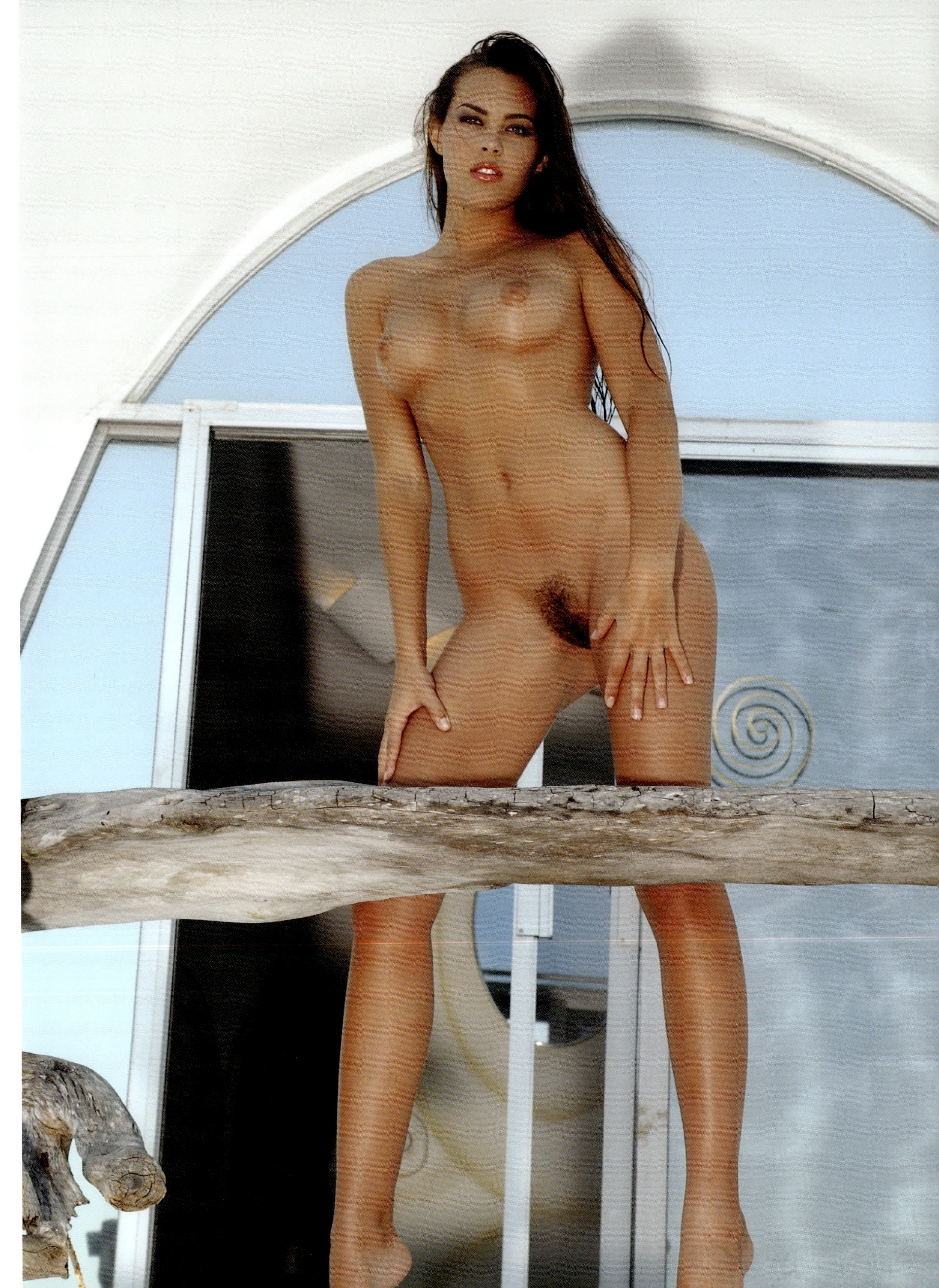

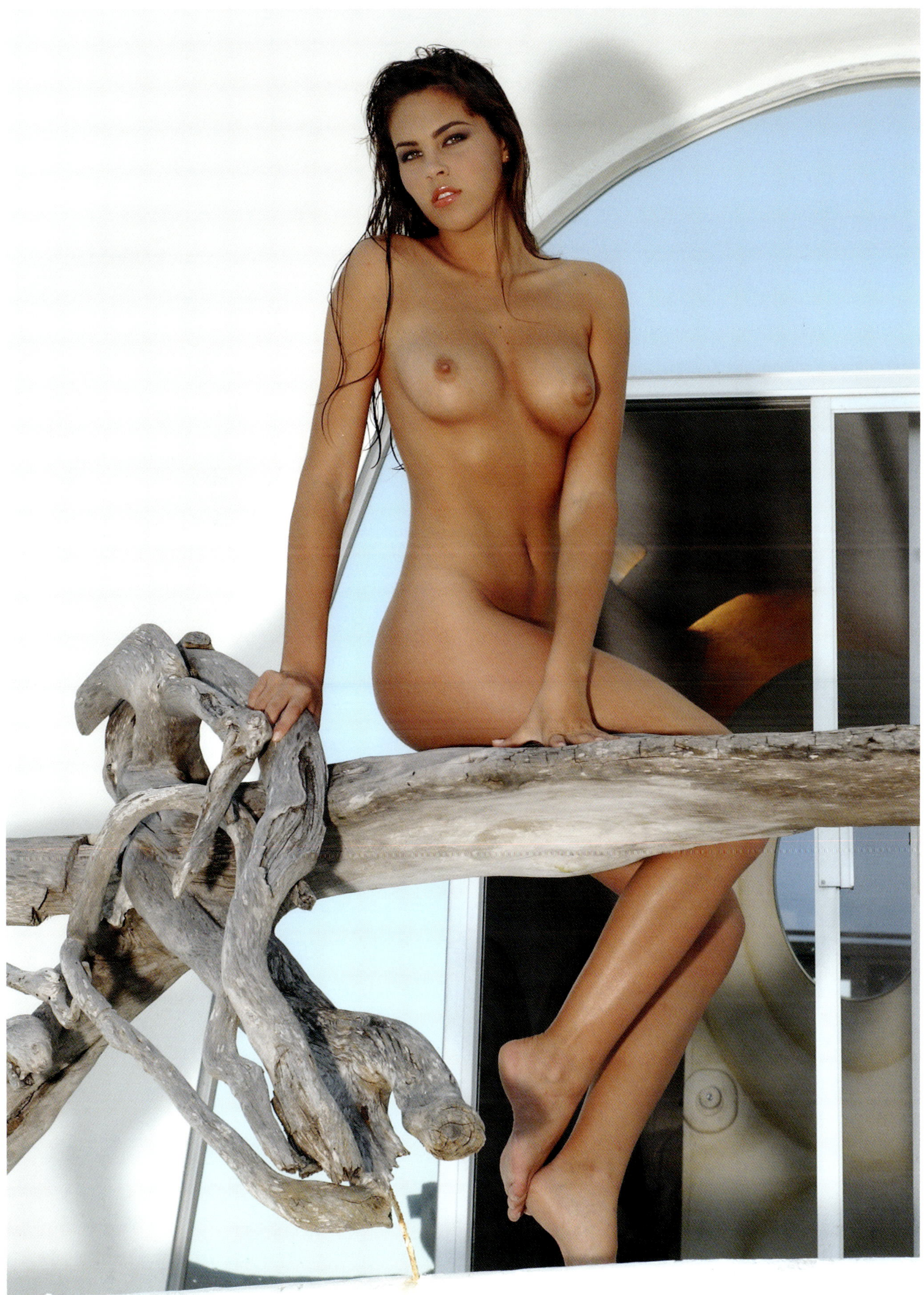

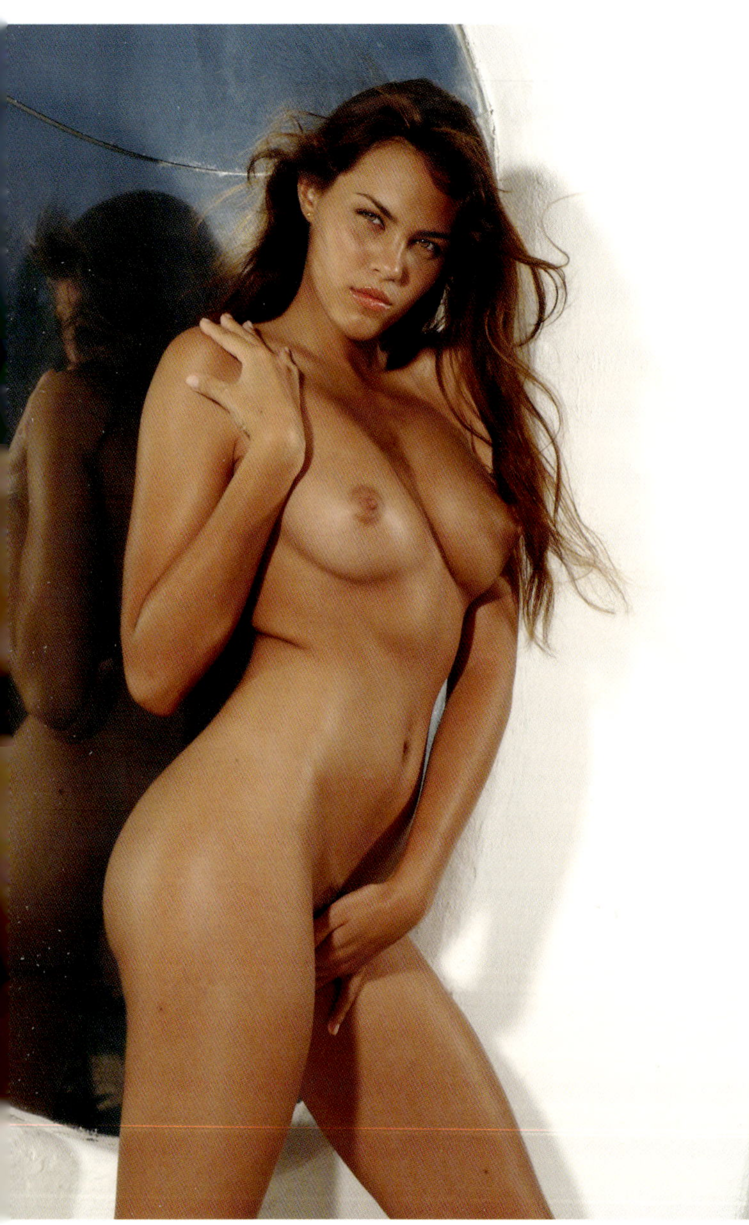

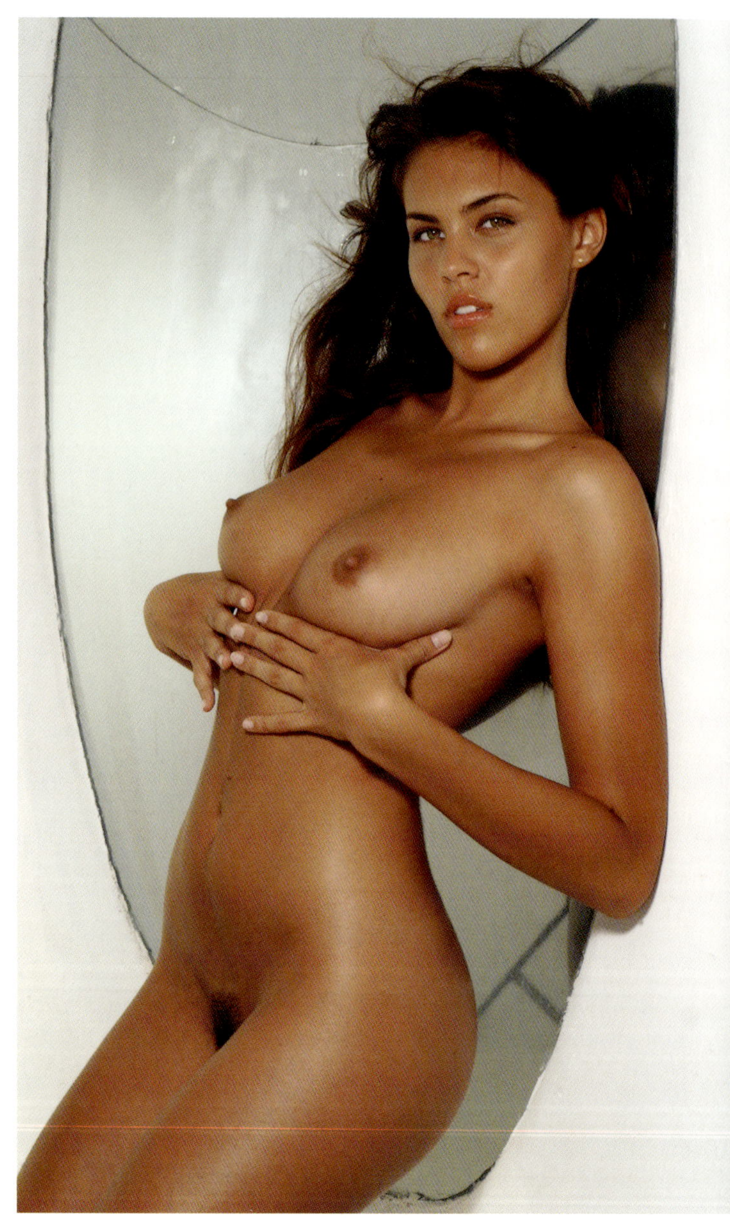

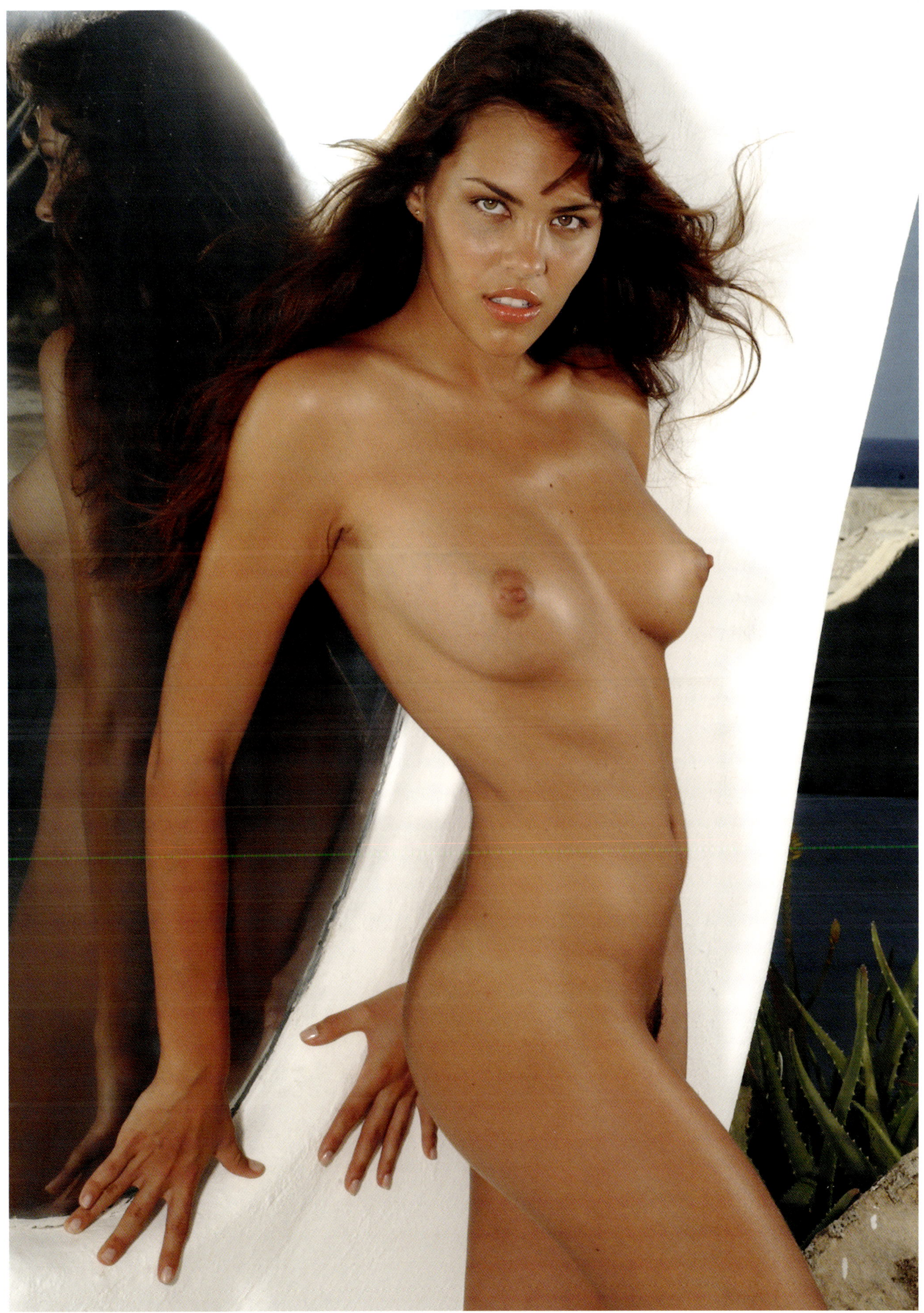

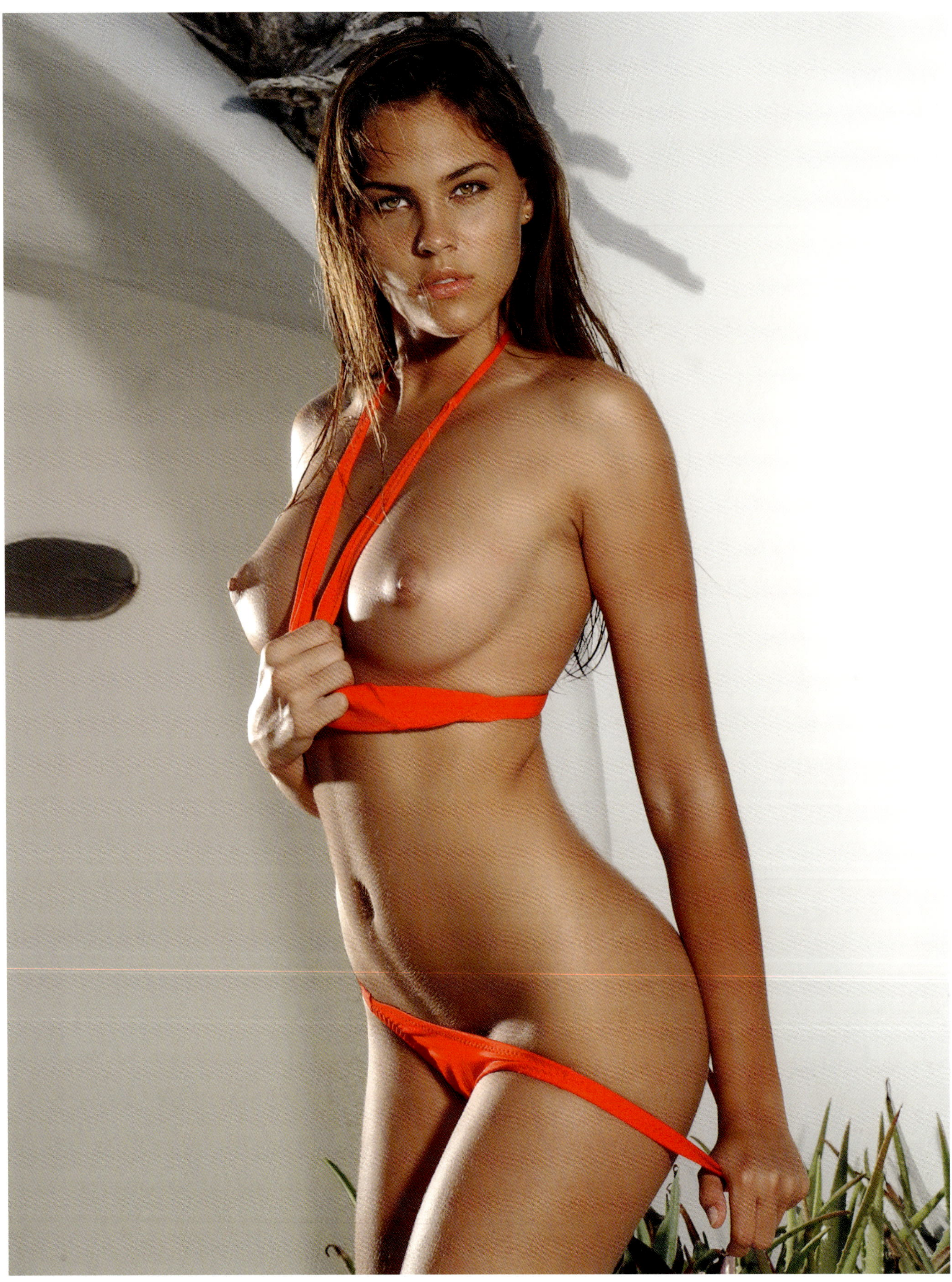

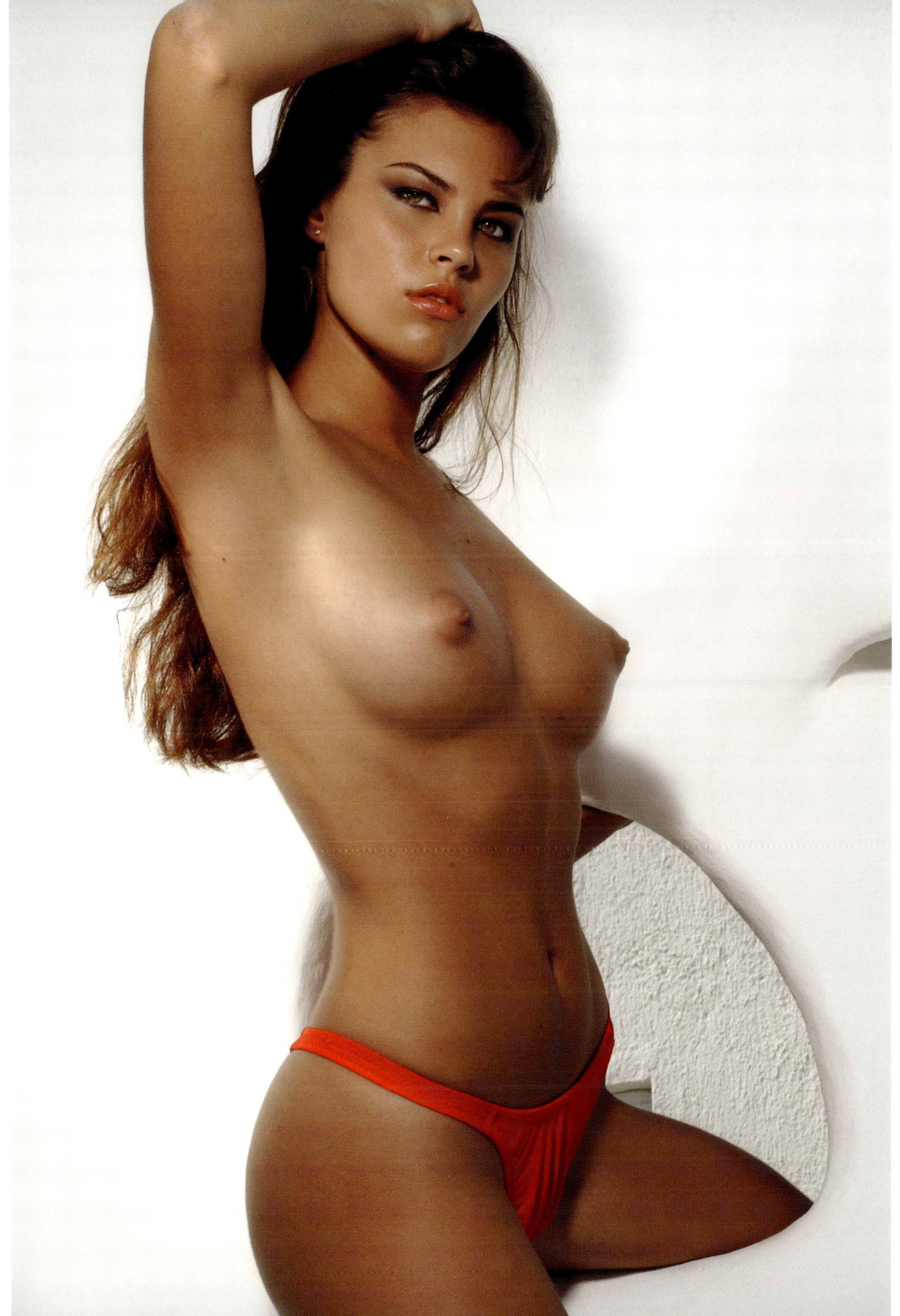

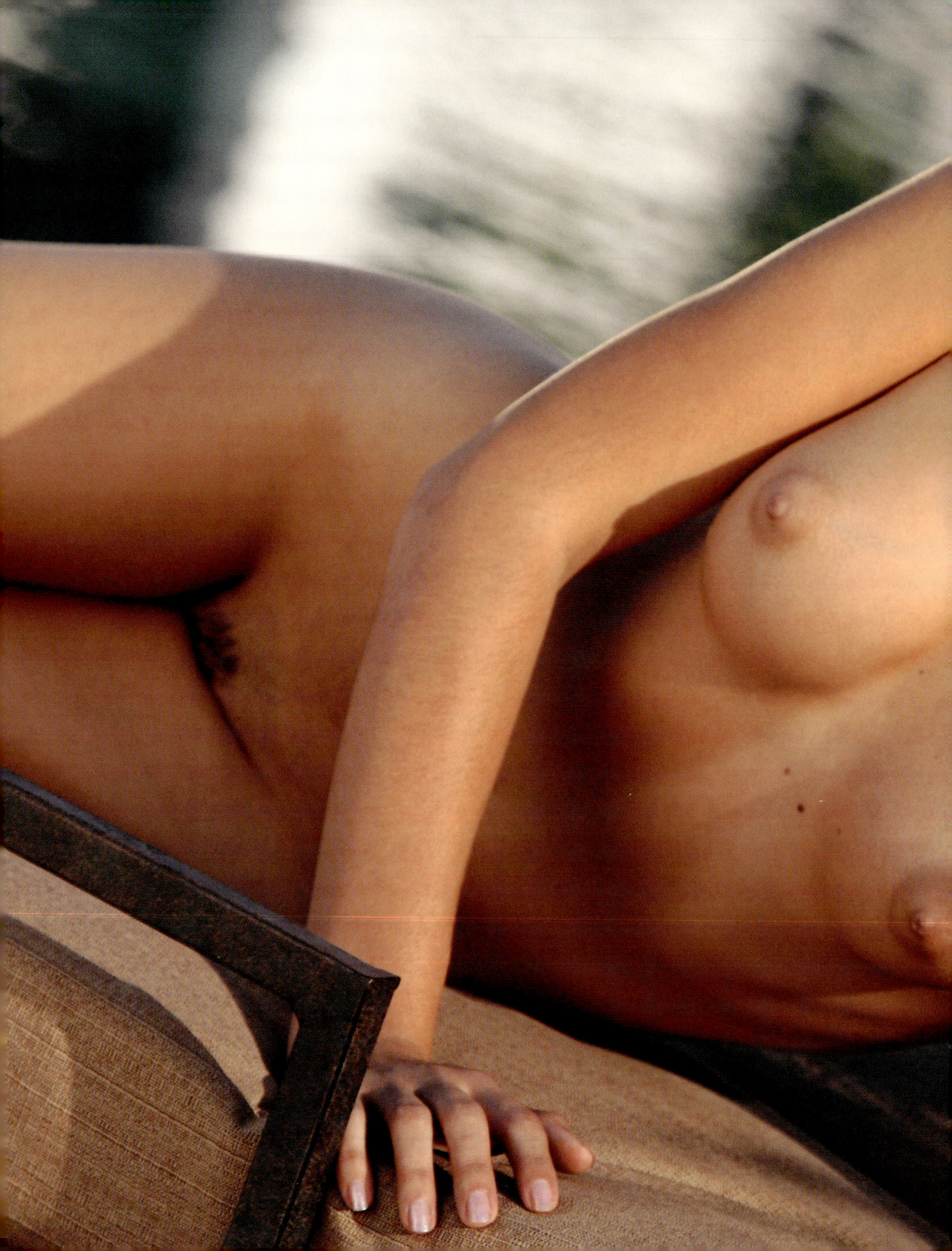

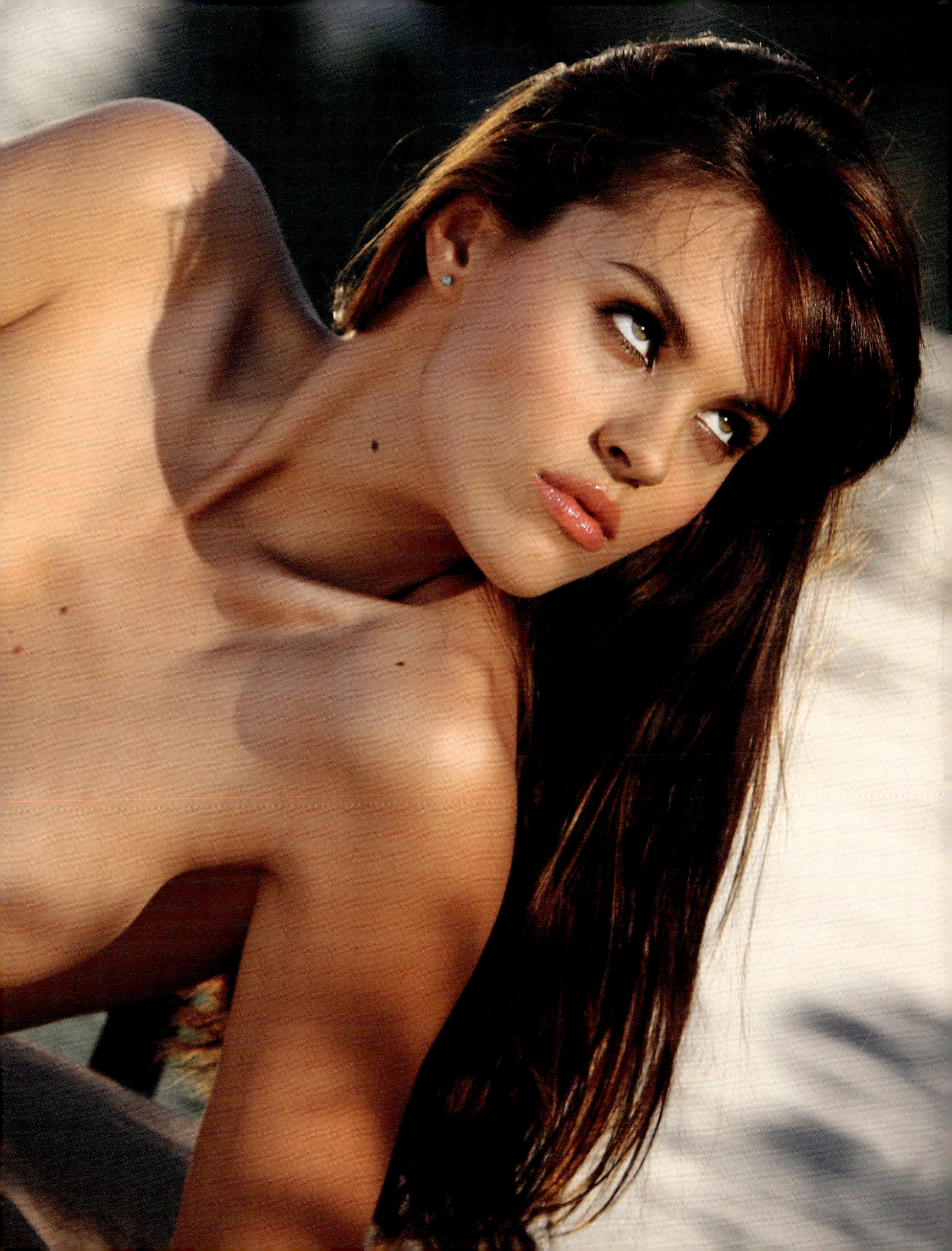

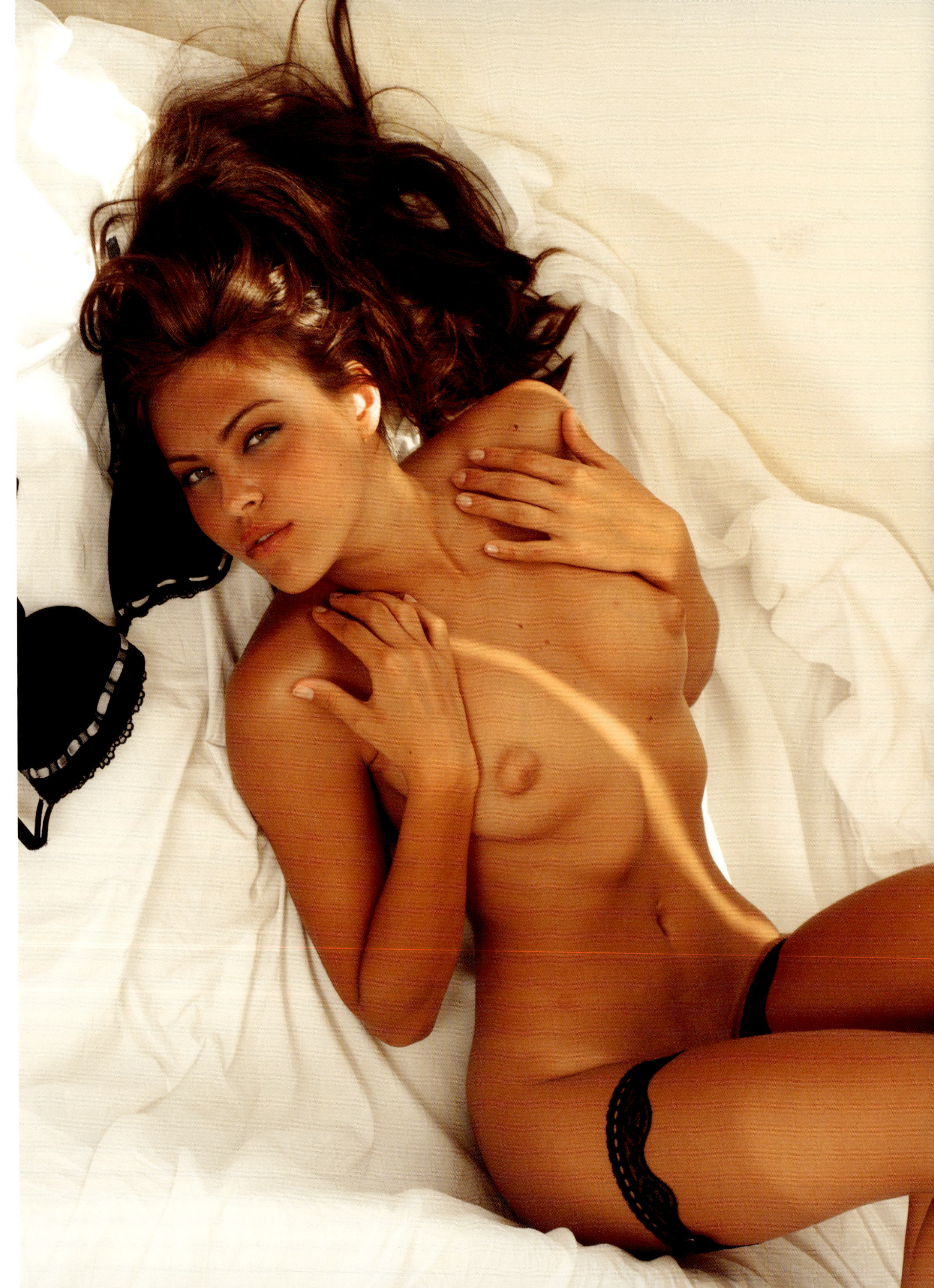

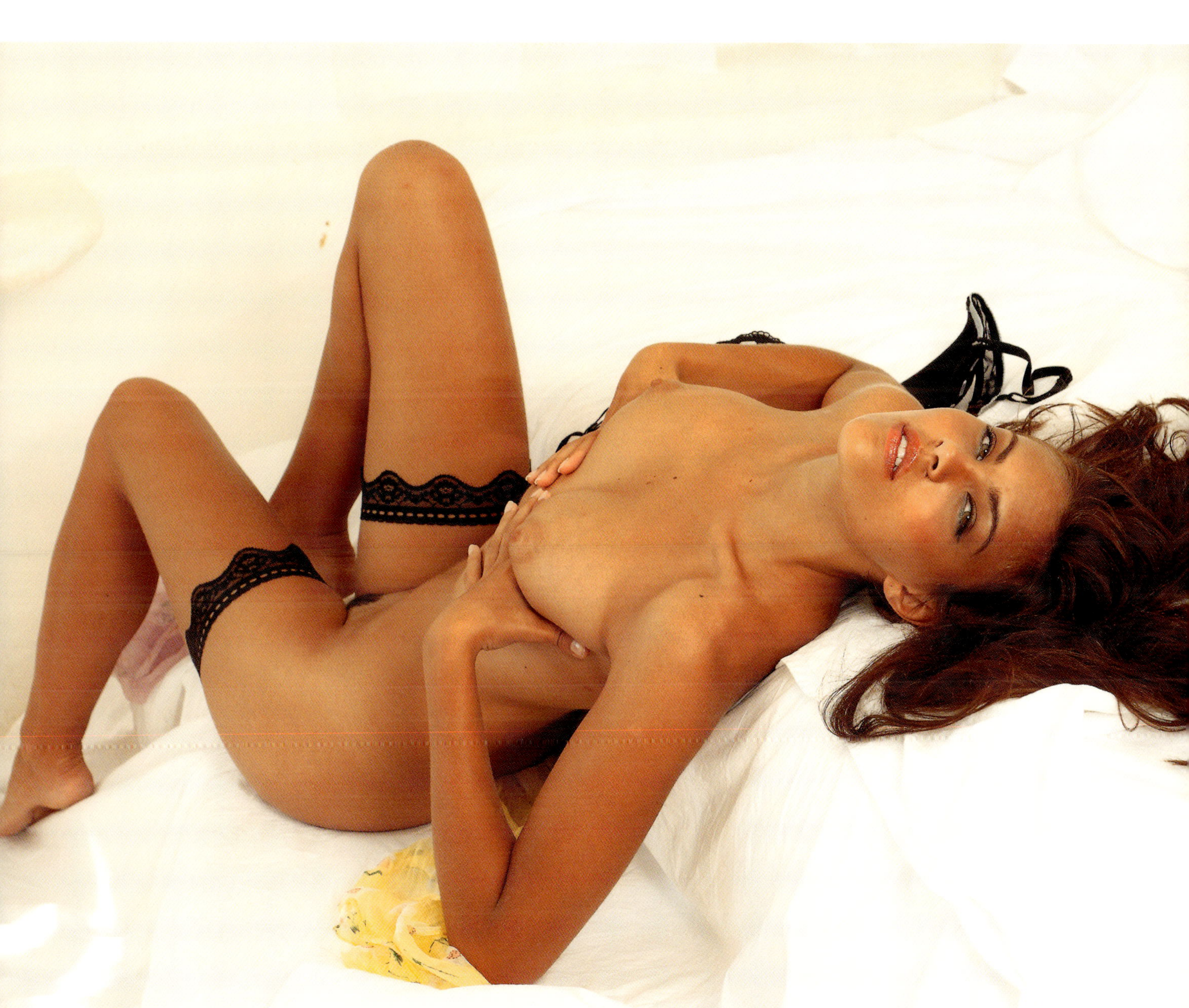

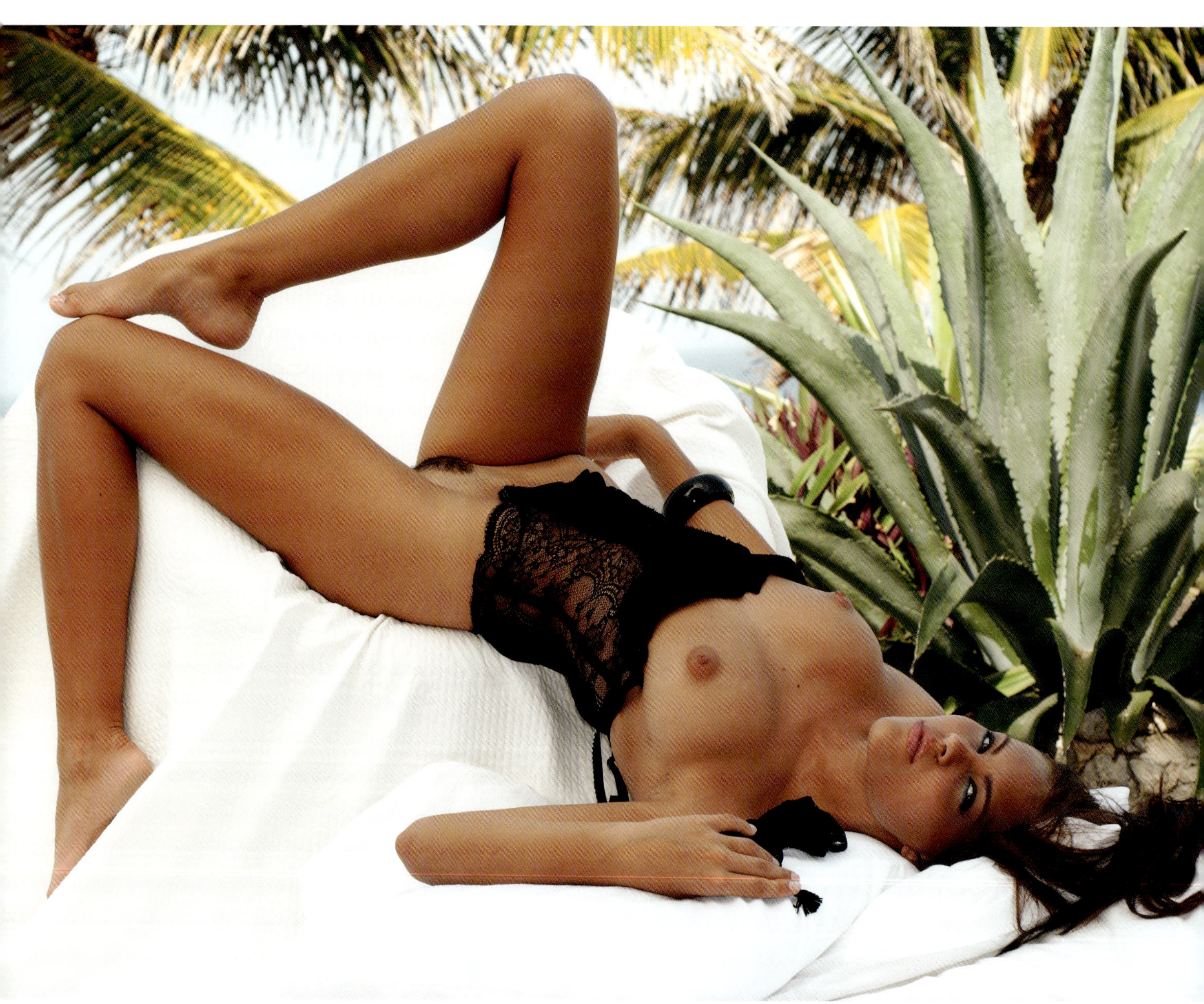

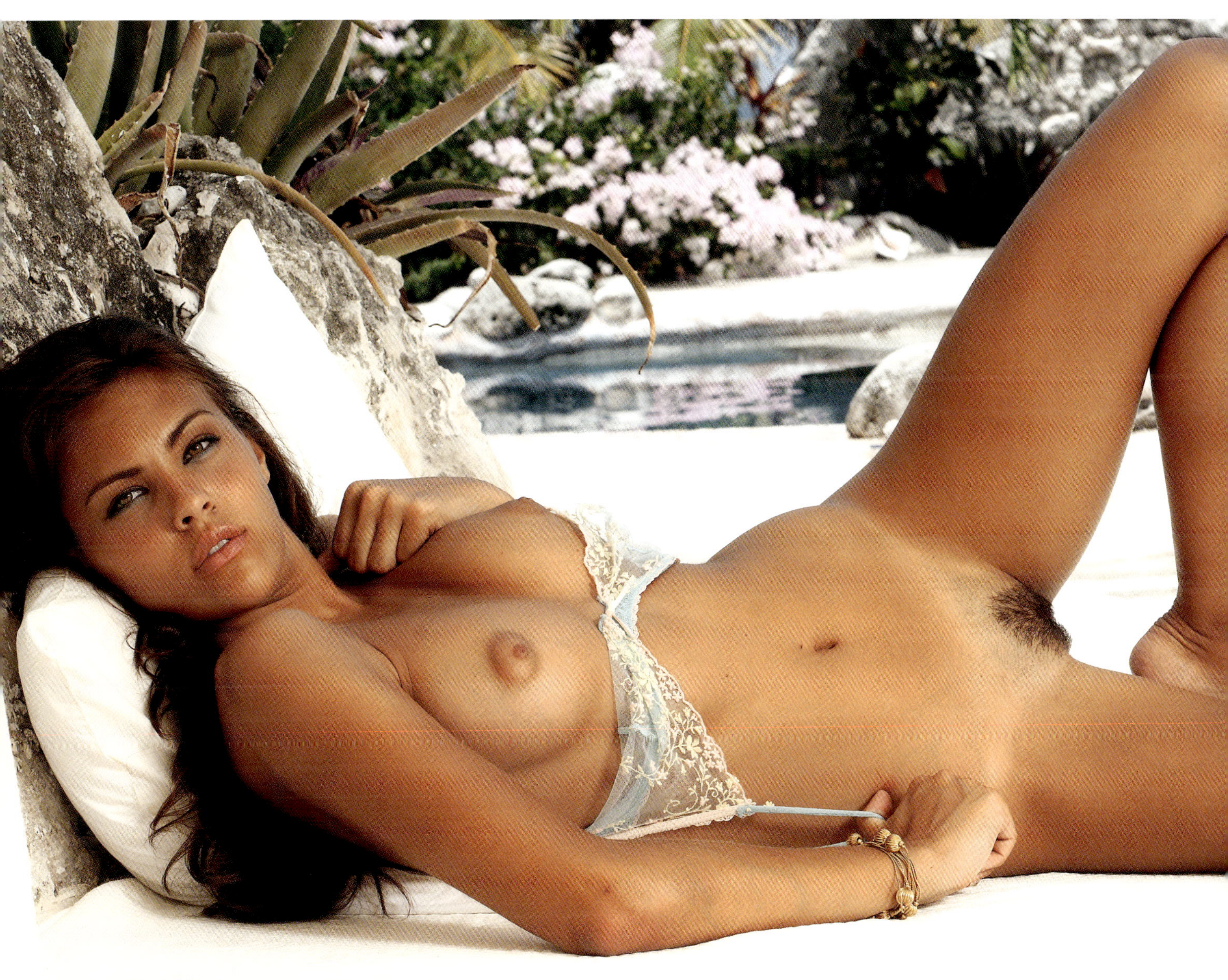

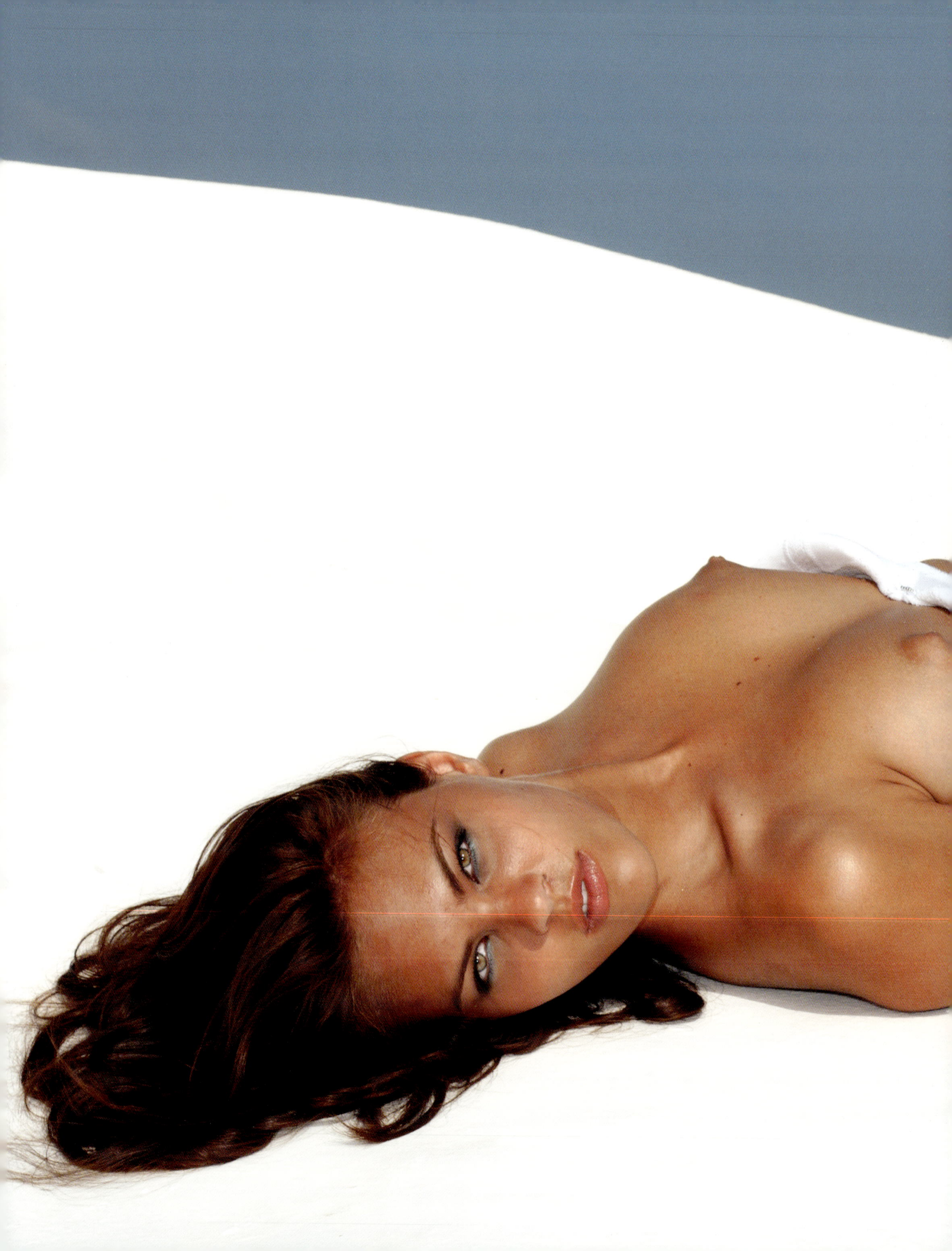

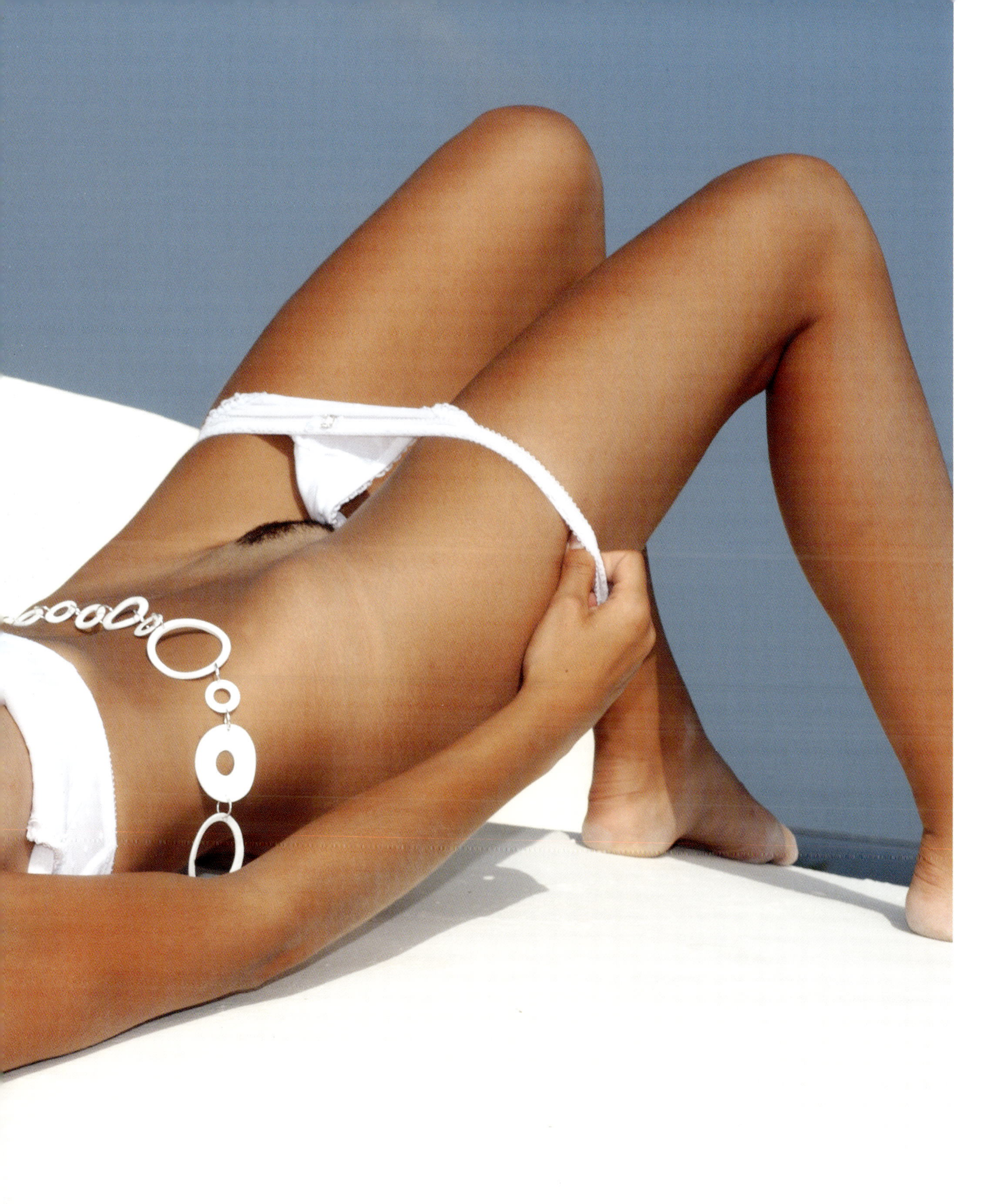

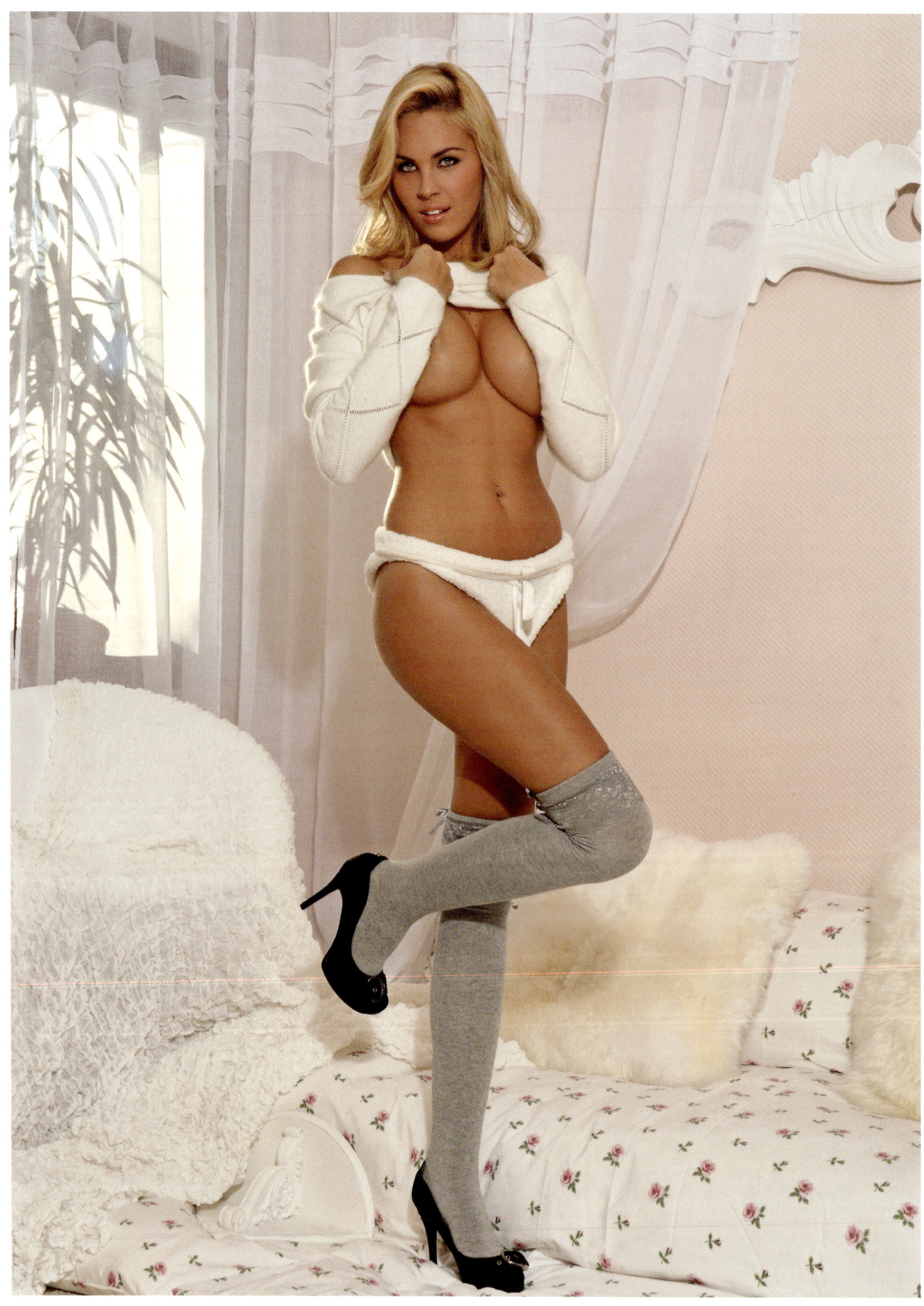

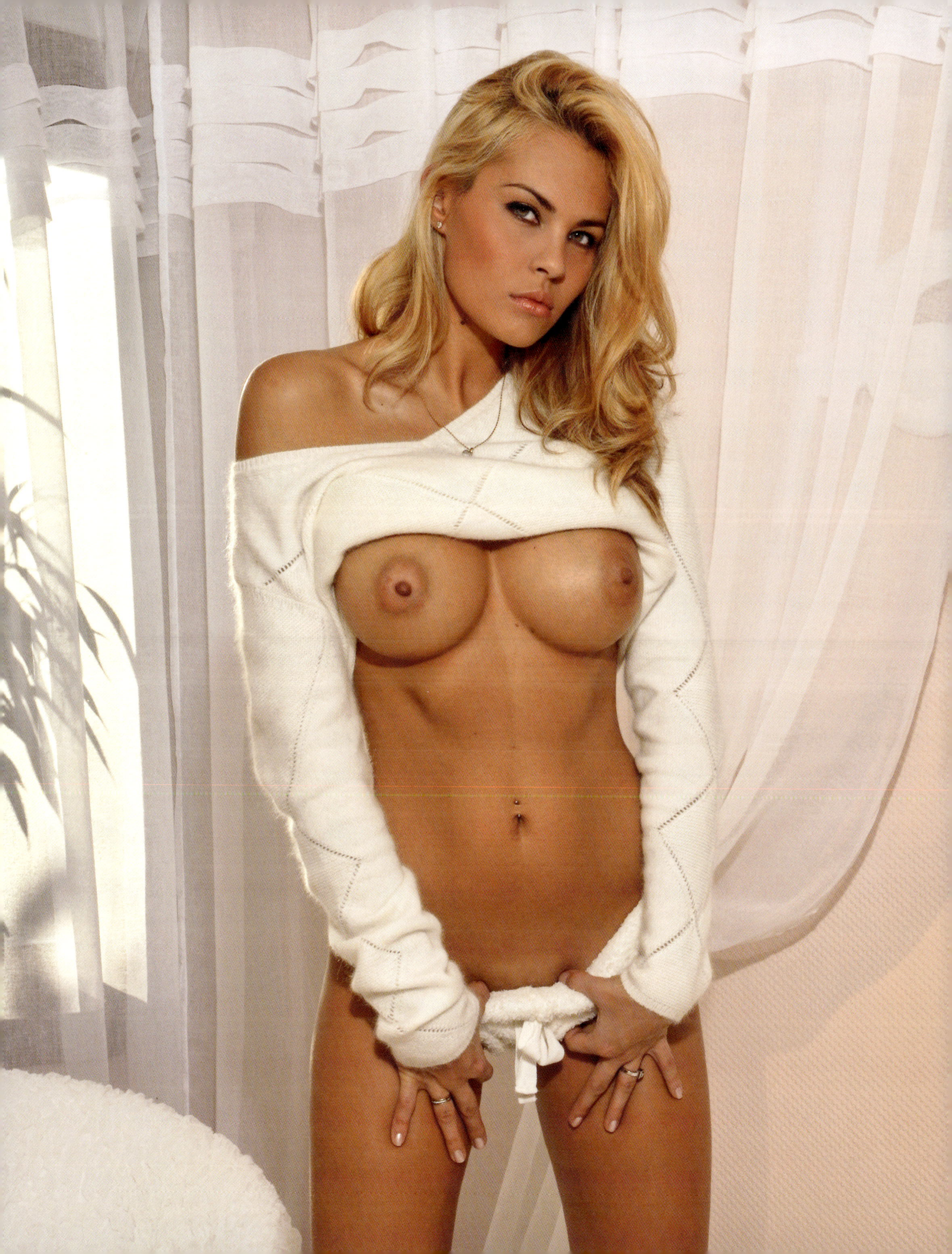

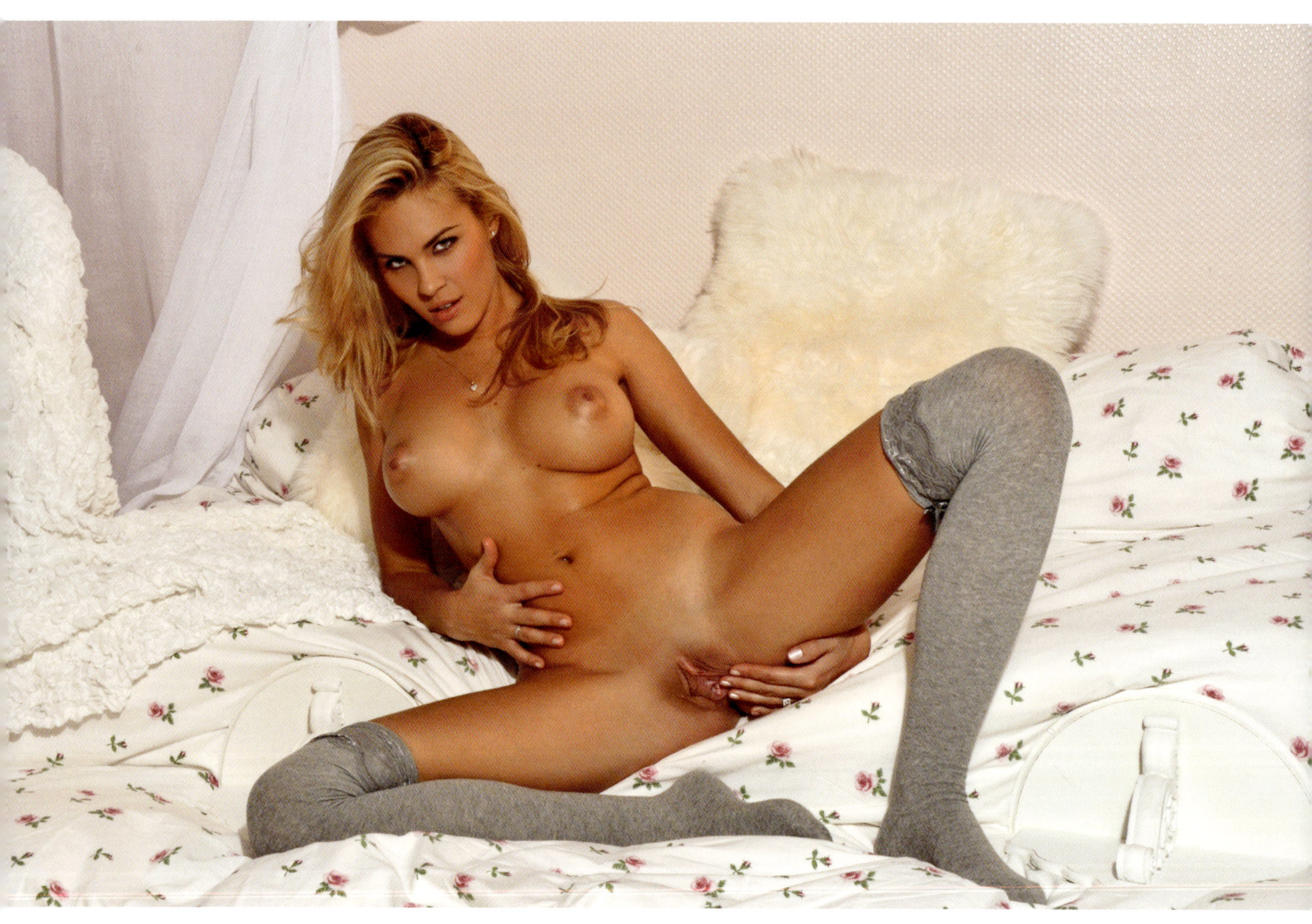

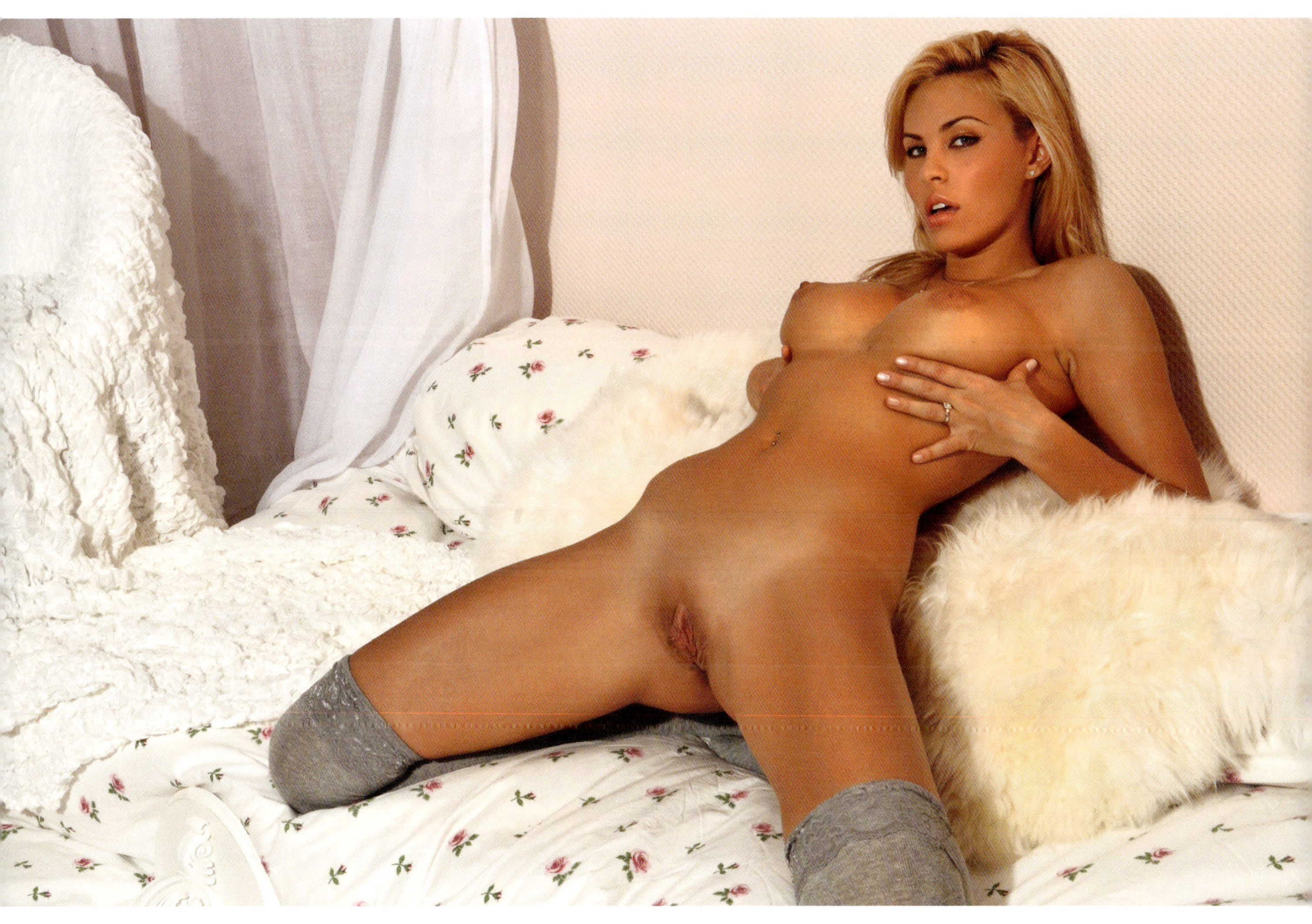

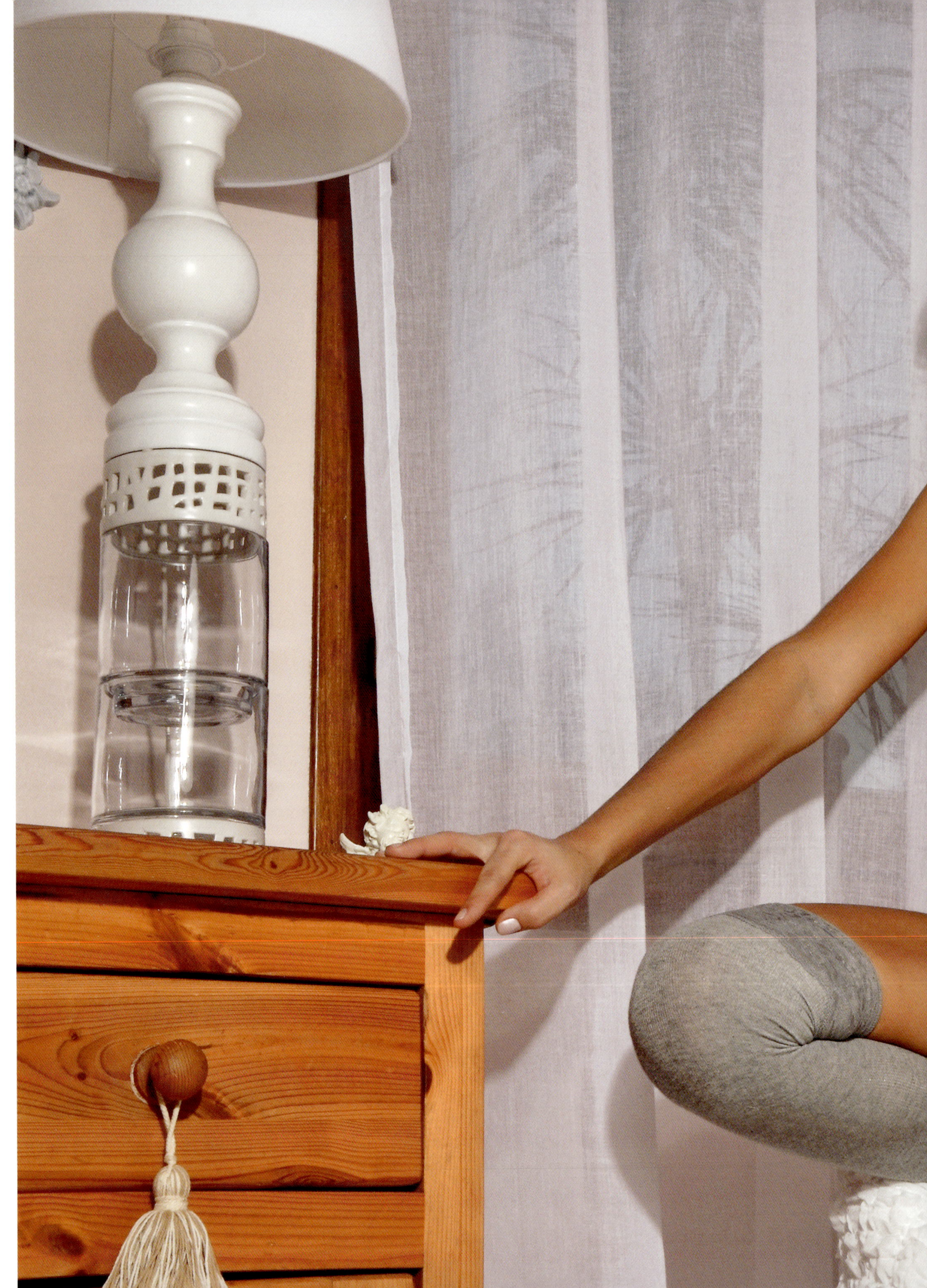

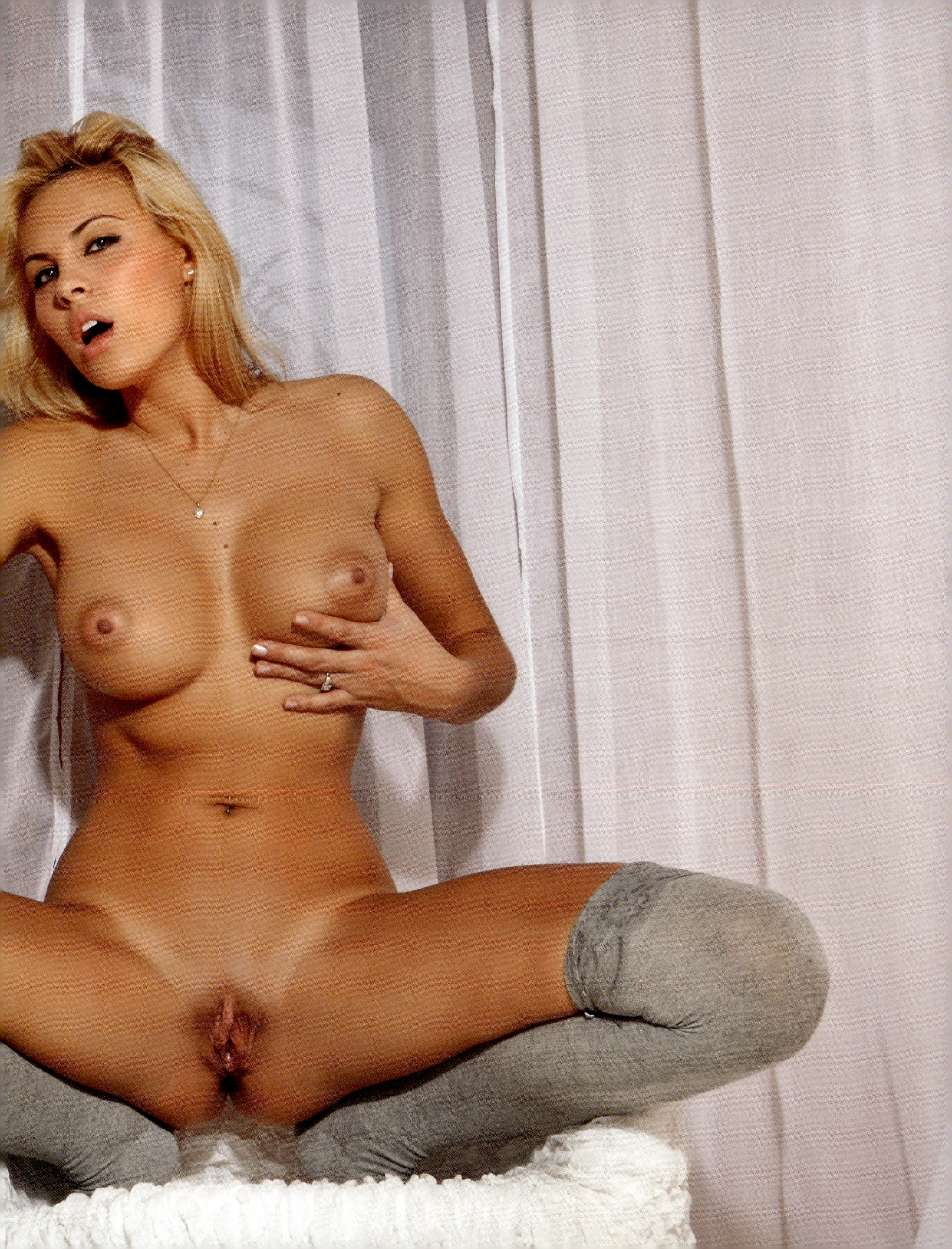

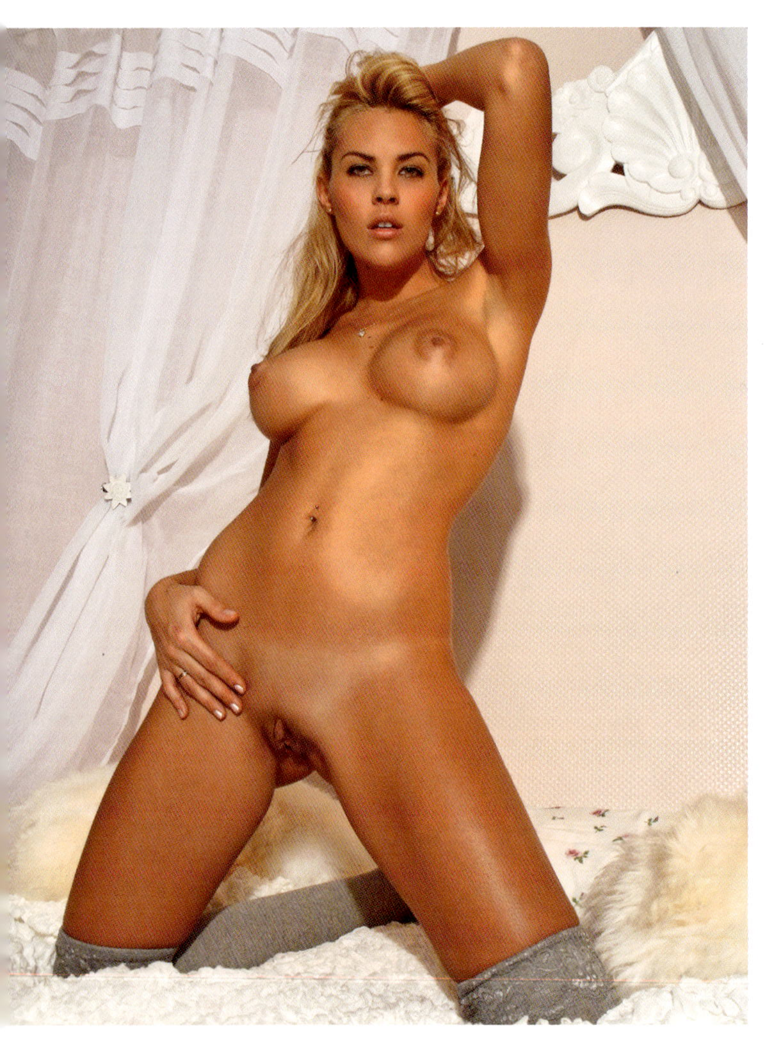

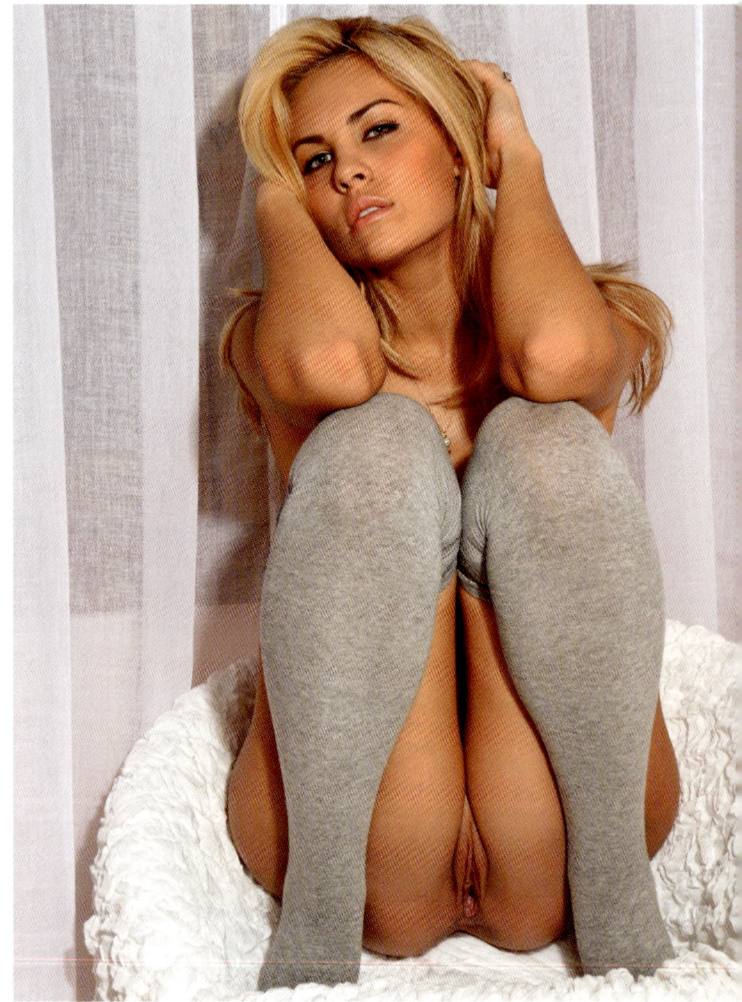

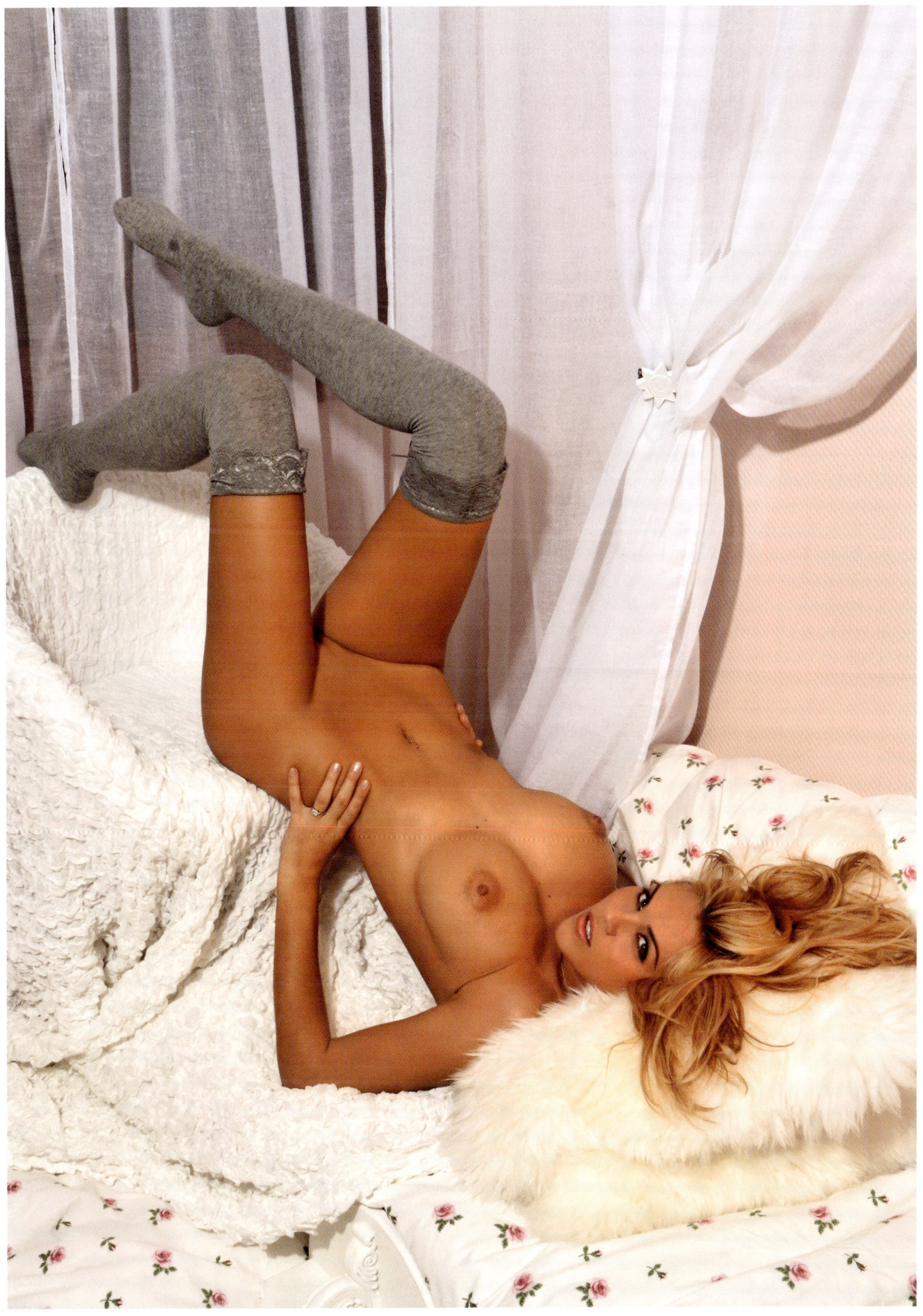

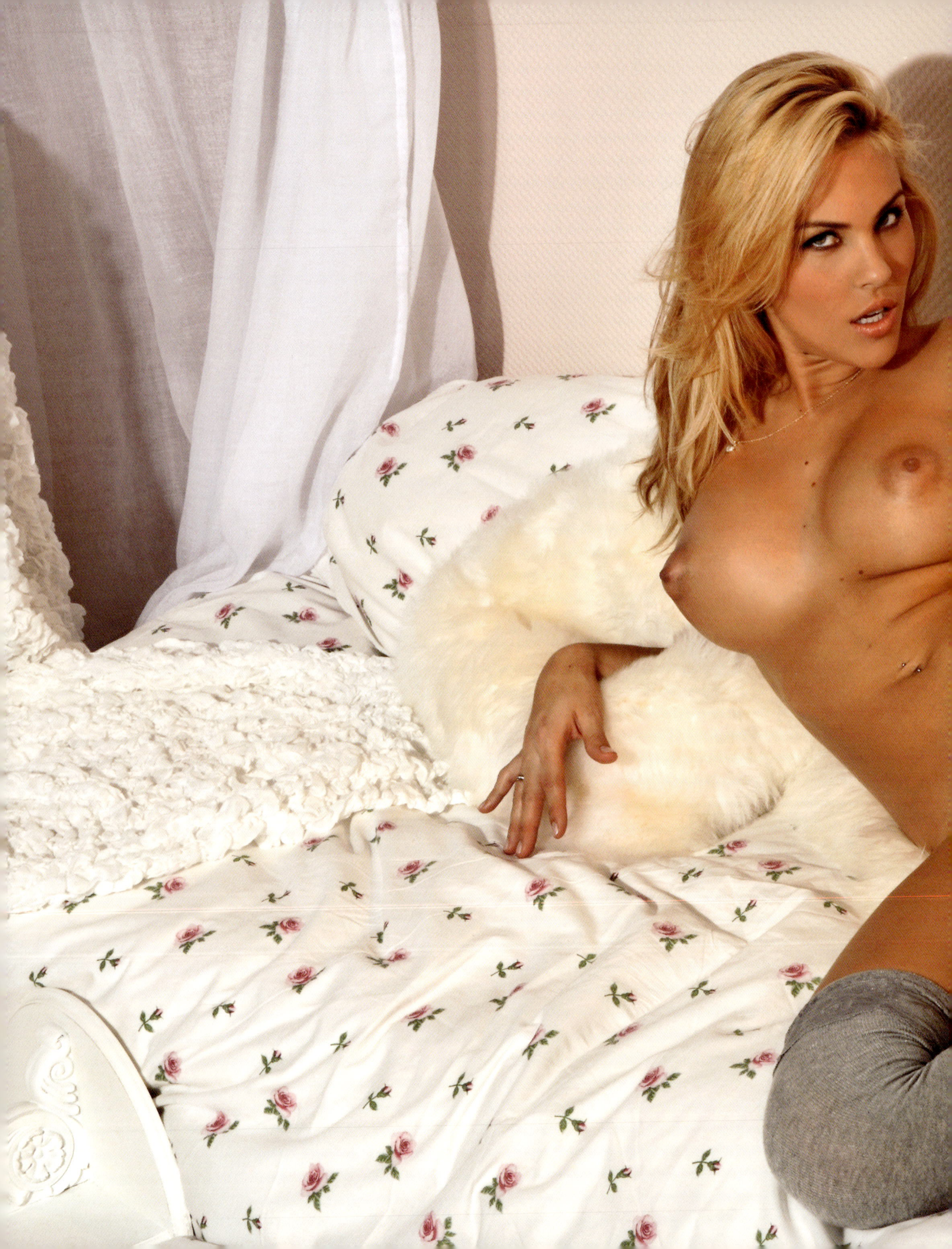

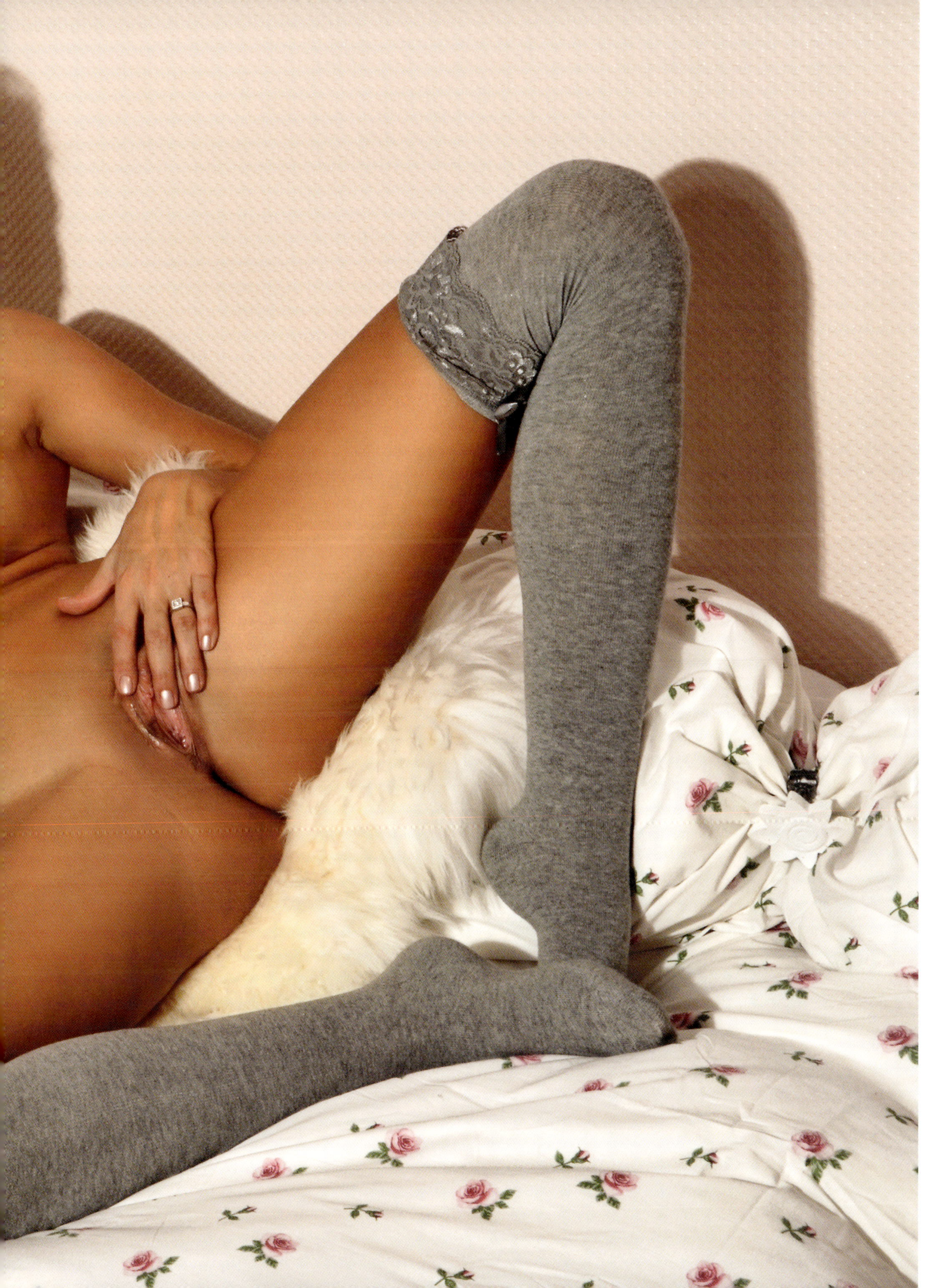

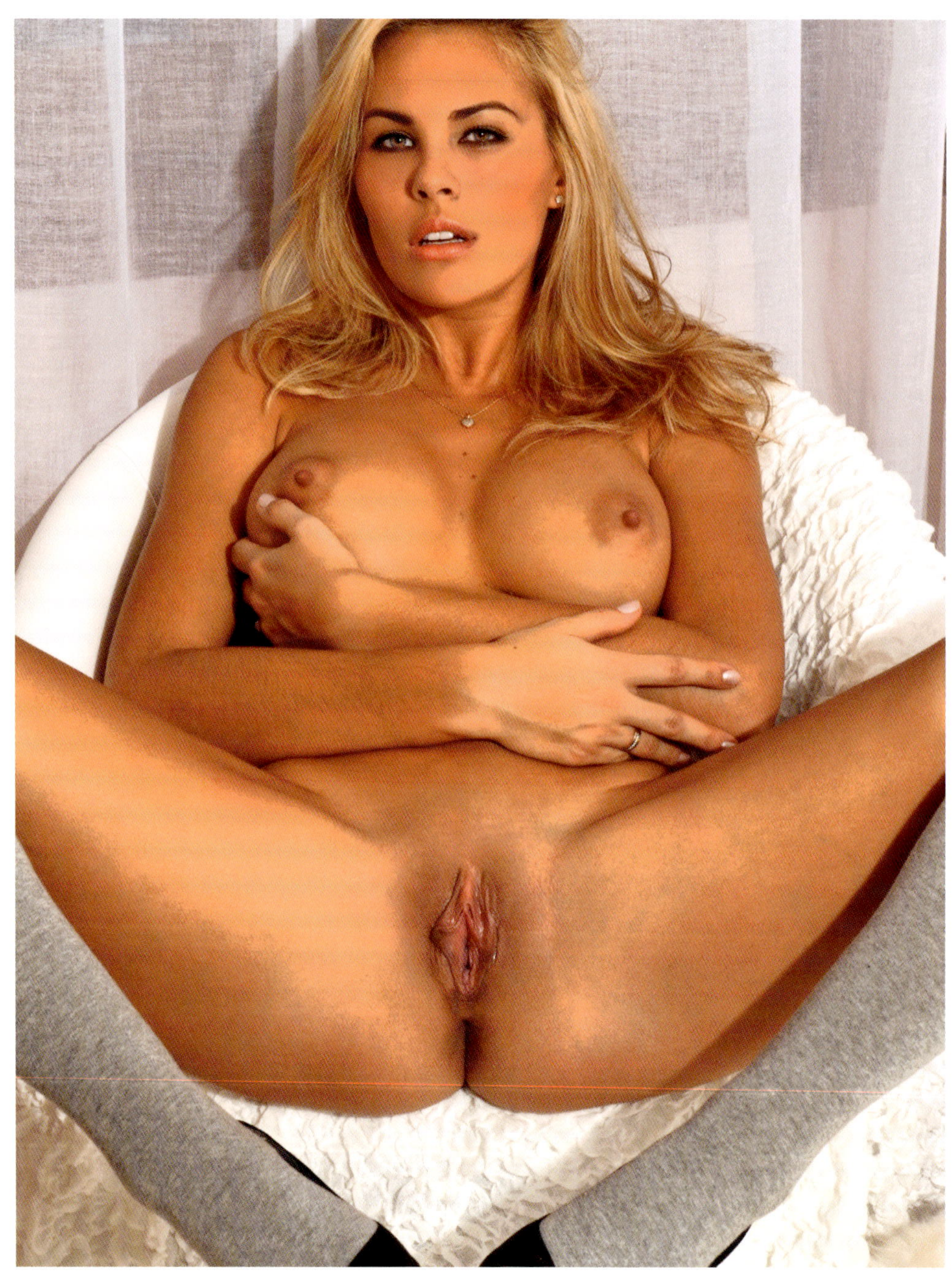

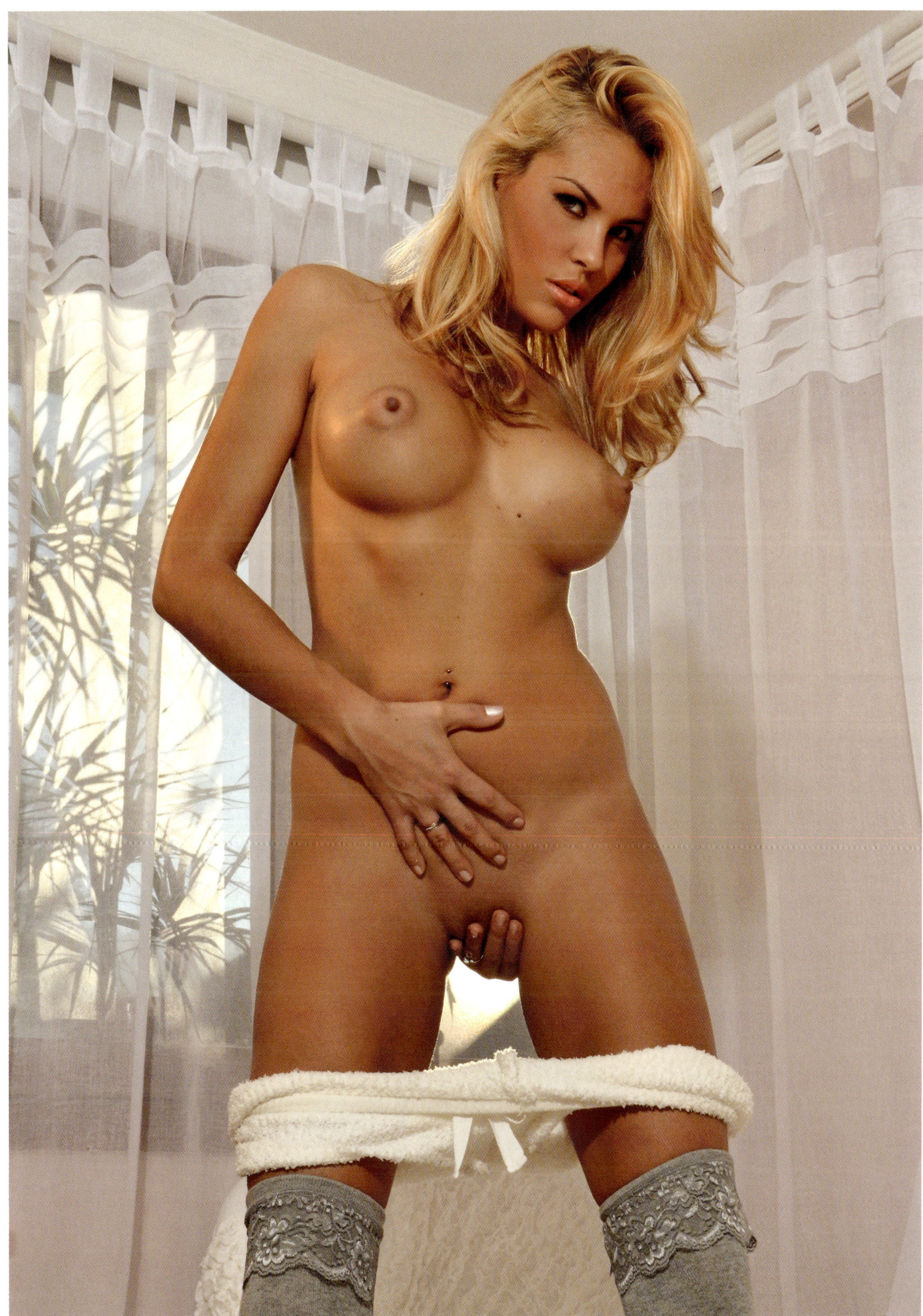

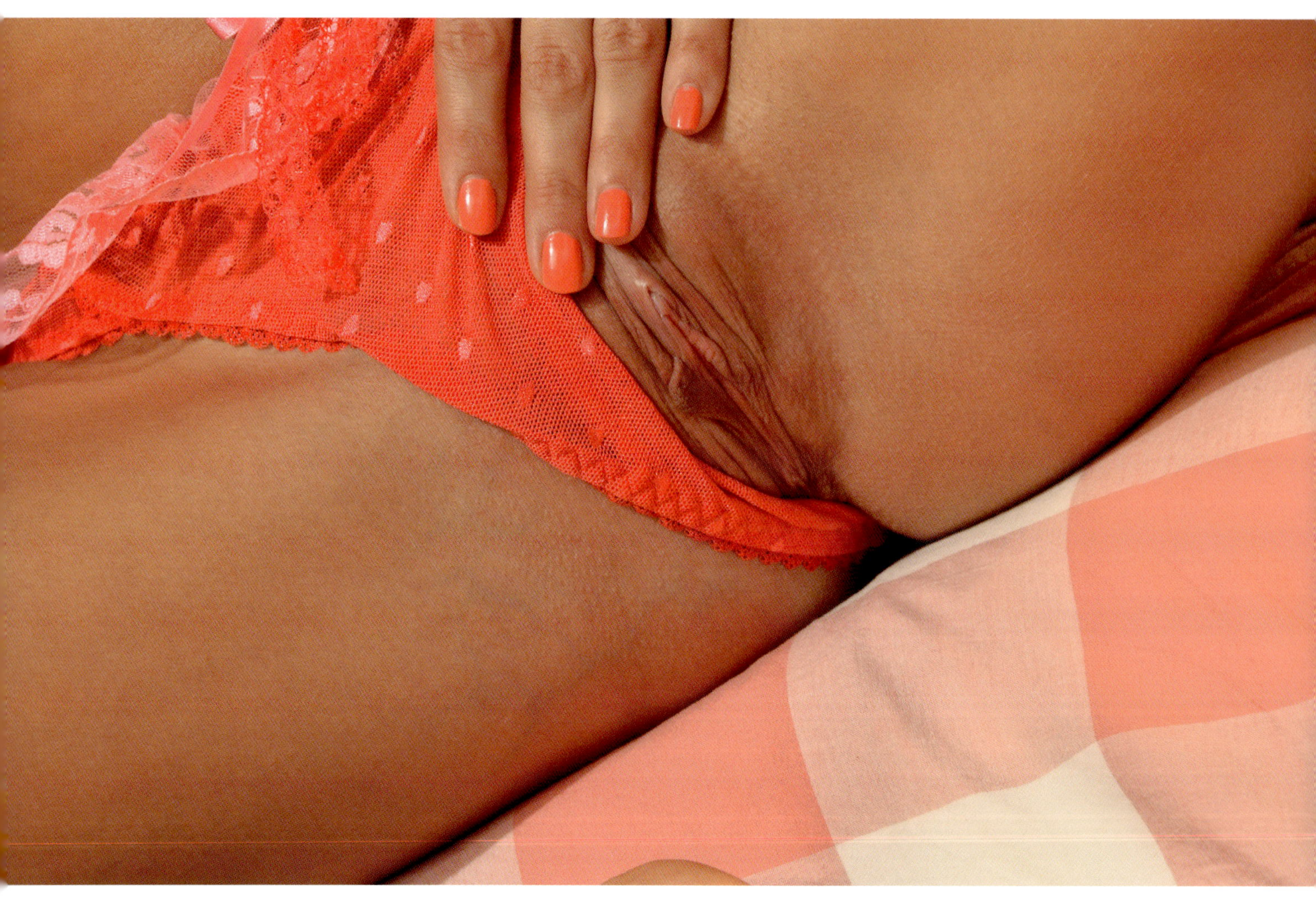

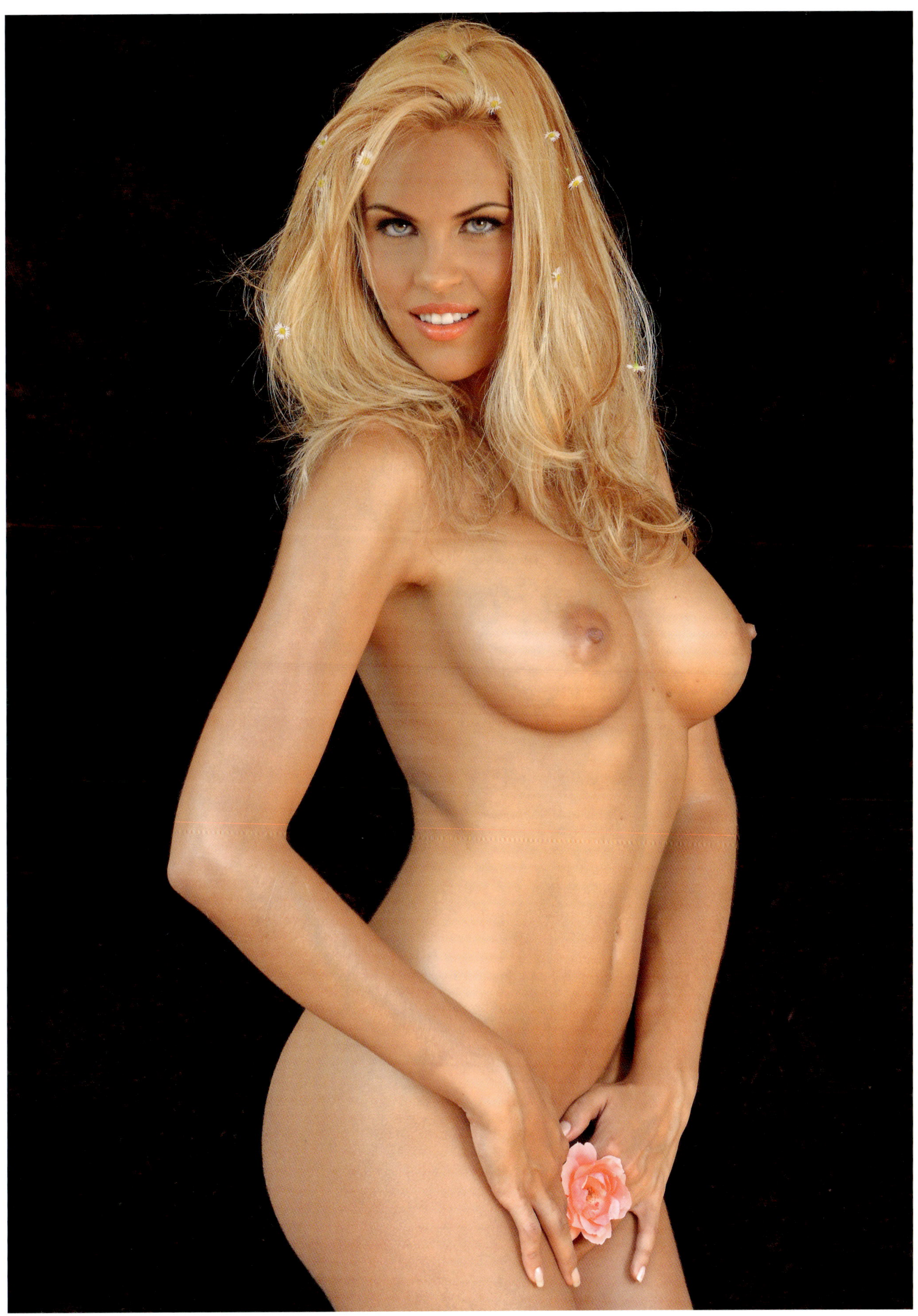

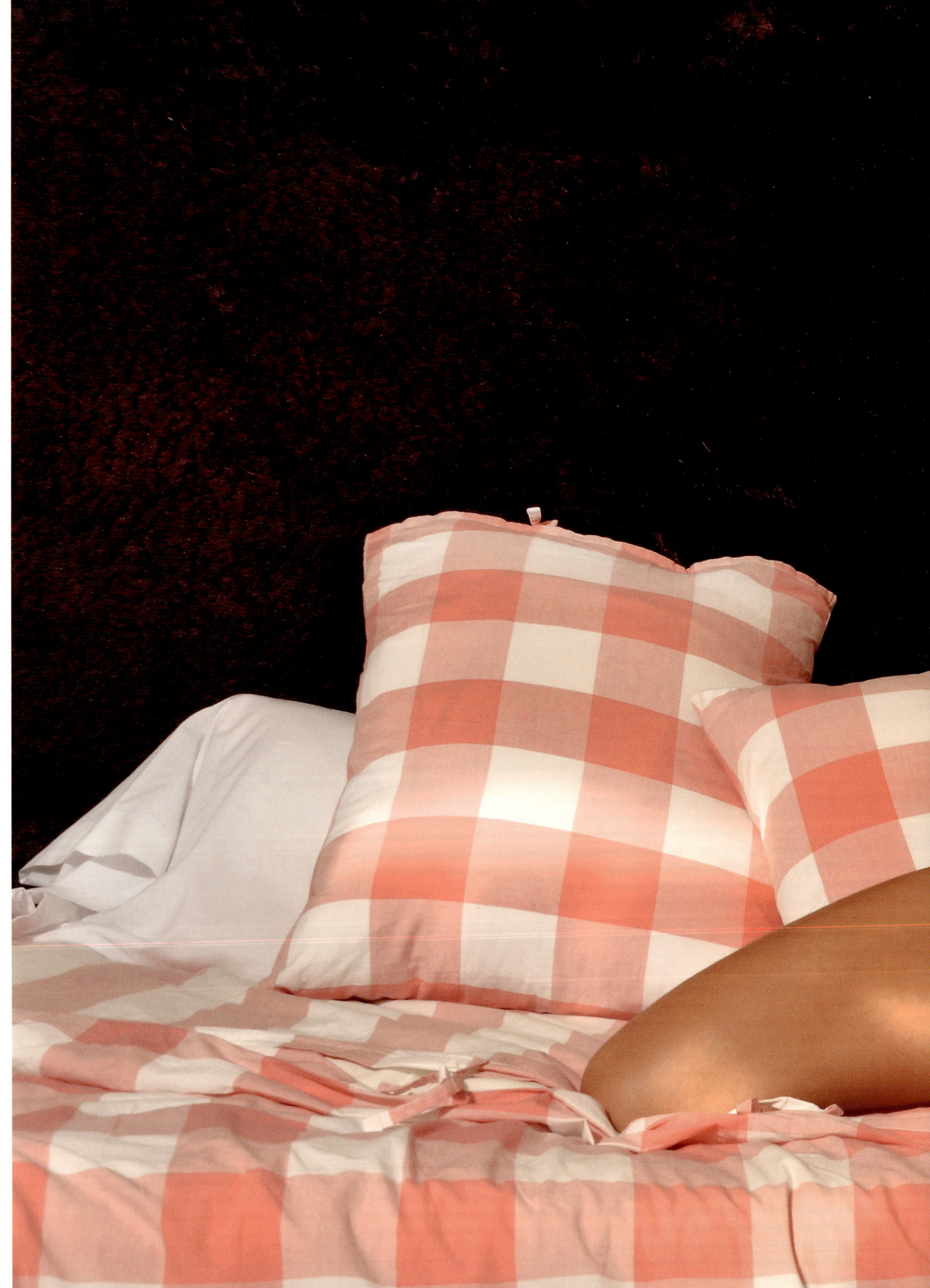

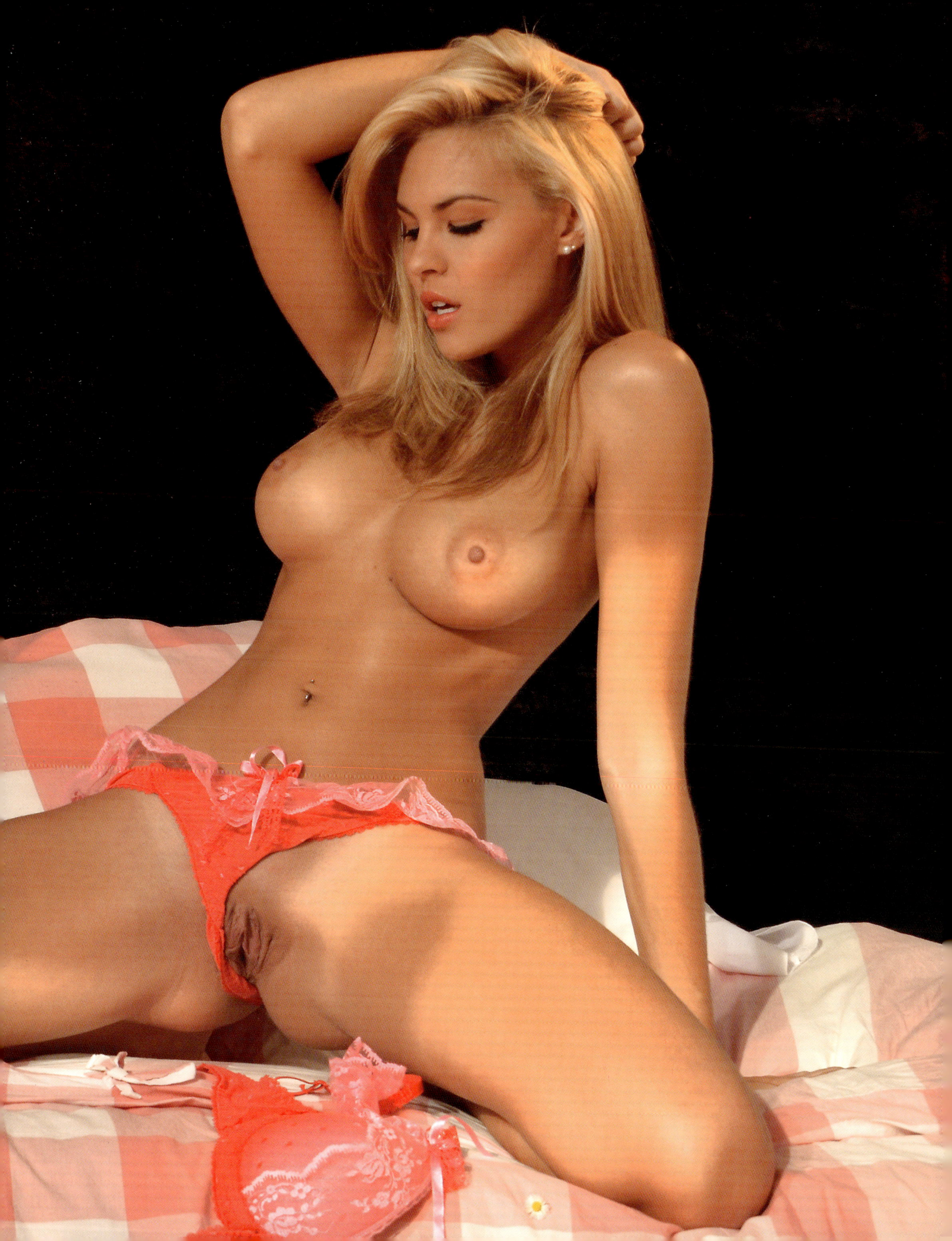

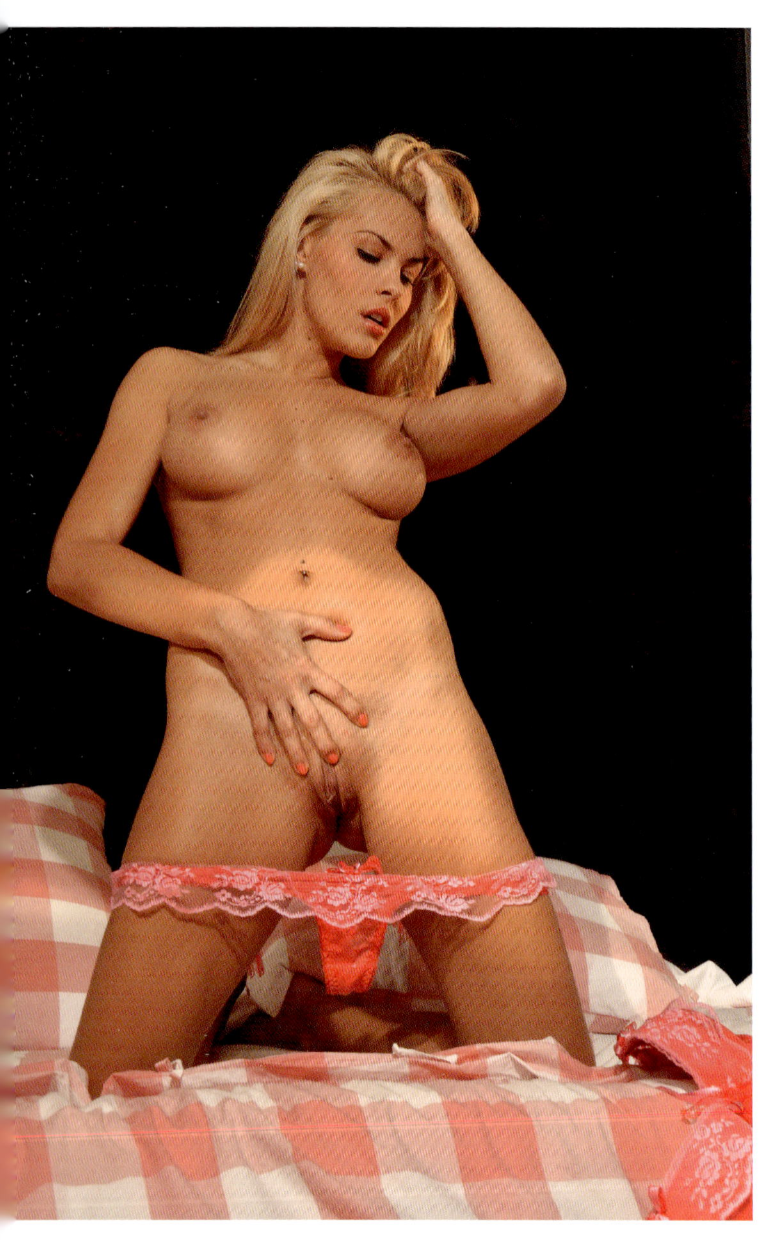

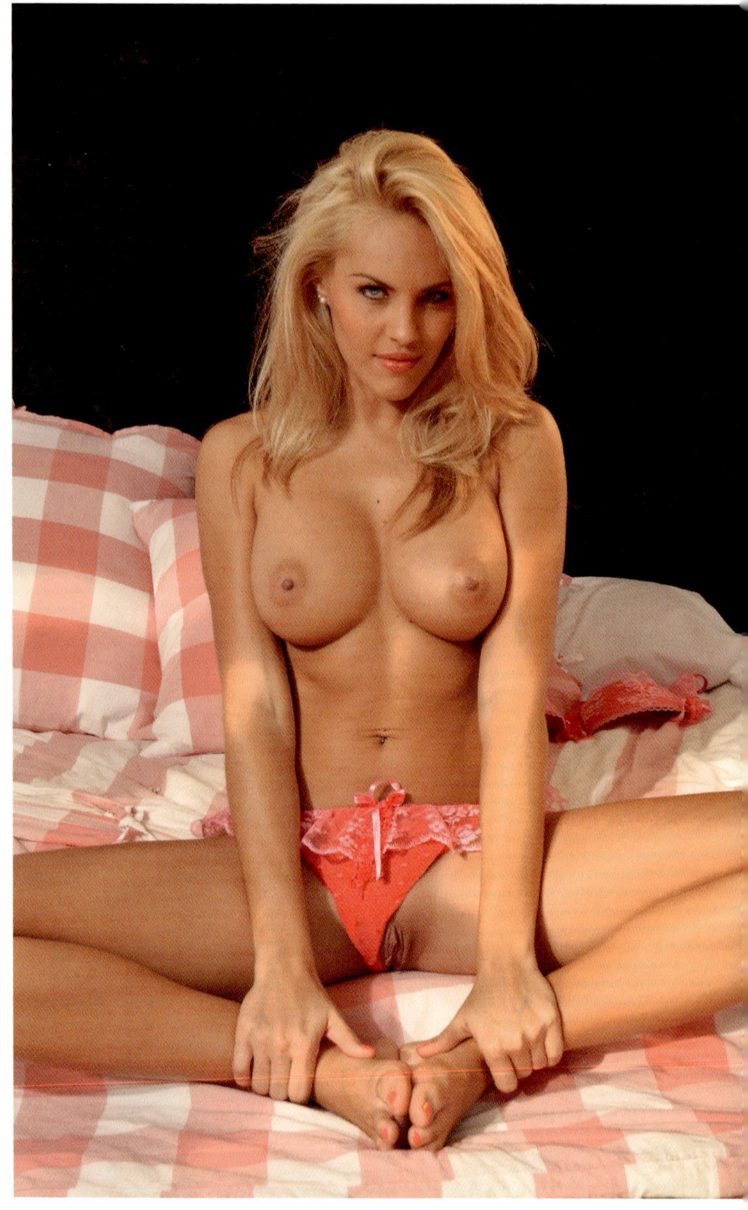

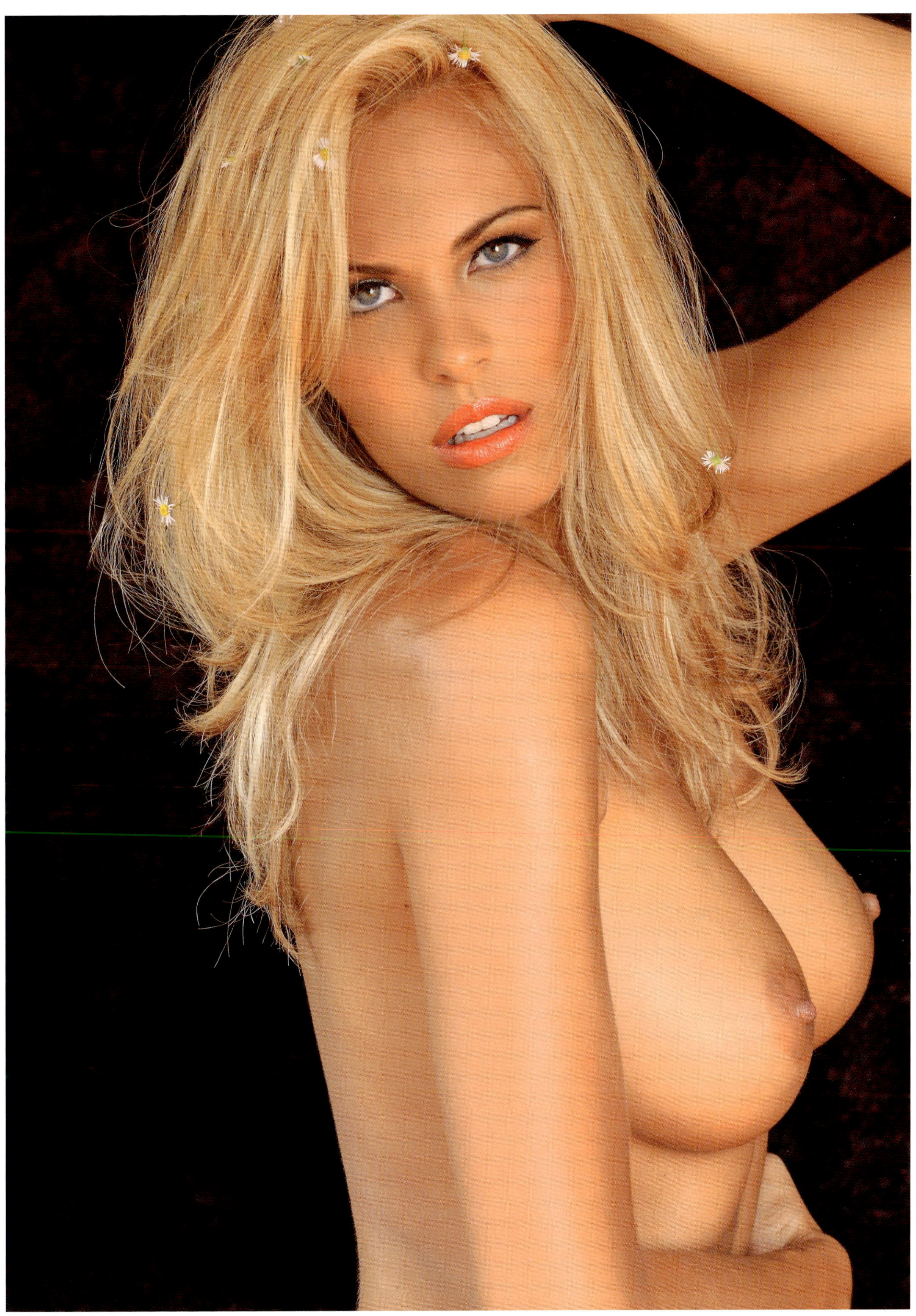

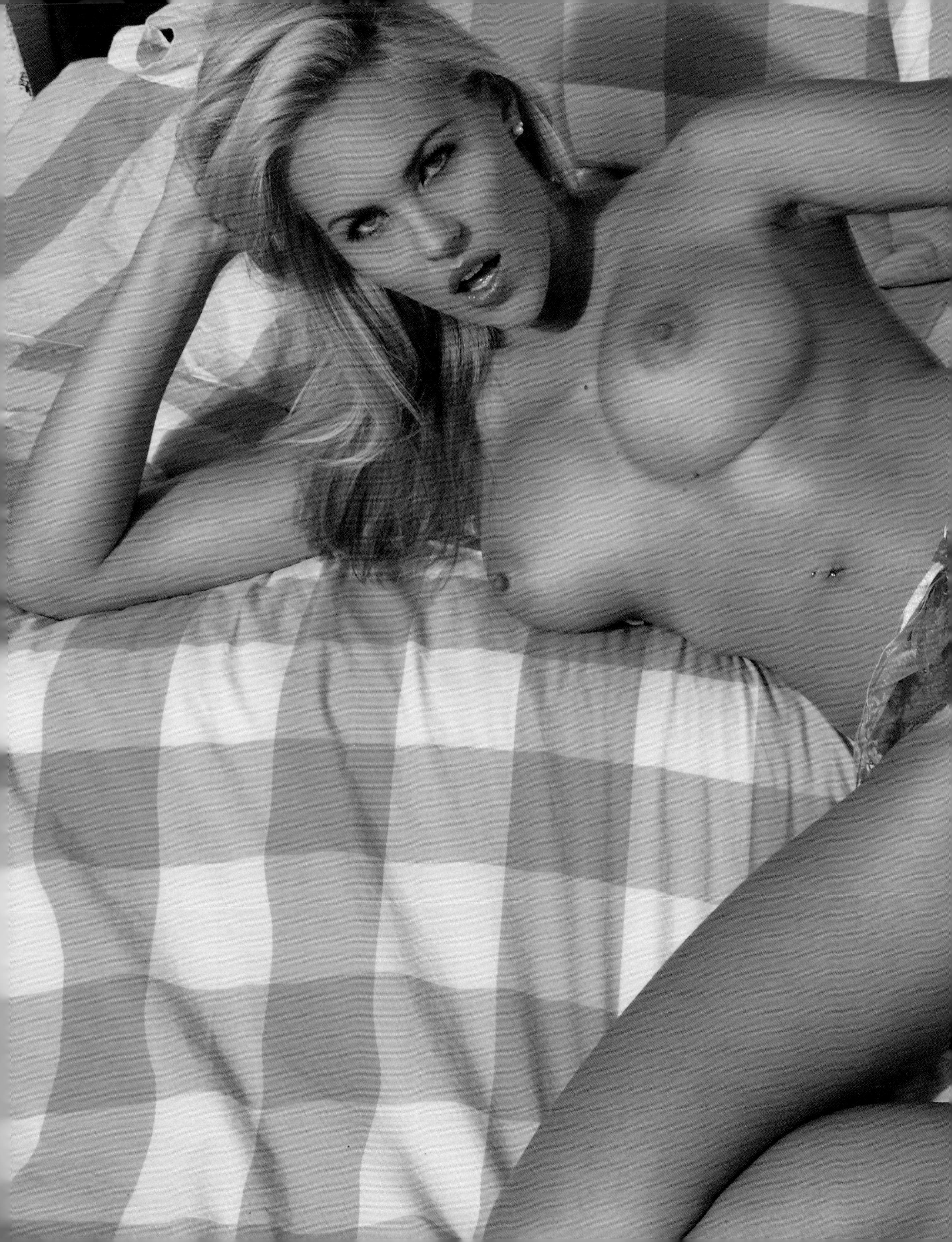

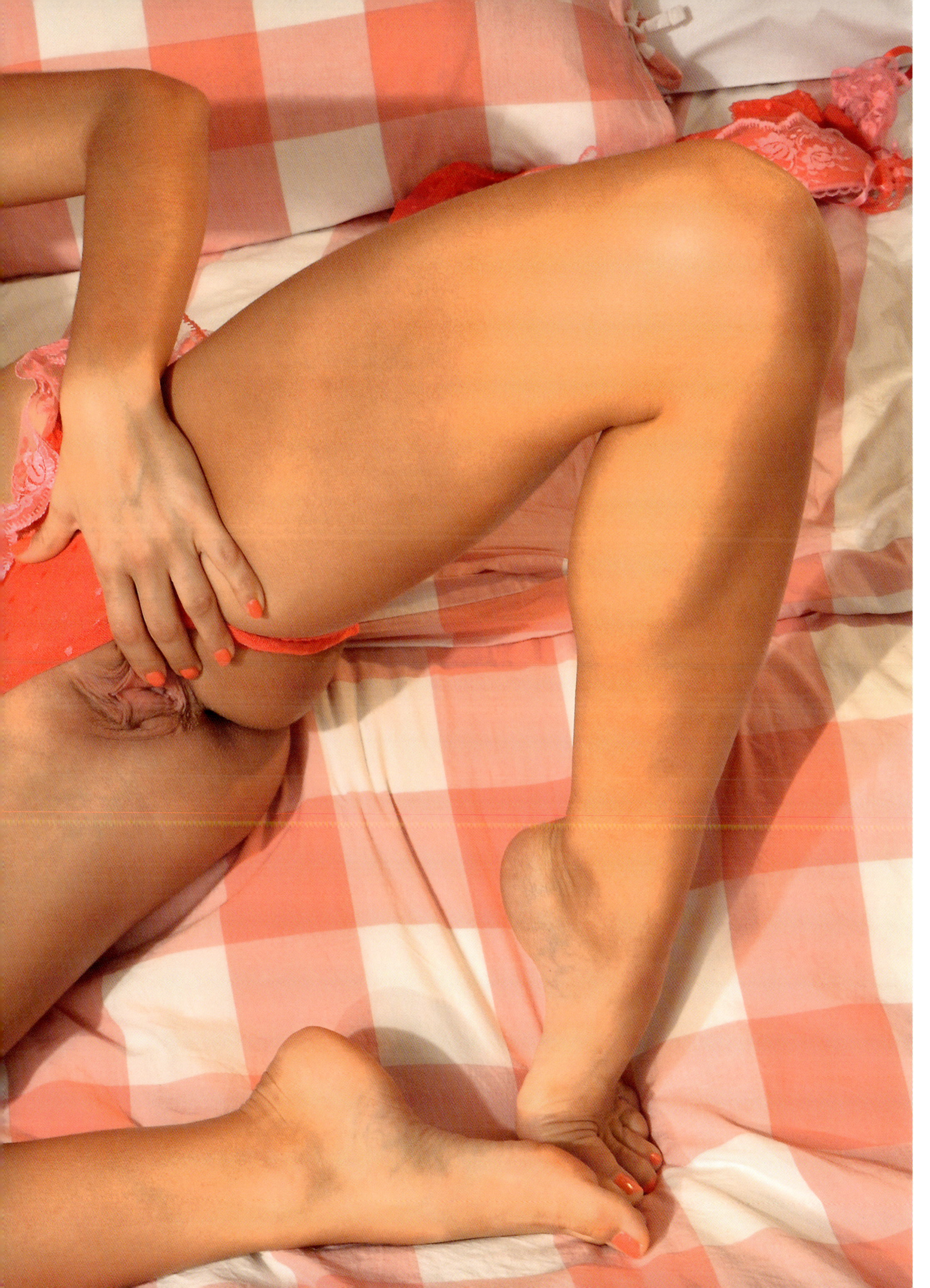

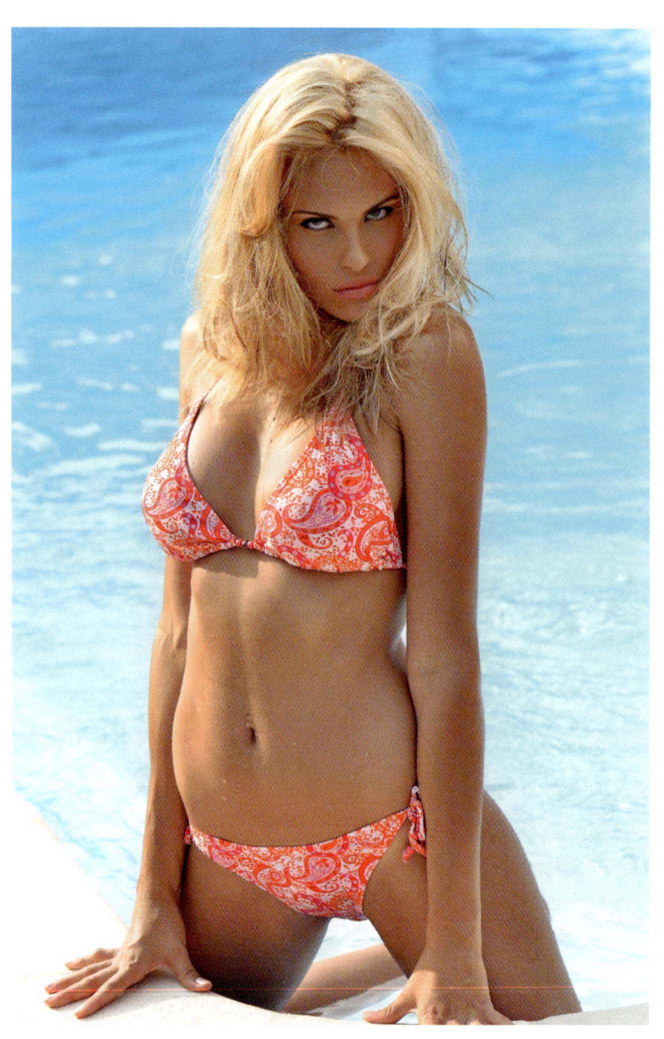

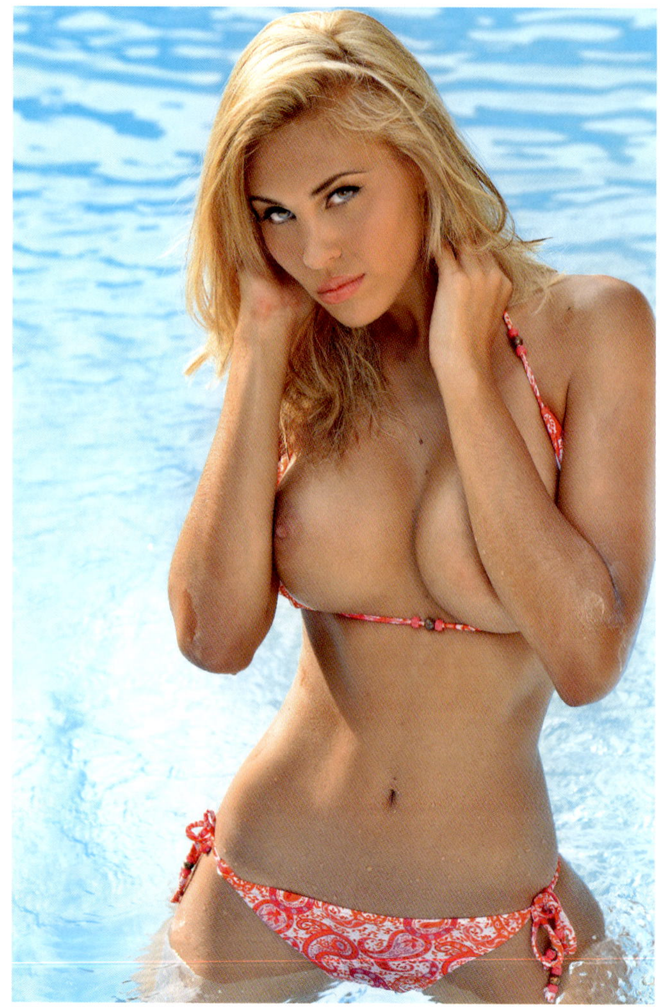

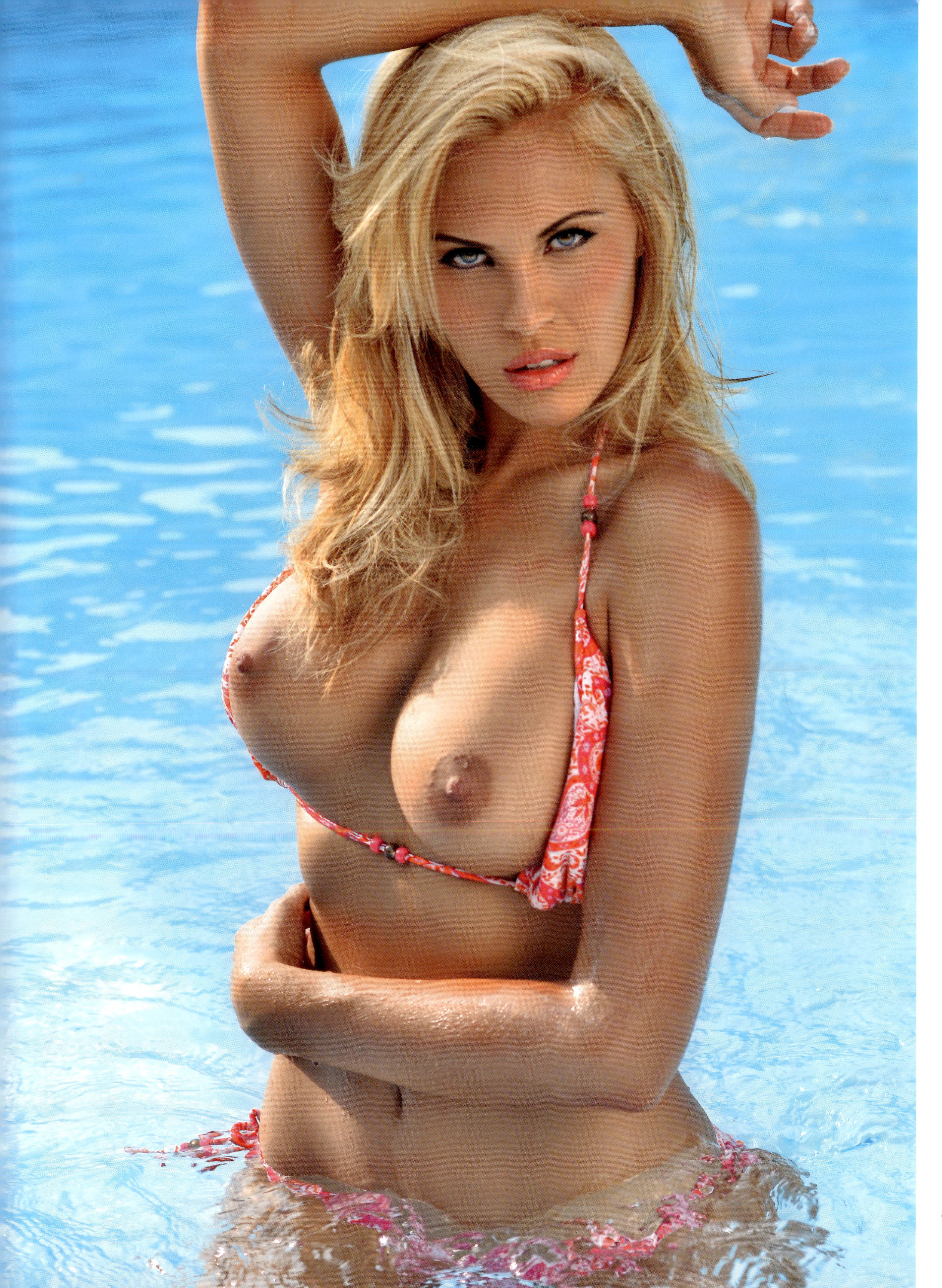

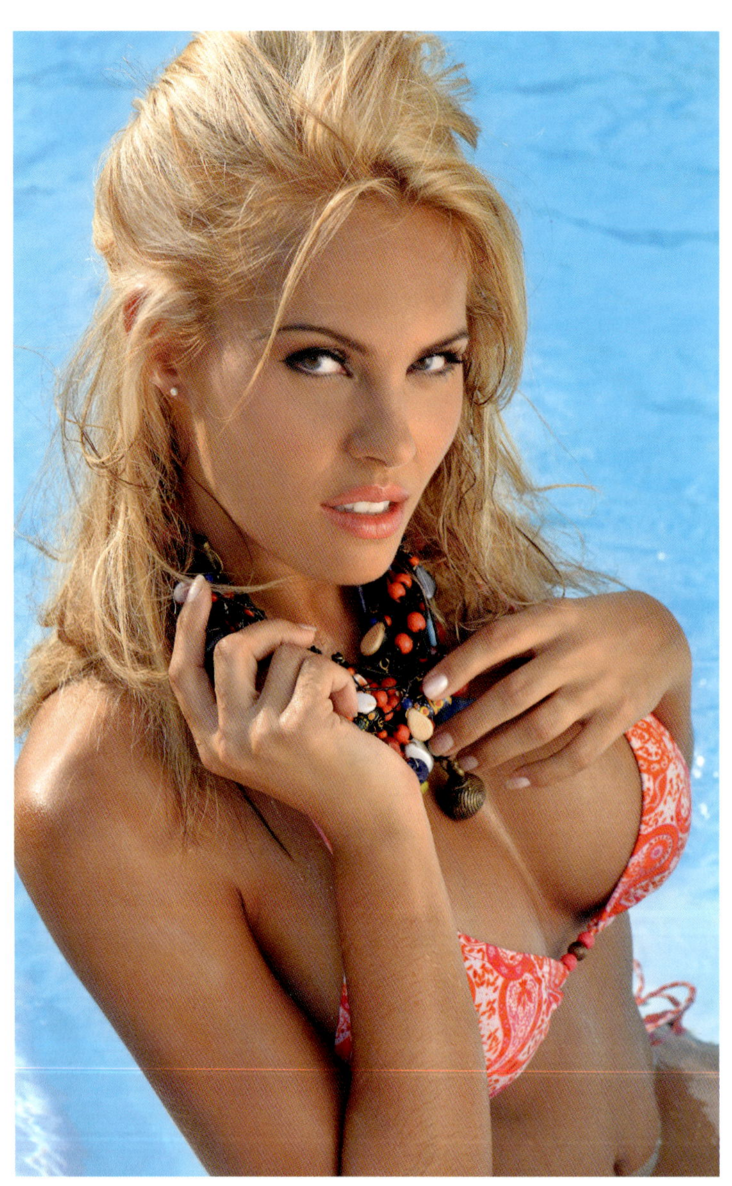